AF360395

Schrader & Gallouédec

*** EUROPE
ASIE *** ** ** ** **

DEUXIÈME ANNÉE

HACHETTE & Cie

2f,50

EUROPE — ASIE

69219. — Imprimerie LAHURE, rue de Fleurus, 9, à Paris. — 8-1911.

ALMANACH HACHETTE 1912
LE LIVRE QUE CHACUN DOIT AVOIR SUR SA TABLE
Quiconque Ne m'a pas sur sa table Voyage sans m'emporter Perd du Temps
ÉDITION SIMPLE POUR 1912
ENTIÈREMENT RENOUVELÉE
L'ÉDITION SIMPLE CONTIENT UNE PARTIE SPÉCIALE
POUR LA JEUNESSE

80 PLACES DE SPECTACLES DANS 54 VILLES

Achetez son Édition Complète

= CET INDISPENSABLE MÉMENTO =

contient en plus de l'Édition Simple tout entière :

Un *Annuaire Administratif de la France*, avec *8000 Noms et Adresses*. — Un *Atlas de Géographie* avec *74 Cartes, 10000 Statistiques Comparées* : géographiques, économiques, commerciales, agricoles, industrielles, militaires, maritimes, etc. — Un *Dictionnaire Orthographique* en 48 pages, avec *30000 Mots, Expressions, Règles de grammaire*. — Un *Annuaire des Cours de l'Europe; Généalogie des 764 Souverains, Princes, Princesses des Familles Régnantes d'Europe*. — Un *Guide pratique des Réseaux de Chemins de Fer français, etc.*

640 PAGES ⌀ 1000 GRAVURES

PRIX DE L'ÉDITION COMPLÈTE :

Cartonné : 3 fr. 50 — Relié maroquin vert, avec deux Répertoires entaillés dans les marges. ...... 4 fr. 50

Table Générale des Matières parues dans les 17 premières années de l'Almanach Hachette (1894-1910). Prix broché, franco : **0 fr. 50**.

Quiconque Ne m'a pas sur sa table Voyage sans m'emporter Perd du Temps

ÉDITION SIMPLE POUR 1912

ENTIÈREMENT RENOUVELÉE
L'ÉDITION SIMPLE CONTIENT
UNE PARTIE SPÉCIALE
POUR LA JEUNESSE

Les 22 Parties de l'Almanach Hachette

ANNÉE 1912	L'UNIVERS	SCIENCES
Médecine-Hygiène	DANS L'INCONNU	LITTÉRATURE
BEAUX-ARTS	HISTOIRE	GÉOGRAPHIE
Commerce, Industrie	AGRICULTURE	NOTRE ARGENT
Monnaies, Mesures	Économie Sociale	DROIT USUEL
MARIAGE-FOYER	POUR LA JEUNESSE	SPORTS, JEUX
PARIS et ENVIRONS	ARMÉE. MARINE	Postes, Expéditions

AGENDA de 192 Pages, Ephémérides d'Aéronautique, Petite Encyclopédie.

LES CONCOURS DE L'ALMANACH HACHETTE
Neuf mille cinq cent trente-cinq francs de Prix

1° Grand Concours des 286 Rébus, **8500** fr. de prix. - 2° Neuf Concours par Lettres
et par Cartes postales **920** fr. de prix.

Prix : Broché, **1 fr. 50** net. — Cartonné, **2 fr.** — Relié, **3 fr.**

Les 22 Parties de l'Almanach Hachette

ANNÉE 1912	L'UNIVERS	SCIENCES
Médecine-Hygiène	DANS L'INCONNU	LITTÉRATURE
BEAUX-ARTS	HISTOIRE	GÉOGRAPHIE
Commerce, Industrie	AGRICULTURE	NOTRE ARGENT
Monnaies, Mesures	Économie Sociale	DROIT USUEL
MARIAGE-FOYER	POUR LA JEUNESSE	SPORTS, JEUX
PARIS et ENVIRONS	ARMÉE. MARINE	Postes, Expéditions

AGENDA de 192 Pages, Ephémérides d'Aéronautique, Petite Encyclopédie.

LES CONCOURS DE L'ALMANACH HACHETTE
Neuf mille cinq cent trente-cinq francs de Prix

1° Grand Concours des 286 Rébus, **8500** fr. de prix. - 2° Neuf Concours par Lettres
et par Cartes postales **920** fr. de prix.

Prix : Broché, **1 fr. 50** net. — Cartonné, **2 fr.** — Relié, **3 fr.**

F. SCHRADER et L. GALLOUÉDEC

AVEC LA COLLABORATION DE

Mme BRUN

Agrégée des Lettres
Professeur au Collège de Jeunes Filles d'Avignon.

Europe — Asie

DEUXIÈME ANNÉE

OUVRAGE CONTENANT 14 CARTES EN COULEURS
ET 171 CARTES ET GRAVURES EN NOIR

SIXIÈME ÉDITION

PARIS

LIBRAIRIE HACHETTE ET Cie

79, BOULEVARD SAINT-GERMAIN, 79

1911

EUROPE — ASIE

Classe de 2ᵉ Année (Jeunes Filles)

PREMIÈRE PARTIE
ÉTUDE GÉNÉRALE DE L'EUROPE

§ 1. — GÉNÉRALITÉS

L'Europe n'est pas seulement la réunion de tous les États européens. C'est par elle-même une individualité géographique présentant des caractères généraux bien déterminés. Il est intéressant de les étudier avant d'aborder l'étude détaillée de chacun des États européens.

Situation. — Sur une carte du monde, l'Europe apparait située tout entière dans la partie tempérée de l'hémisphère boréal; elle y forme comme une presqu'ile de l'Asie qu'elle termine à l'ouest.

Des mers la baignent au nord, à l'ouest et au sud : ce sont l'*océan Glacial Arctique* au nord, l'*océan Atlantique* au nord-ouest et à l'ouest, la *Méditerranée* et la *mer Noire* au sud.

Du côté de l'Asie, à l'est, on lui assigne comme limites le *Caucase*, la *mer Caspienne*, le *fleuve Oural* et les *monts Oural*. Mais ces limites sont purement conventionnelles. Ni la Méditerranée orientale, encombrée d'iles disposées comme les piles d'un pont, ni le Bosphore et les Dardanelles, ni les monts Oural dont les deux versants ont même climat et même végétation, ne forment un obstacle sérieux.

Forme. — L'Europe est la plus découpée de toutes les parties du monde. Aucune ne compte autant de golfes, de mers intérieures, de presqu'îles presque entièrement détachées. Ces découpures sont particulièrement nombreuses dans la moitié occidentale, à l'ouest d'une ligne unissant Constantinople à la mer Baltique.

A l'est de cette ligne, les seules indentations sont la *mer Blanche* au nord, la *mer Noire* et la *mer d'Azov* au sud. La grande largeur des terres rend les rapports entre ces mers rares et difficiles.

A l'ouest de cette ligne, l'Europe s'effile: des isthmes de moins en moins larges séparent l'océan Atlantique ou ses mers secondaires de la Méditerranée. Il y a 1100 kilomètres de Kœnigsberg à Odessa, 1000 de Stettin à Trieste, 800 d'Anvers à Gênes, 400 de Bordeaux à Cette. De plus en plus fine, la masse continentale se frange de péninsules et d'îles, *péninsule scandinave, Jutland, archipel britannique, péninsule ibérique, péninsule d'Italie, péninsule des Balkans.* Des golfes marins et des mers intérieures pénètrent profondément le continent, *mer Baltique, mer du Nord, Manche, mer Tyrrhénienne, Adriatique.*

Par suite de cette forme découpée, l'Europe est celle des parties du monde qui a proportionnellement la plus grande étendue de côtes.

Superficie. — L'Europe s'étend principalement de l'ouest à l'est; elle a 5600 kilomètres dans ce sens et seulement 4000 du nord au sud.

Elle mesure une superficie de 10 010 000 kilomètres carrés: c'est à peu près la treizième partie des terres émergées.

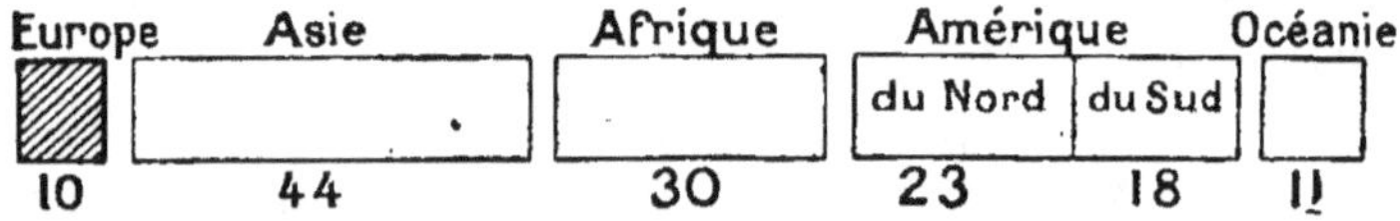

SUPERFICIE COMPARÉE DES CINQ PARTIES DU MONDE.

L'Europe est la moins étendue des cinq parties du monde; elle est quatre fois moins grande que l'Asie et que les deux Amériques réunies, trois fois plus petite que l'Afrique. Elle occupe la treizième partie des terres émergées.

L'Europe est la plus petite des parties du monde: elle est quatre fois et demie moins étendue que l'Asie, quatre fois moins étendue que les deux Amériques réunies, trois fois moins étendue que l'Afrique.

Lectures et Développements.

L'Europe a une situation privilégiée. — La situation de
l'Europe est privilégiée de deux manières :

1º Parce que l'Europe est placée dans l'hémisphère boréal,
où les terres sont massées, et qui est pour cette raison l'hémisphère
continental et civilisé par excellence. Dans l'hémisphère austral, les
hommes qui habitent les divers continents sont trop éloignés les uns
des autres ; ils sont comme perdus au milieu des océans, se déve-

L'EUROPE DANS LE MONDE.

*Cette photographie d'un relief montre bien l'extrême découpure de l'Europe qui
apparaît beaucoup plus finement sculptée que la massive Asie et que l'Afrique,
beaucoup plus ouverte aux influences marines et beaucoup plus pénétrable.
C'est une des raisons qui expliquent son développement particulièrement
brillant.*

loppent à l'écart, et ne peuvent entretenir entre eux ces échanges
constants de produits et d'idées qui sont précisément l'origine du
progrès et de la civilisation ;

2º Parce que l'Europe, comprise entre le 36º et le 71º degré de
latitude, est placée, non dans la zone torride qui déprime l'activité
humaine, non dans la zone polaire qui décourage tout effort, mais au
milieu même de la zone tempérée. Seul, l'extrême nord de la Scandinavie et de la Russie dépasse le cercle polaire ; mais cette bande

de terres glacées est étroite, négligeable. L'Europe peut-être considérée comme tout entière située dans la zone qui favorise le plus le développement humain.

L'Europe a une forme privilégiée.

— Plus un pays a ses contours découpés par la mer et plus il est avantagé. D'une part, les influences marines égalisent les climats, amènent la pluie fécondante. De l'autre, la mer est la route la plus facile et la plus économique pour les relations avec le dehors.

Or, l'Europe dans sa moitié occidentale forme une péninsule effilée et toute frangée de mers intérieures et de péninsules. Grâce à ses contours découpés, l'Europe est la seule partie du monde qui n'ait point de déserts. Même les contrées européennes situées à l'extrême nord, par delà le cercle polaire, ont une douceur relative de climat qu'on chercherait vainement dans les autres pays de même latitude : c'est ce que nous verrons plus en détail en étudiant le climat et la végétation.

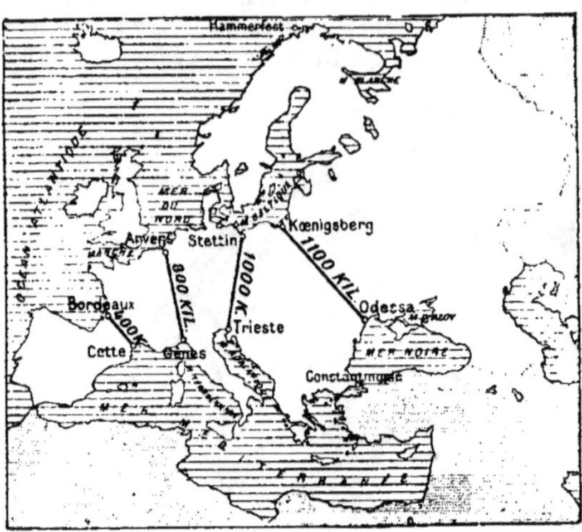

FORME DE L'EUROPE.

L'Europe va en s'effilant vers l'ouest : des isthmes de plus en plus étroits séparent les deux systèmes marins qui les baignent. Il y a 2000 kilomètres de la mer Blanche à la mer Noire, 1100 de Kœnigsberg à Odessa, 1000 de Stettin à Trieste, 800 d'Anvers à Gênes, 400 de Bordeaux à Cette. Au fond, il y a deux Europes : une Europe massive et continentale, celle de l'Est (la Russie); une Europe découpée, péninsulaire et maritime, celle de l'Ouest.

Toujours par l'effet de cette configuration, les différents peuples européens ont pu s'avancer sans peine jusqu'à l'une des mers qui baignent l'Europe, et s'élancer sur ces routes éminemment civilisatrices qui leur ont permis de s'aborder, de se connaître, de se pénétrer, de se perfectionner par des contacts presque de chaque jour.

L'Europe dans le monde.

— Matériellement, l'Europe n'occupe sur la carte du monde que la plus petite place, un treizième environ de l'étendue des terres émergées. Mais mieux située et douée d'une forme plus favorable que les autres parties du monde, elle nourrit un quart de la population du globe.

Elle est, sans parler d'autres avantages que nous verrons plus loin, le principal foyer de la civilisation. C'est elle qui, depuis de nombreux siècles jusqu'à nos jours, a donné au monde le plus grand

nombre de ses poètes, de ses artistes, de ses inventeurs, de ses
savants.

Les cartes de l'époque de la Renaissance représentaient l'Europe
sous les traits d'une femme couronnée. L'Europe est devenue, en
effet, et surtout grâce à sa situation et à sa forme, la véritable reine
du monde.

§ 2. — LE RELIEF DU SOL

Distribution générale du relief européen. — L'Europe
est un pays d'altitude modérée. Les montagnes et les plateaux
couvrent 1/3 de son étendue, et les plaines 2/3. Plus de la moitié
du sol est située à moins de 200 mètres au-dessus de la mer: un
centième seulement est à plus de 2000 mètres.

Les principales montagnes sont : au centre, les *Alpes*, qui
constituent le massif montagneux le plus important par l'altitude comme par la compacité; — au sud, l'*Apennin*; — au sud-
ouest et à l'ouest, la *Sierra Nevada* et les autres sierras espagnoles, les *Pyrénées*, le *Massif central*, le *Jura* et les *Vosges*;
— au nord-ouest, les *monts d'Angleterre* et d'*Écosse*; — au nord,
les *monts d'Allemagne* et les *Alpes scandinaves*; — à l'est et
au sud-est, les *Karpates*, les *Alpes Dinariques*, les *monts de
la péninsule des Balkans*, le *Caucase* et l'*Oural*.

Les principales plaines sont : au sud-ouest, la plaine d'*Andalousie*; au sud, la *plaine du Pô*; au centre, la *plaine de Hongrie*; au nord et à l'est, la *grande plaine européenne* qui s'étend
sans interruption depuis les bords de la mer du Nord jusqu'aux
frontières de l'Asie.

Donc, d'une manière générale, les montagnes occupent le sud
et le centre de l'Europe, les plaines en occupent le nord.

Alpes. — La chaîne des Alpes est de beaucoup la plus
importante des chaînes montagneuses de l'Europe. Elle mesure
1200 à 1300 kilomètres de longueur du golfe de Gênes à
Vienne; sa largeur varie de 150 à 250 kilomètres; elle porte le
plus haut sommet de l'Europe, le Mont-Blanc (4810 m.), ainsi
que les plus vastes champs de neiges et de glaces. Cependant
on les traverse avec une facilité relative parce que deux sortes
de coupures en décomposent la masse en massifs secondaires,
les unes parallèles à la direction du soulèvement, les autres per-
pendiculaires à cette direction.

On divise généralement les Alpes en trois parties :

1° Les **Alpes occidentales**, comprises entre le col de Cadibone et le Saint-Gothard. Les principaux massifs sont les *Alpes de Provence*, du *Dauphiné* et de *Savoie* en France, les *Alpes Pennines* et *Bernoises* en Suisse. C'est la partie la plus élevée de toutes les Alpes : outre le Mont-Blanc, elle renferme de nombreux sommets dépassant 4000 mètres (Cervin, Mont-Rose, Jungfrau, Finsteraarhorn) et le glacier d'Aletsch long de 25 kilomètres.

On y trouve six cols importants : de *Tende*, du *Mont-Genèvre* et du *Mont-Cenis*, du *Petit Saint-Bernard*, entre la France et l'Italie ; du *Grand Saint-Bernard* et du *Simplon*, entre la Suisse et l'Italie.

2° Les **Alpes centrales**, comprises entre le Saint-Gothard et le col du Brenner. Les principaux massifs sont les *Alpes Lépontiennes*, les *Alpes Rhétiques* ou *des Grisons*, les *Alpes de Bavière*. D'une manière générale, elles sont moins élevées mais plus larges que les Alpes occidentales. Le sommet le plus connu est le pic du Bernina.

On y trouve quatre cols importants : du *Saint-Gothard*, du *Splügen* et de *la Maloïa*, entre la Suisse et l'Italie ; du *Brenner*, entre l'Autriche et l'Italie.

3° Les **Alpes orientales** comprises entre le col du Brenner et le Danube. Les principaux massifs sont les *Alpes Noriques*, *de Salzbourg*, *d'Autriche*, *Carniques* et *Juliennes*. Ce sont les moins élevés ; aucun sommet n'y atteint 4000 mètres.

On y trouve deux cols importants : de *Tarvis* et d'*Adelsberg*, entre l'Autriche et l'Italie.

Montagnes secondaires. — La plupart des montagnes de l'Europe sont des montagnes moyennes, sans neiges persistantes ni glaciers, couvertes jusqu'au sommet de forêts et de pâturages.

Les plus importants de ces soulèvements secondaires sont :
L'Apennin, qui traverse la péninsule d'Italie du nord au sud, culmine au *Gran Sasso d'Italia* (2921 m.), et près duquel se dressent le *Vésuve* et l'*Etna*, volcans en activité.

La **Sierra Nevada**, ou montagne neigeuse, en Espagne, et les **Pyrénées** qui atteignent 3404 mètres au pic d'Aneto. Beaucoup moins élevées et neigeuses que les Alpes, les Pyrénées sont moins faciles à franchir en raison de la raideur de leurs versants et du manque de cols profonds.

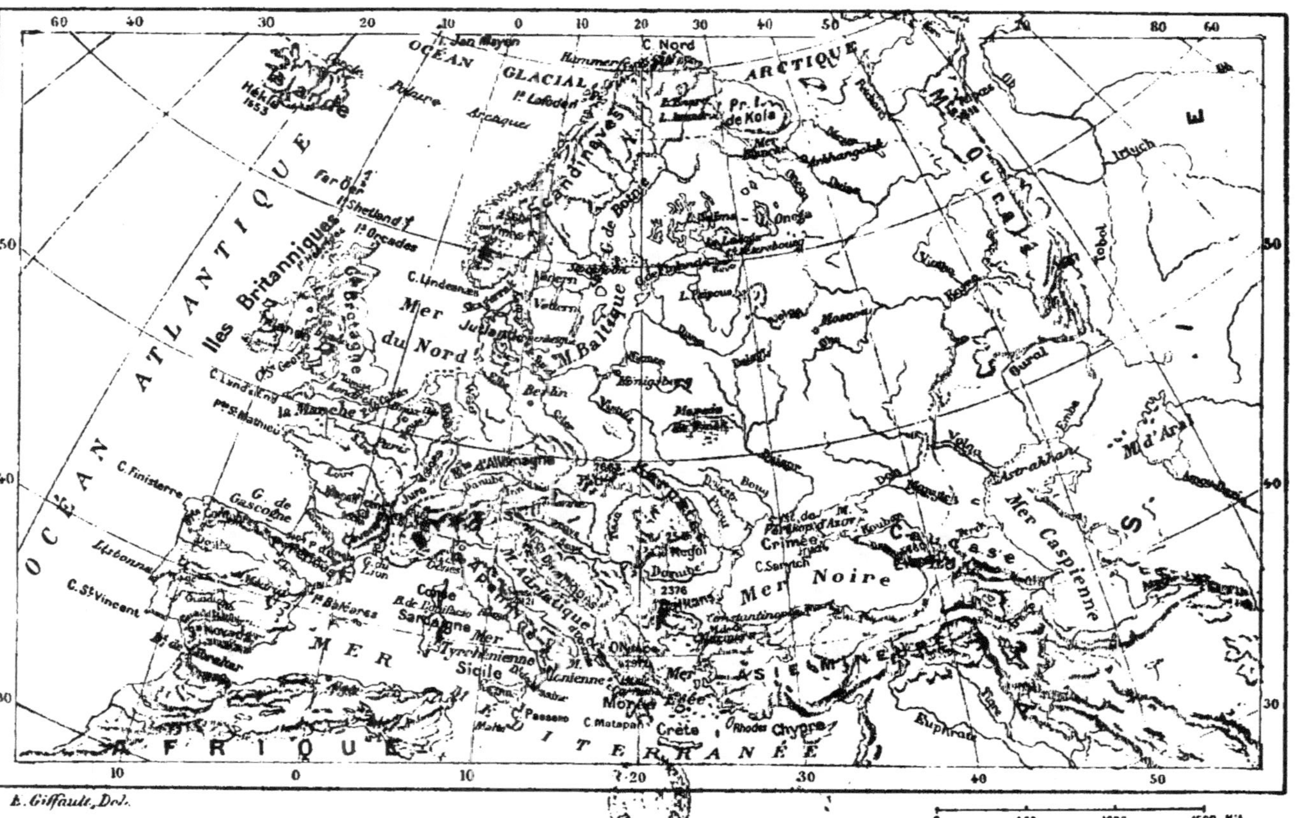

LE RELIEF DE L'EUROPE.

Le sud presque entièrement montagneux, le nord couvert presque exclusivement par une vaste plaine qui s'épanouit surtout très largement vers l'est : voilà le relief de l'Europe.

Les **Alpes scandinaves**, qui ne dépassent guère 2500 mètres, mais sont, en raison de leur latitude déjà élevée, couvertes d'épais glaciers.

Les **Karpates**, qui dessinent un vaste arc de cercle autour de la plaine de Hongrie, à l'est du Danube et des Alpes.

Lectures et Développements.

Les montagnes de l'Europe. — En tout, l'Europe est un continent moins massif, plus délicat que les autres. On l'a vu dans sa configuration; on le voit de même dans son relief.

Certes l'Europe a de hautes chaines de montagnes. Les Alpes, dont de nombreux sommets montent au-dessus de 4000 mètres, dépassent

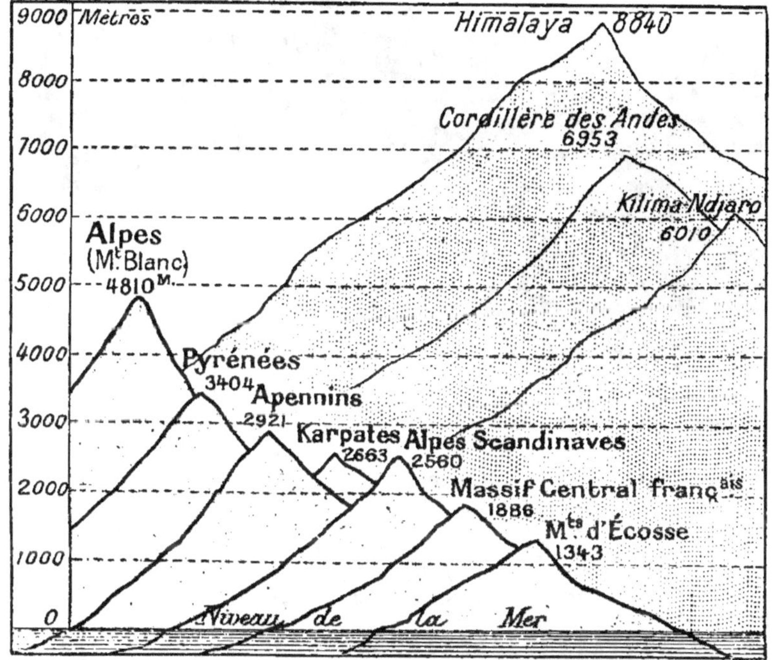

HAUTEUR COMPARÉE DES MONTAGNES DE L'EUROPE.

Malgré l'altitude des Alpes, dont le point culminant s'élève à 4810 mètres, les montagnes de l'Europe apparaissent bien petites si on les compare aux montagnes des autres parties du monde. L'Himalaya, en Asie, atteint presque une altitude deux fois plus grande.

de beaucoup la limite des neiges persistantes et portent de vastes glaciers. Les Pyrénées dépassent aussi cette limite. Beaucoup moins hautes mais plus voisines du pôle, les Alpes Scandinaves sont également couvertes de neiges et de glaces. Par contre, point de neiges persistantes sur l'Apennin, sur les Karpates, le Massif central français, les monts d'Ecosse, les montagnes de l'Allemagne, etc. Si la caractéristique des hautes montagnes est de porter des champs de neige et des glaciers, seules en Europe les Alpes, les Pyrénées et les Alpes Scandinaves méritent ce nom.

Que deviennent, d'ailleurs, ces hautes montagnes elles-mêmes si on les compare aux chaines les plus élevées des autres continents? Les Alpes s'élèvent jusqu'à 4810 mètres au Mont-Blanc, point culminant

Phot. Seila.

LE CERVIN.

Le Cervin, ou Matterhorn, dans les Alpes Pennines, en Suisse, est un des principaux sommets des chaines des Alpes; il s'élève à 4505 mètres. Mais ce qui fait surtout son originalité, c'est qu'il est nettement dégagé des montagnes qui l'entourent. Aussi l'escalade en a-t-elle été très difficile. On monte assez aisément jusqu'au sommet du Mont-Blanc; la cime du Cervin parut longtemps inaccessible.

de l'Europe; mais l'Himalaya, en Asie, monte à 8810 mètres au Gaourisankar; la Cordillère des Andes, en Amérique, monte à 6953 mètres à l'Aconcagua; le Kilima-Ndjaro, en Afrique, monte à 6010 mètres. Les montagnes d'Europe ne sont, en somme, que de petites montagnes.

Importance générale des Alpes. — Les Alpes jouent un rôle considérable dans la géographie générale de l'Europe.

Au point de vue de la géographie physique : 1° elles constituent le trait dominant du relief européen, le détail principal de son ossature; 2° elles forment un réservoir d'alimentation pour de nombreux

fleuves : on verra qu'elles envoient des eaux à la mer Noire par le
Danube, à la mer du Nord par le Rhin, à la Méditerranée par le
Rhône et le Pô : 3° elles forment une limite climatique très nette et
séparent l'Europe méditerranéenne qu'elles abritent contre les vents
du Nord, de l'Europe Centrale, région aux hivers glacés où les
arbres verts de la Méditerranée ne croissent plus et où la vigne ne
forme plus que de rares ilots au milieu de la culture moins frileuse
des céréales.

Au point de vue de la géographie humaine, les Alpes, comme la
plupart des grands massifs montagneux, ont servi de refuge à des
races anciennes qui se sont perpétuées jusqu'à nos jours. Chaque
vallée des Alpes forme un monde à part que les amoncellements de

(Phot. Jullien frères, à Genève).

LA VALLÉE D'ÉVOLÈNE (VALAIS).

*La vallée d'Évolène est traversée par un petit affluent du Rhône supérieur, la
Borgne, qui conflue près de Sion. C'est le type des vallées alpestres : le fond est
occupé par des prairies ; sur la droite, le versant de l'ombre est couvert d'une
épaisse forêt ; au pied du versant ensoleillé, sur la gauche, il y a quelques
champs. Le bourg d'Évolène est situé à 1380 mètres d'altitude.*

rochers, les glaces, les neiges permanentes ou hivernales isolent
pendant une partie plus ou moins longue de l'année. Beaucoup de
ces vallées portent un nom spécial comme il convient à une unité
distincte : la vallée supérieure de l'Isère est la *Tarentaise*, la vallée
moyenne le *Graisivaudan*, la vallée de l'Arc la *Maurienne*, la vallée
supérieure du Rhône le *Valais*, celle de l'Adda la *Valteline*, celle de
l'Inn l'*Engadine*, celle de l'Adige le *Vintschgau*. En même temps
que les vieilles mœurs, de vieilles langues s'y sont conservées ; on
y parle encore des idiomes disparus du reste de l'Europe, tels que
le roumanche et le ladin, en usage chez les Grisons.

Les vallées des Alpes. — Les Alpes sont tout un monde.
Dans les replis de leurs soulèvements sont nichées des vallées où

l'on voit des habitations, des villages, des bourgs, des petites villes. Ces vallées, encaissées entre de grandes montagnes neigeuses, s'ouvrent et se terminent sur d'autres vallées, ménageant ainsi de faciles communications entre les massifs.

De préférence, les maisons s'élèvent et se groupent sur les versants les plus chauds, ceux qui regardent vers le sud et vers l'ouest : les cabanes refuges de l'été, les *mayens* comme on dit dans le Valais, s'y étagent jusqu'au delà de 2000 mètres, à l'extrême limite des pâturages. Dans les Alpes, il faut bien distinguer entre le versant du soleil, où sont les champs avec les habitations, et le versant de l'ombre, qui est le domaine presque exclusif de la forêt.

Les ressources ne manquent pas. Peu de cultures : au delà de 1000 ou 1100 mètres, on ne trouve plus que de rares champs de seigle, de pommes de terre, de légumes. Mais, en outre, le montagnard des Alpes a la ressource des pâturages des versants qui, humectés par une humidité fréquente, gardent jusqu'au plus fort de l'été leur saveur nourrissante. Cette région des pâturages, l'*Alpe* proprement dite, ne fournit pas seulement pendant l'été ses herbes aromatiques aux troupeaux dont le lait, le beurre, le fromage, constituent la majeure partie de l'alimentation montagnarde; elle leur donne encore des fourrages qui, séchés et entassés dans les chalets des hauteurs, en seront descendus à l'entrée de l'hiver pour nourrir le bétail pendant les longs mois où les pâturages dorment sous la neige.

La vie de ces vallées est nécessairement un peu étroite et bornée. Par contre, l'esprit d'association et de cohésion est très développé parmi les habitants d'une même vallée. Il n'y a, pour s'en rendre compte, qu'à voir le nombre de ces petits canaux d'irrigation, de ces *bisses*, comme on dit dans le Valais, qui sillonnent les prairies des vallées en y faisant circuler l'eau fécondante de la montagne, et dont l'usage est strictement fixé par des règlements et des coutumes d'une très haute antiquité.

On franchit facilement les Alpes. — Malgré leur hauteur

et leurs glaces, les Alpes ne séparent pas absolument les peuples et les races. De bonne heure, la nécessité de passer du versant méditerranéen sur le versant atlantique ou *vice versâ*, soit pour le commerce, soit pour la guerre, a fait pratiquer les cols alpins; l'attrait des régions tièdes et fertiles de la belle plaine de Lombardie et de la péninsule italienne a, durant de longs siècles, occasionné comme un appel de populations septentrionales et occidentales.

Dans l'antiquité, Annibal descend en Italie après avoir franchi les Alpes occidentales; bientôt après, Rome remonte en sens inverse pour déborder sur la Gaule, tandis que par les passages du centre et de l'est elle envahit la Germanie. Plus tard, les cols alpestres servent de routes ordinaires aux Barbares; c'est au col de Splügen que passent les empereurs allemands du moyen âge quand ils vont ceindre la couronne de fer ou guerroyer contre les tribus lombardes; c'est par le Brenner, la Maloïa, le Splügen, le Saint-Gothard, le Grand Saint-Bernard, le Mont-Cenis, le Mont-Genèvre, que les marchands de Venise, de Florence, de Gênes, se rendent en Autriche, en Allemagne et en France.

Il n'est donc pas étonnant que les Alpes soient traversées aujourd'hui par un grand nombre de routes, alors que des chaines moindres, telles que les Pyrénées, ne sont, dans leurs parties les plus difficiles, franchies que par des sentiers.

De grandes voies ferrées franchissent même les Alpes, sous des tunnels ou à ciel ouvert. On en compte actuellement six : celle de *Modane* qui, depuis 1871, unit Paris à Turin par un long tunnel creusé à une vingtaine de kilomètres du Mont-Cenis; celle du *Simplon* qui unit Lausanne et le Valais à Milan; celle du *Saint-Gothard* qui unit Bâle et Zurich à Milan; celle du *Brenner* qui met en relation l'Allemagne et la Bavière avec l'Italie; celles du *col de Tarvis* et du *col d'Adelsberg*, qui unissent l'Au-

LA DOUBLE BOUCLE DE WASSEN.

On franchit les Alpes en chemin de fer malgré leurs murailles de rochers, leurs champs de neige et leurs glaciers : mais le génie de l'homme a dû s'y dépenser. Wassen est en Suisse sur la ligne qui unit Zurich à Milan et passe sous le Saint-Gothard. La voie ferrée y dessine une double boucle grâce à laquelle elle s'élève peu à peu sur place, pour ainsi dire. On distingue ci-dessus les trois emplacements successifs de la ligne, en bas sur le torrent, au milieu, en haut.

triche à Trieste et à l'Italie. D'autres sont en construction ou à la veille d'être achevées.

La grande plaine européenne. — Tout le nord et l'est de l'Europe sont occupés par une vaste plaine qui s'étend sans interruption de l'océan Atlantique à l'Oural. Elle comprend la France du nord et l'Angleterre orientale, les Pays-Bas, l'Allemagne septentrionale, le Danemark et la Suède, enfin toute la Russie.

Les terrains qui composent cette plaine ont des origines très diverses. Son sol est constitué tantôt par des fonds de mers ou des lacs asséchés, tantôt par d'anciennes montagnes que les érosions ont usées, tantôt par des terrains de transport, c'est-à-dire par des alluvions charriées par les fleuves, les glaciers et les vents. Par suite, l'aspect en est très varié.

Certaines parties des steppes russes à l'est et au sud-est sont presque complètement horizontales; mais en général la plaine européenne n'est pas plate. Des ondulations, des mouvements de terrains en rompent la monotonie. L'un des accidents les plus connus est le *plateau de Valdaï*, en Russie, qui monte à 351 mètres. Une étude minutieuse de la plaine européenne a révélé l'existence de plusieurs séries d'ondulations orientées les unes de l'ouest à l'est, et les autres du nord au sud. Ces élévations ont influé sur la direction des fleuves allemands et russes.

Quoi qu'il en soit, nulle part la plaine européenne ne s'élève beaucoup. De Paris à Moscou, pas un tunnel ne recouvre la voie ferrée; des canaux relient les rivières les unes aux autres sans difficulté. L'absence de barrière naturelle sur une aussi vaste étendue n'a pas seulement une importance économique; elle a exercé une grande influence sur l'histoire de l'Europe. Les races, que rien ne séparait, s'y sont livré de rudes combats. Sous Charlemagne, les Slaves et les Germains se disputèrent la possession de l'Allemagne. Plus tard, c'est l'absence de frontières naturelles dans cette plaine qui a permis à la maison de Brandebourg de s'étendre et de constituer l'empire allemand, qui a rendu possible le démembrement de la Pologne. Aujourd'hui, la Prusse et la Russie, en contact depuis le partage de la Pologne, cherchent à déborder l'une sur l'autre. Les frontières politiques ont varié sans cesse dans cette plaine suivant les vicissitudes des combats et la puissance du moment.

§ 3. — LE CLIMAT

Conditions générales. — Trois causes concourent à déterminer le climat général de l'Europe :

1° La situation de l'Europe au centre de la zone tempérée;

2° L'extrême découpure de ses côtes qui permet aux influences marines, et notamment à celle d'un courant tiède, le *Gulf Stream*, de se faire sentir sur les régions littorales de l'ouest et même à l'intérieur des terres;

3° Son relief qui, dans l'ensemble, est modéré.

Caractères généraux. — Le climat de l'Europe est essentiellement tempéré, ni trop humide ni trop sec, ni trop chaud ni trop froid.

1° **L'humidité** n'est nulle part supérieure à 150 centimètres de pluie annuelle, sauf sur quelques hautes montagnes, et nulle part inférieure à 10 centimètres.

Les régions les plus arrosées sont les pays de l'Europe occidentale exposés au premier fouet des vents humides qui viennent de l'Océan, et les montagnes qui arrêtent et condensent les nuages; EXEMPLE : les monts Cantabriques au nord-ouest de la péninsule ibérique, l'Irlande et la Grande-Bretagne de l'Ouest, les massifs montagneux français, les Alpes, le versant occidental des Alpes scandinaves.

Les régions les moins arrosées sont les pays de l'Europe orientale, qui sont les plus éloignés de la mer, et certaines plaines placées en arrière de montagnes qui arrêtent les nuages; EXEMPLE : l'Espagne centrale, la plaine hongroise, la Suède.

2° La **température** est relativement égale : l'Europe a des hivers moins froids et des étés moins chauds que les autres parties du monde situées à la même latitude. L'Europe occidentale, étant plus accessible aux influences marines, a nécessairement une égalité de température beaucoup mieux marquée que l'Europe orientale où les influences continentales l'emportent.

Les différents climats européens. — Les cartes des pluies et des températures d'été et d'hiver en Europe font ressortir les trois faits suivants : l'humidité décroît graduellement de l'ouest à l'est; la chaleur, en été, décroît du sud-ouest au nord-est; la chaleur, en hiver, décroît du nord-ouest au sud-est.

Par suite, on distingue en Europe trois zones climatiques : la zone méditerranéenne, la zone atlantique, la zone orientale.

1° La **zone méditerranéenne** comprend tout le bassin de la mer Méditerranée. Elle est caractérisée par un climat brillant et lumineux, des étés chauds, des hivers tièdes, des pluies irrégulières tombant presque exclusivement dans la saison froide et par chutes brusques, torrentielles.

2° La **zone atlantique** comprend toute l'Europe du nord-ouest, depuis la France jusqu'à la Norvège. Le climat en est humide, nébuleux, mais doux et égal, avec hivers tièdes et étés tempérés.

3° La **zone orientale** comprend l'Allemagne orientale, la Hongrie, la Roumanie et la Russie. Elle a un climat sec et tout continental, c'est-à-dire extrême, avec des étés très chauds et des hivers très rigoureux.

Les caractères de la végétation soulignent ces différences de climat. La zone méditerranéenne est caractérisée par ses plantes toujours vertes à feuillage grêle, oliviers, orangers. La zone atlantique est une zone de prairies et de forêts. La zone orientale est la zone des steppes.

Lectures et Développements.

Les vents et la pluie en Europe. — L'Europe est exposée principalement aux vents d'ouest qui y sont les vents dominants. Les grandes tempêtes qui y soufflent lui arrivent d'Amérique. Ces vents et ces tempêtes ont donc traversé l'océan Atlantique ; venant de la mer, ils amènent avec eux des nuages, des vapeurs, des pluies ; ils font prédominer en Europe les influences maritimes.

L'Europe reçoit sur toute son étendue une quantité de pluie suffisante. Il faut faire exception seulement pour quelques cantons des

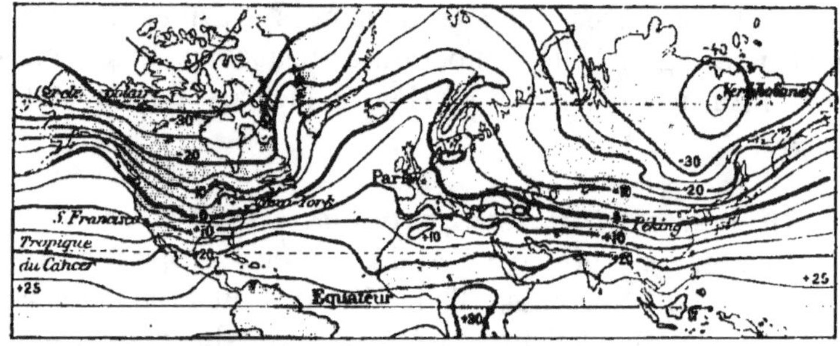

RÉPARTITION DES TEMPÉRATURES DANS L'HÉMISPHÈRE NORD EN JANVIER.

Dans la moitié continentale de l'Europe, les hivers sont beaucoup moins rigoureux, à latitude égale, que dans les autres parties du monde. Les lignes tracées sur cette carte réunissent tous les points de l'hémisphère boréal qui ont la même température en janvier. Suivez la ligne de 0°. En Amérique, elle descend au-dessous de New-York qui est à la latitude de Naples ; en Asie, elle descend au-dessous de Péking (même latitude). En Europe, elle passe bien au nord de l'Écosse et s'élève jusque sur les bords de la Norvège septentrionale. C'est l'effet des influences maritimes qui prédominent dans l'Europe occidentale.

plateaux espagnols et pour la région caspienne. En conséquence, l'Europe n'a point de déserts; c'est la seule partie du monde qui jouisse de cet avantage.

Les pluies étant amenées par des vents d'ouest, il en résulte deux conséquences importantes relativement à la répartition des pluies en Europe, et partant, de la végétation : 1° l'Europe occidentale, traversée la première par les vents humides, reçoit plus de pluie que l'Europe orientale: l'Europe occidentale est *l'Europe des cultures*; l'Europe orientale est plus particulièrement *l'Europe des steppes*; — 2° dans l'Europe occidentale, les régions les plus arrosées sont les régions exposées aux premières atteintes des vents pluvieux, c'est-à-dire les régions littorales et les versants occidentaux des chaînes de montagnes : par exemple, l'Irlande, la moitié occidentale de la

Grande-Bretagne, notre Bretagne française, la côte nord-ouest de l'Espagne, le versant occidental de la péninsule scandinave et celui de la péninsule des Balkans, etc.

Le climat de l'Europe est tempéré. — En Europe, la température moyenne est plus élevée, à latitude égale, que dans les autres parties du monde. En voici plusieurs exemples.

Entre le 60° et le 70° degré de latitude nord, on trouve : en Amérique, le *Groenland* dont le sol est enseveli sous une carapace éternelle de neiges durcies ; en Asie la *Sibérie* où le thermomètre s'abaisse parfois au-dessous de —60 degrés ; en Europe, la *Norvège*, dont la mer reste toute l'année libre de glaces jusqu'au cap Nord, où l'on trouve des cerisiers jusqu'au 63° degré de latitude, où l'orge peut être cultivée jusqu'au 70° degré.

L'agriculture paraît impossible au Labrador, en Amérique ; elle forme une des richesses de l'Angleterre et du Danemark qui sont

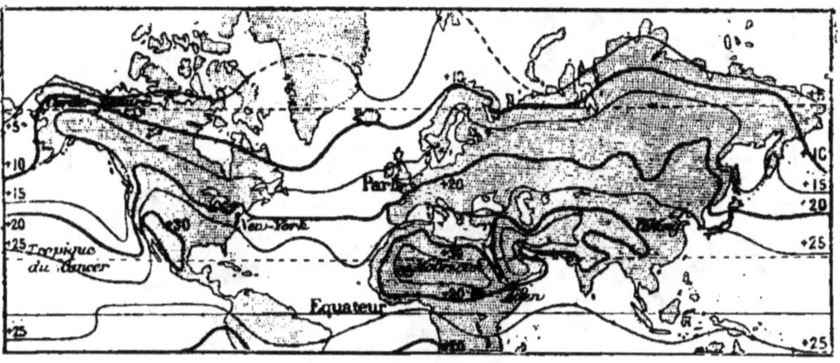

RÉPARTITION DES TEMPÉRATURES DANS L'HÉMISPHÈRE NORD EN JUILLET.

Suivez les lignes de + 10°, + 15° et + 20°, toutes sont plus au sud dans la traversée de l'Europe occidentale qu'en Asie et en Amérique. En juillet, il fait aussi chaud sous le cercle polaire en Asie qu'à Londres ou Bruxelles. L'Europe occidentale a des étés beaucoup moins chauds que les autres parties du monde situées sous la même latitude.

situés sous le même parallèle que le Labrador. Les limites des différentes cultures sont beaucoup plus septentrionales en Europe qu'en Asie ou en Amérique.

A Québec, le Saint-Laurent reste gelé en moyenne quatre mois par an : or, Québec est situé sous le même parallèle que la ville de Tours où la Loire n'est gelée que très exceptionnellement.

New-York et Péking ont des hivers très rigoureux avec des neiges et des glaces qui enchaînent leurs fleuves en moyenne trois mois durant : or, ces deux villes sont situées sous la même latitude que Naples et l'Italie méridionale.

Les cartes qui représentent la distribution de la chaleur dans l'hémisphère boréal en été et en hiver, montrent bien que l'Europe a des hivers beaucoup moins froids, et par contre des étés moins chauds, que les parties d'Asie ou d'Amérique qui sont situées à la même distance de l'équateur. Le climat étant un facteur important du développement humain et de la civilisation, on voit que l'Europe se trouve privilégiée de ce chef.

La végétation méditerranéenne. — Le climat est chaud dans la zone méditerranéenne; le ciel y est lumineux; la sécheresse de l'air n'est pas moins remarquable que sa transparence. Les pays méditerranéens ne connaissent point ces brumes légères qui, dans l'Europe atlantique, noient et adoucissent les contours. Même durant l'automne, qui est la saison pluvieuse sur les rives de la Méditerranée, il est rare que l'air reste saturé d'humidité. En été, faute de pluie, la végétation se couvre de poussière et prend une teinte grisâtre.

La végétation méditerranéenne se distingue au premier coup d'œil par l'absence de prairies et par le petit nombre de forêts. Celles-ci sont remplacées par des fourrés, des *maquis*. Les espèces dominantes

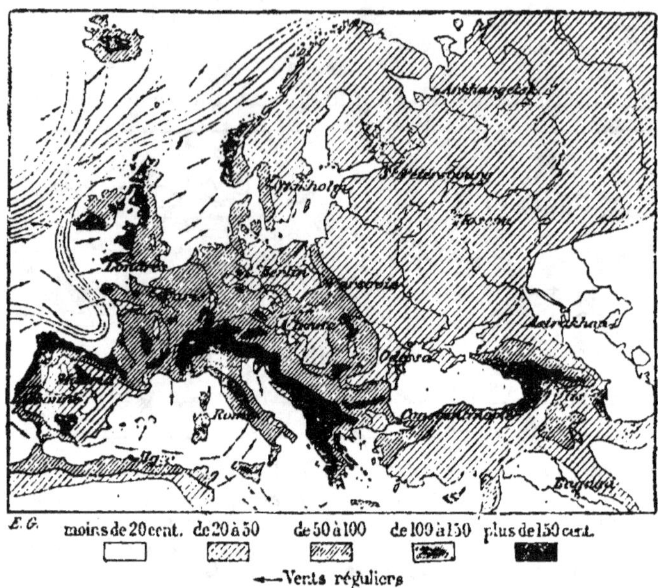

VENTS ET PLUIES DE L'EUROPE.

Noter les points suivants : 1° presque partout les vents dominants, qui soufflent dans le sens indiqué par les flèches, sont des vents du nord-ouest et du sud-ouest; 2° les pluies sont beaucoup moins abondantes dans la moitié orientale de l'Europe que dans la moitié occidentale ; 3° les parties les plus arrosées sont les côtes exposées à l'ouest et les régions montagneuses.

sont des plantes épineuses, à feuilles courtes et dures, chez lesquelles l'épaisseur des tissus ralentit l'évaporation et conserve à l'individu végétal, pendant les longues sécheresses, la sève nécessaire à son entretien.

Les arbres verts composent la majeure partie de la flore méditerranéenne. A l'état naturel croissent par touffes, sur les roches dénudées, des thyms, des lavandes, des cistes, des myrtes; dans les taillis s'entrelacent pêle-mêle des lentisques, des arbousiers, des chênes-verts en buissons, des oliviers sauvages, des genêts et de grandes bruyères, plantes peu touffues et peu pressées : parfois une vigne sauvage, liane flexible aux racines plongeantes, s'empare d'un arbre, l'escalade de branche en branche jusqu'au sommet et retombe à ses pieds en cascade. Tout cela médiocrement exubérant. La végétation ne prend quelque épaisseur que dans les bas-fonds humectés, où un ruisseau, plus favorisé que la plupart, conserve toute l'année un filet d'eau vivifiante et rafraichissante.

L'établissement des cultures sur le littoral méditerranéen fait honneur à l'industrie humaine. La terre végétale faisait presque entièrement défaut sur les roches calcaires aux flancs abrupts où elle glisse entrainée vers les fonds par les pluies diluviennes. Le premier travail fut de créer la terre végétale : où elle manquait, l'homme dut l'apporter des vallées basses sur son dos; pour la conserver où il

Phot. G. de Beauregard

MAQUIS DU CAP CORSE.

Spécimen de la végétation méditerranéenne. Par suite de la sécheresse des îles, elle ne comporte pas de prairies et les forêts sont rares. La forme végétale dominante est le maquis, fourré de broussailles assez hautes pour masquer un homme debout. Une partie des plantes qui composent le maquis méditerranéen sont des plantes épineuses.

l'avait apportée, il dut la retenir au moyen de murs en pierres sèches dont le roc fournissait les matériaux. Il fallut ensuite lutter contre la sécheresse, s'ingénier à trouver des sources au sein des montagnes, construire des réservoirs pour emmagasiner les eaux d'orage et les distribuer ensuite au fur et à mesure des besoins. Sur la côte espagnole de Malaga, de Murcie et de Valence, le long du littoral génois, en maint endroit de la Grèce et de l'Archipel, tout un code de lois préside à la distribution des eaux de ces réservoirs, et des tribunaux dits *tribunaux des eaux*, en surveillent jalousement la répartition. Le dernier travail fut d'extirper, bêche en main, avec un labeur opiniâtre, la broussaille tenace, et de nettoyer le sol pour le mettre à l'abri de l'envahissement des herbes sauvages.

Les cultures méditerranéennes sont pour la plupart des cultures en terrasses. D'un bout à l'autre de la Méditerranée, la montagne apparaît découpée par une série superposée de gradins soutenant autant de terrasses, où le sol, soigneusement amassé, minutieusement restauré après chaque ondée violente, porte les cultures les plus variées. Ce sont surtout des primeurs, des légumes, des fruits de toute sorte, figues, olives, cédrats, oranges, raisins. Entre toutes

Phot. Neurdein fr.

CULTURES EN TERRASSES A LA TURBIE (ALPES-MARITIMES)

A deux kilomètres et demi du littoral méditerranéen, la Turbie se dresse à 500 mètres d'altitude sur le haut d'un éperon montagneux. Remarquer les gradins qui s'étagent au-dessous du village : ce sont des murettes de pierres échelonnées et soutenant autant de jardins qu'on cultive en légumes, arbres fruitiers. Ces murettes de pierres sèches retiennent la terre végétale qui, sans elles, serait entraînée par les pluies torrentielles de ces régions.

ces cultures, celle de l'olivier domine dans l'aspect général du paysage : aussi le rameau d'olivier était-il dans l'antiquité un signe de paix et d'amitié; il disait à l'étranger : « Tu retrouves ici ta patrie ».

§ 4. — L'HYDROGRAPHIE

Les régions de lacs. — L'Europe n'a pas de lacs comparables pour l'étendue et l'importance, ni à ceux de l'Asie (mer d'Aral, Baïkal), ni à ceux de l'Afrique (Tchad, Victoria-Nyanza, Albert-Nyanza, Tanganyika, Nyassa), ni à ceux de l'Amérique du Nord (Méditerranée canadienne).

Il y a en Europe deux régions lacustres principales :

1° La **région de la Baltique**, qui comprend une série de lacs

disposés autour de la mer Baltique vers laquelle la plupart
d'entre eux convergent, lacs *Vettern* et *Venern* en Suède, lacs
de Finlande, lacs *Onega*, *Ladoga*, *Ilmen* et *Peïpous* en Russie :
ces lacs datent de la fin de la période glaciaire ;

2° **La région des Alpes**, qui comprend une série de lacs situés
au pied de la chaîne et dont les principaux sont les lacs de
Constance, des *Quatre Cantons* et *Léman*, sur le versant septentrional ; les lacs italiens, *Majeur*, de *Côme*, de *Garde*, sur le
versant méridional : ils furent autrefois occupés par les glaciers
alpestres.

Centre de dispersion des fleuves. — Toutes les montagnes d'Europe donnent naissance à des fleuves. Toutefois
deux régions jouent principalement le rôle de centres de dispersion des eaux :

1° Dans l'Europe orientale, le *plateau de Valdaï*, qui donne
naissance aux fleuves de la plaine russe, Volga, Dniepr, Duna ;

2° Dans l'Europe occidentale et centrale, la *chaîne des
Alpes* dont les flancs, couverts de neiges et de glaciers, donnent naissance au Rhin, au Rhône, au Pô et à l'Adige, à l'Inn,
affluent du Danube.

Versants. — Les fleuves de l'Europe se répartissent entre
trois grands versants :

1° Le *versant océanien*, ou *extérieur*, qui verse ses eaux à
l'océan Glacial arctique et à l'océan Atlantique, ainsi qu'à
leurs mers secondaires, mer Blanche, Baltique, mer du Nord,
Manche ;

2° Le *versant méditerranéen*, ou *intérieur*, qui verse ses
eaux à la Méditerranée et aux mers secondaires qui en dépendent, en particulier à la mer Noire et à la mer d'Azov ;

3° Le *versant caspien*, qui aboutit à une mer sans écoulement, la mer Caspienne.

Il n'existe entre ces versants aucune ligne de séparation fortement marquée. Aucun rempart continu de montagnes ne sépare
les eaux qui coulent vers l'Atlantique de celles qui vont à la
Méditerranée. La ligne idéale qu'on tracerait entre les sources
des fleuves des différents versants, suivrait tour à tour des
hauteurs d'importance très inégale, d'un côté une partie des
chaînes alpestres, de l'autre, en Russie, des dos de pays sans
relief apparent.

Grands fleuves. — Les fleuves les plus importants de l'Europe sont :

1° La *Dvina* et l'*Onega*, tributaires de la mer Blanche ;

2° La *Néva*, la *Duna*, le *Niémen*, la *Vistule* et l'*Oder*, tributaires de la mer Baltique ;

3° L'*Elbe*, la *Weser*, le *Rhin*, la *Meuse*, l'*Escaut* et la *Tamise*, tributaires de la mer du Nord ;

4° La *Seine*, tributaire de la Manche ;

5° La *Loire*, la *Garonne*, le *Douro*, le *Tage* et le *Guadalquivir*, tributaires de l'océan Atlantique proprement dit ;

6° L'*Ebre*, le *Rhône*, tributaires de la mer Méditerranée ; le *Pô* et l'*Adige*, tributaires de l'Adriatique ;

7° Le *Danube*, le *Dniestr* et le *Dniepr*, tributaires de la mer Noire ;

8° Le *Don*, tributaire de la mer d'Azov ;

9° La *Volga* et l'*Oural*, tributaires de la mer Caspienne.

Lectures et Développements.

Les fleuves européens. — Ce sont, en somme, de petits fleuves :

1° Ils sont courts. Les deux plus longs sont la *Volga* qui a

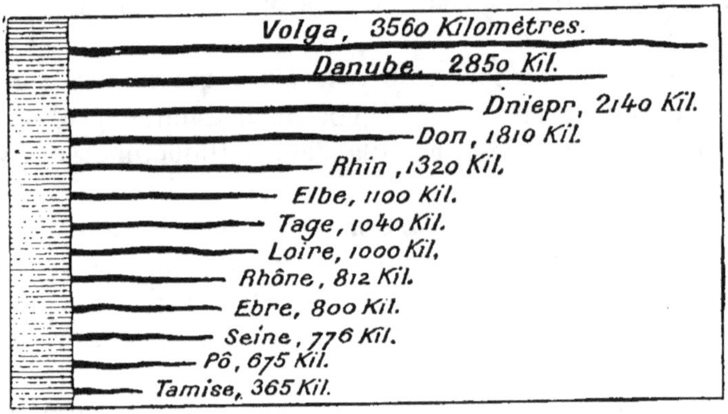

<table>
<tr><td>Volga, 3560 Kilomètres.</td></tr>
<tr><td>Danube, 2850 Kil.</td></tr>
<tr><td>Dniepr, 2140 Kil.</td></tr>
<tr><td>Don, 1810 Kil.</td></tr>
<tr><td>Rhin, 1320 Kil.</td></tr>
<tr><td>Elbe, 1100 Kil.</td></tr>
<tr><td>Tage, 1040 Kil.</td></tr>
<tr><td>Loire, 1000 Kil.</td></tr>
<tr><td>Rhône, 812 Kil.</td></tr>
<tr><td>Ebre, 800 Kil.</td></tr>
<tr><td>Seine, 776 Kil.</td></tr>
<tr><td>Pô, 675 Kil.</td></tr>
<tr><td>Tamise, 365 Kil.</td></tr>
</table>

LONGUEURS COMPARÉES DES PRINCIPAUX FLEUVES EUROPÉENS.

Aux premiers rangs pour la longueur viennent les fleuves de la plaine orientale, Volga, Dniepr, Don, et le grand fleuve de l'Europe centrale, le Danube. L'Europe occidentale, qui est étroite et que son relief accidenté morcelle encore en compartiments, renferme les plus petits fleuves.

3560 kilomètres et le *Danube* qui a 2850 kilomètres. C'est très peu en comparaison du Nil (6500 kil.), du fleuve des Amazones (6000 kil.),

du Mississippi (5600 kil.). C'est que l'Europe a une forme trop
effilée, qu'elle est trop profondément entamée par les océans pour
que les cours d'eau aient la place de s'étendre longuement avant
d'atteindre la mer.

2° Ils sont relativement maigres. Les deux plus abondants sont
la *Volga*, avec un débit moyen de 9900 mètres cubes par seconde,
et le *Danube*, avec un débit de 9000 mètres cubes. Or, on évalue
le débit moyen du Fleuve des Amazones à 100 000 mètres cubes par
seconde, et celui du Congo de 60 000 à 80 000 mètres cubes. C'est
que les pluies d'Europe sont partout modérées; elles sont bien loin
de pouvoir supporter la comparaison avec les pluies fréquentes et
diluviennes qui tombent dans les régions équatoriales où coulent le
Fleuve des Amazones et le Congo.

Caractères des fleuves méditerranéens. — La Méditer-
ranée reçoit quatre grands fleuves, l'*Ebre*, le *Rhône*, le *Pô* et l'*Adige*.

LA VALLÉE DU VAR.

*Type de rivière méditerranéenne : un lit très large qui a été formé par un cours
d'eau volumineux ; dans ce lit quelques filets d'eau parmi des sables et des
pierres. L'aspect ci-dessus est celui du fleuve pendant les neuf dixièmes de
l'année. Mais il suffit d'une averse d'automne torrentielle ou persistante pour
transformer ce champ de cailloux en une nappe d'eau bouillonnante. Le débit
du Var par seconde a varié de 20 mètres cubes à 4000 mètres cubes.*

Mais ces fleuves n'appartiennent à la région méditerranéenne que
par leurs cours inférieurs. Les vrais fleuves méditerranéens sont
ceux qui naissent et coulent tout entiers dans la zone méditerranéenne, comme quelques fleuves secondaires de l'Espagne, comme
le Var ou l'Aude en France, comme les fleuves italiens et les fleuves
de Grèce:
Trois traits communs caractérisent ces fleuves méditerranéens :

1° Issus de montagnes peu distantes de la côte, ils sont courts et très fortement inclinés ; — 2° leurs eaux rapides ravinent les pentes sur lesquelles elles coulent : par suite, ils charrient beaucoup d'alluvions et construisent pour la plupart des deltas ; — 3° enfin, leurs débits varient considérablement. Comme ces fleuves ont une très forte pente, les eaux des pluies s'écoulent très vite dans leur lit ; si la pluie est torrentielle, le cours d'eau se change en une mer furieuse qui, pendant quelques heures, passe en grondant et en ravageant tout sur son passage ; si la sécheresse persiste un peu, le lit se vide, le fleuve se réduit à des filets d'eau entre des sables et des pierres.

Les fleuves méditerranéens ne sont point navigables, en raison de leur pente et de l'instabilité de leur débit. Mais leurs eaux, aménagées à l'aide de barrages, peuvent être utilisées pour l'irrigation estivale. En outre, leurs chutes naturelles ou artificielles sont des sources importantes de force motrice.

Le Rhin. — Le Rhin n'est pas très long ; il ne mesure pas plus de 1320 kilomètres. Mais suisse par son cours supérieur, allemand

Phot. Charnux.

LA CHUTE DU RHIN PRÈS DE SCHAFFHOUSE.

Au-dessous de Schaffhouse, le Rhin traverse un plissement du Jura ; il y forme une chute de 20 mètres de hauteur au pied d'un rocher que couronne l'ancien château de Laufen. Deux énormes rochers, dont l'un est percé d'une arcade que l'eau traverse pendant les crues, se dressent au milieu de la courbe plongeante du courant. D'importantes usines utilisent la chute de Laufen.

par son cours moyen, hollandais par ses embouchures, il unit des pays très divers, et a joué un rôle très important dans l'histoire.

1° De sa source à Bâle, c'est le *Rhin supérieur*, le Rhin suisse.

Il est formé par deux torrents des Alpes centrales, et accru par d'autres torrents, la *Thür* et l'*Aar* grossie de la Reuss. Très impétueux, il ne s'apaise un moment qu'à la traversée du lac de Constance

LE RHIN PRÈS DE BINGEN.

Vue prise dans la trouée héroïque, entre Mayence et Bonn. Le Rhin y coule au fond d'un couloir rarement élargi que dominent des collines pittoresques surmontées de vieux burgs, de châteaux, de villages.

ou Boden-See; à peine en est-il sorti que de nouvelles chutes coupent son cours près de Schaffhouse. Le Rhin supérieur est sujet à de très grosses crues au printemps, parce que c'est la saison où se produisent les grandes fontes de neiges et de glaces sur les pentes des Alpes.

2° De Bâle à Mayence, c'est le *Rhin moyen*. Il coule du sud au nord à travers une plaine large d'environ 60 kilomètres qu'encadrent les Vosges et la Forêt-Noire. Son cours, vif encore jusqu'à Strasbourg, s'apaise peu à peu. Le Rhin reçoit alors le *Neckar* et le *Main*, sur sa rive droite, l'*Ill* sur sa rive gauche.

3° Après une phase très tourmentée que les Allemands appellent la trouée héroïque, et dans laquelle, de Mayence à Bonn, le Rhin traverse plusieurs soulèvements montagneux par des gorges très pittoresques, le Rhin entre dans son cours inférieur vers Cologne. Il ne tarde pas à s'y partager en deux bras principaux, le *Waal* et le *Bas-Rhin* ou *Lek*. Ses derniers affluents importants sont la *Moselle* sur sa rive gauche, la *Lahn* et la *Ruhr* sur sa rive droite.

4° Le Rhin a été, depuis plusieurs siècles, l'une des principales artères commerciales de l'Europe occidentale, sinon la principale. Aussi trouve-t-on sur ses rives ou non loin d'elles de riches villes commerçantes, Bâle, Strasbourg, Mayence, Cologne, Nimègue, Utrecht, Amsterdam, Rotterdam. De nombreux travaux ont été exécutés, depuis 1840, pour permettre au Rhin de garder son important rôle économique en satisfaisant aux exigences plus grandes de la navigation moderne. Aujourd'hui, il donne accès jusqu'à Strasbourg à des bateaux qui calent 2 mètres, mesurent 70 mètres de long, et peuvent porter 4000 à 5000 tonnes de marchandises.

Le Danube. — Le Danube a une importance égale à celle du Rhin. Né dans la Forêt-Noire et tributaire de la mer Noire, il arrose successivement l'Allemagne du Sud, l'Autriche, la Hongrie, et la partie septentrionale de la péninsule des Balkans, traversant et unissant ainsi des pays très différents.

1° Son cours supérieur se déroule en Bavière. Le Danube y reçoit l'*Altmühl* sur sa rive gauche, l'*Isar* et l'*Inn* sur sa rive droite. L'Inn qui descend de l'Engadine, dans les Alpes centrales, apporte au

TRAVAUX DE RÉGULARISATION DU DANUBE AUX PORTES DE FER.

Les Portes de Fer sont une suite de défilés que le Danube traverse à l'issue de la plaine de Hongrie. Le fleuve, qui avait 1500 mètres de largeur à Semlin, n'en a plus que 112 en aval de la ville d'Orsova, mais sa profondeur et sa vitesse augmentent considérablement ; la vitesse du courant rendait la navigation presque impossible avant les importants travaux qui depuis 1890 rendent le Danube navigable dans cette partie de son cours.

Danube une masse d'eau considérable. Le Danube quitte la Bavière au confluent de l'Inn, à Passau.

2° De Passau à Presbourg, le Danube coule en Autriche : il y traverse alternativement des étranglements rocheux où il est coupé de rapides, et des bassins plus ou moins étendus où il se ramifie autour d'îles alluviales. Il traverse ainsi la plaine de Linz et celle de Vienne, ou Marchfeld, dans laquelle il forme l'île Lobau. En aval de Presbourg, il traverse la plaine de Hongrie où il reçoit à gauche la *March* ou *Morava*, dont la source ouvre une route importante vers l'Allemagne du Nord et la Pologne ; il reçoit aussi la *Leitha*, sur sa rive droite.

3° Après les défilés de Waitzen qui ferment la plaine de Haute-Hongrie vers l'aval, le Danube traverse la plaine de Basse-Hongrie terminée au sud par les défilés des Portes de Fer. Cette plaine de

Basse-Hongrie est plate, sans relief. Le Danube y coule sans pente sensible; son cours est très lent. Au moment des crues du printemps, le fleuve déborde sur ses rives qui sont perpétuellement marécageuses. Le Danube reçoit alors, d'une part, la *Theiss* ou *Tissa* qui vient du nord, de l'autre, la *Drave* et la *Save* qui viennent des Alpes orientales.

4° Après les Portes de Fer, le Danube coule au nord de la péninsule des Balkans, entre les terrasses du plateau bulgare et les marécages souvent inondés de la plaine roumaine. Il s'y grossit encore de l'*Isker*, du *Sereth* et du *Prout*. Puis il se bifurque en trois bras principaux qui embrassent un vaste delta.

5° Le Danube est la voie naturelle pour aller d'Europe en Asie par la mer Noire, et inversement. Il a été suivi par la plupart des invasions venues d'Asie, ainsi que par les croisés partant pour la conquête des Lieux-Saints. C'est aujourd'hui une grande route de commerce et d'échanges. Mais comme de nombreux rapides y contrariaient la navigation, les puissances européennes se sont mises d'accord pour entreprendre des travaux de rectification et d'amélioration : les plus importants ont été exécutés aux embouchures et dans la traversée des Portes de Fer.

§ 5. — MERS ET COTES.

Vue générale. — L'Europe est baignée par la mer sur les trois quarts environ de son pourtour. Elle a 32 000 kilomètres de côtes, ce qui est considérable pour son étendue.

Quatre mers baignent l'Europe : l'*océan Glacial arctique* au nord, l'*océan Atlantique* au nord-ouest et à l'ouest, la *Méditerranée* au sud, la *mer Caspienne* au sud-est.

Océan Glacial arctique. — Il baigne l'Europe depuis la mer de Kara sur la frontière de l'Asie, jusqu'au cap Nord, en Norvège. Il forme la mer Blanche.

L'océan Glacial est peu profond dans le voisinage de l'Europe. La côte en est généralement plate et peu découpée; mais, par suite des courants chauds qui viennent de l'océan Atlantique, la banquise la serre de beaucoup moins près qu'en Asie.

Les principales îles sont : l'île *Jan Mayen*, d'origine volcanique; le *Spitzberg*, que dominent des pics aigus et d'immenses glaciers; les îles *Kolgouiev* et *Vaïgatch*, enfin la *Novaïa Zemlia* ou Nouvelle-Terre.

La mer *Blanche*, que prolongent trois grandes baies, est peu profonde, semée d'îles basses et marécageuses, bordée de côtes plates. Plus méridionale que l'océan Glacial, elle a cependant plus de glaces parce qu'elle ne reçoit pas l'influence bienfaisante des courants de l'Atlantique : les glaces y interdisent la navigation pendant huit mois sur douze.

Océan Atlantique. — Il baigne l'Europe au nord-ouest et à l'ouest, depuis le cap Nord jusqu'au détroit de Gibraltar. Il forme plusieurs mers intérieures, mer *Baltique*, mer du *Nord*, *Manche*, mer d'*Irlande*. Avec elles il entoure la *péninsule scandinave*, la *presqu'île du Jutland* et *l'archipel britannique* qui comprend les deux grandes îles de Grande-Bretagne (Angleterre et Écosse) et d'Irlande.

1° La **mer Baltique** est peu profonde et semée d'îles nombreuses, *archipel danois* (Fionie, Seeland), *Rügen, Bornholm, Œland, Gotland, Œsel, Dago* et *Aland*. Les côtes sont découpées par plusieurs golfes, de *Botnie*, de *Finlande*, de *Riga*, de *Danzig*; elles sont généralement basses et sablonneuses, bordées d'îlots boueux, de lagunes ou haffe fermées par de minces flèches de sable. En outre, la mer Baltique est gelée une grande partie de l'année, six mois au nord, trois à quatre mois au sud.

La Baltique est une mer presque fermée; elle ne s'ouvre, au sud-ouest, sur la mer du Nord, que par cinq détroits, le *Skagerrak* et le *Kattégat*, le *Sund*, le *Petit Belt* et le *Grand Belt*. L'importance du Danemark provient de sa situation sur ces détroits, porte de la Baltique.

2° La **mer du Nord** s'ouvre largement au nord, mais est presque fermée au sud où elle ne communique avec la Manche que par le Pas-de-Calais, large de 31 kilomètres.

Elle est peu profonde; de nombreux bancs de sable, qui affleurent presque à la surface, entre autres le *Doggerbank*, y rendent la navigation périlleuse. Les seules îles sont des îles littorales, *Zélande, îles Frisonnes, Helgoland*, sur la côte des Pays-Bas et de l'Allemagne. Les côtes sont bordées de dunes, très basses, exposées à l'irruption de la mer qui y a formé le golfe du *Zuider-Zee* au xiii° siècle.

3° La **Manche**, ou le *Canal* comme disent les Anglais, est un simple détroit, large au maximum de 260 kilomètres, entre la France et l'Angleterre. Elle est très peu profonde, mais elle est dangereuse parce que les vents s'y précipitent comme en un entonnoir et y atteignent une violence extrême; les marées y sont très fortes. Les principales îles sont : *Wight*, près de la côte anglaise ; les iles anglo-normandes, *Auregny, Guernesey, Jersey,* et les iles de *Bréhat* et de *Batz,* sur la côte bretonne.

Les côtes, en général rocheuses, sont très découpées surtout à l'ouest. La Manche est la mer du monde qui voit passer le plus grand nombre de navires.

4° La **mer d'Irlande**, entre la Grande - Bretagne et l'Irlande, s'ouvre par le *canal du Nord* au nord, par le canal *Saint-Georges* au sud. Elle renferme deux iles : *Man* au centre, *Anglesea,* tout près de la côte anglaise.

5° **L'océan Atlantique** proprement dit est peu profond jusqu'à 100 ou 150 kilomètres du rivage ; puis il se creuse brusquement et la profondeur descend jusqu'à 5000 mètres.

Il forme trois golfes, le *canal de*

Profondeurs de la mer

blanc de 0 à 200 mètres   de 200 à 1000   au dessous de 1000
au dessus du niveau de la mer :
de 0 à 200 mètres   de 200 à 1000   au dessus de 1000

PROFONDEURS DE L'OCÉAN ATLANTIQUE
PRÈS DE L'EUROPE.

Les grandes profondeurs de l'océan Atlantique contournent le continent européen, à 100 ou 150 kilomètres de distance, suivant une ligne qui longe la péninsule scandinave, passe au nord de l'Écosse et de l'Irlande, puis revient longer les côtes de France et d'Espagne. Toutes les mers intérieures que l'océan Atlantique forme, Baltique, mer du Nord, Manche, sont des plaines à peine recouvertes d'eau ; l'archipel britannique repose sur un socle faiblement immergé et il suffirait d'un exhaussement de moins de 200 mètres pour le souder au continent européen.

Bristol, le *golfe de Gascogne* et le *golfe de Cadix.* Il baigne de nombreux archipels, tous peu distants des côtes, *Shetland, Orcades, Hébrides, Scilly* ou *Sorlingues,* puis *Ouessant, Belle-Ile, Ré, Oléron.* Plusieurs caps y portent le nom de Finisterre ou Finistère (Land's End, en Angleterre, signifie fin des terres).

Méditerranée. — Elle baigne l'Europe au sud depuis le détroit de Gibraltar jusqu'aux rivages d'Asie sur une longueur de 3750 kilomètres. Elle forme trois bassins principaux : la *Méditerranée latine*, la *Méditerranée grecque* et la mer *Noire*. Le détroit qui sépare la Sicile de la Tunisie forme la limite entre les deux premiers ; le détroit des Dardanelles, la mer de Marmara et le Bosphore forment la limite entre les deux derniers.

1° La **Méditerranée latine** est profonde ; deux grandes fosses y descendent à plus de 3000 mètres des deux côtés de la Sardaigne. Elle forme les golfes de *Valence*, du *Lion*, de *Gênes*, et la mer *Tyrrhénienne*. On y trouve relativement peu d'îles, mais presque toutes sont importantes, les *Baléares*, la *Sardaigne*, la *Sicile*. Les côtes en sont alternativement alluviales ou rocheuses.

2° La **Méditerranée grecque** est plus profonde encore que la Méditerranée latine ; elle s'abaisse jusqu'à 4400 mètres entre la Sicile et la Crète. Très ramifiée en mers secondaires, elle forme la mer *Ionienne*, la mer *Adriatique*, la mer *Égée* ou *Archipel*, ainsi que des indentations moindres, *golfe de Tarente* et *golfe de Corinthe*. On y trouve de nombreuses îles, mais moins grandes que celles de la Méditerranée latine, *îles Ioniennes*, *Crète* ou *Candie*, *Rhodes*, *Eubée* ou *Nègrepont*, *Cyclades*, *Sporades* : la mer Égée doit son nom d'Archipel au grand nombre de ses îles. Le type rocheux domine sur les côtes, sauf au fond de la mer Adriatique.

3° La **mer Noire** est presque complètement fermée. De la Méditerranée on y accède par une série de détroits, les *Dardanelles* dont la largeur minima est d'environ 1800 mètres, la mer de *Marmara* qui est semée d'îles, et le *Bosphore* qui a 27 kilomètres de long sur une largeur variant de 550 à 4500 mètres.

La mer Noire forme un grand bassin régulier, dont la profondeur va au delà de 3000 mètres, et au milieu duquel la *presqu'île de Crimée* fait saillie. Elle se prolonge, à l'est de la Crimée, par la mer d'*Azov*, avec laquelle elle communique par le détroit de Kertch ou d'Iénikalé : la mer d'Azov est si peu profonde, et le Don qui s'y termine y verse tant d'eau douce, que la surface en est à peine salée.

Mer Caspienne. — La Caspienne est complètement isolée

MÉDITERRANÉE.

La Méditerranée, placée entre les trois parties de l'ancien continent comme une sorte de lac intérieur, est une des mers les plus importantes du globe.

des autres mers. Son étendue fut jadis beaucoup plus grande. Placée sous un climat sec et chaud, où l'évaporation est considérable, elle n'a cessé de diminuér; son niveau s'est abaissé de 26 mètres.

Dans sa moitié septentrionale, où elle est très peu profonde, elle est bordée de côtes marécageuses et plates. Dans sa moitié méridionale, elle a des côtes rocheuses et une profondeur qui va jusqu'à 1000 mètres. On n'y trouve aucune île notable.

Lectures et Développements.

La mer Baltique est peu salée. — Elle est six fois moins salée que la mer Rouge, trois à quatre fois moins salée que l'océan Atlantique, quatre à cinq fois moins salée que la Méditerranée : pourquoi?

Les mers les plus salées sont les mers fermées, qui sont situées dans des régions très chaudes et très sèches, et dont le bassin ne comporte pas d'affluent important. Telle est la mer Rouge. La chaleur évapore une grande quantité d'eau; il ne tombe pas de pluie, il n'y a pas de fleuve pour remplacer l'eau évaporée. Le niveau de cette mer ne se maintient que grâce à un apport d'eau salée venu de l'océan Indien. L'évaporation enlevant de l'eau douce que les courants remplacent par de l'eau salée, la salure de la mer Rouge ne peut qu'être très grande et augmenter sans cesse.

Dans la Baltique, l'évaporation est faible par suite du peu de chaleur du climat; d'autre part, de nombreux fleuves versent à la Baltique une grande masse d'eau douce, très supérieure à celle qu'enlève l'évaporation. Le niveau de la Baltique s'élèverait si un excès d'eau ne s'écoulait vers l'océan Atlantique. L'eau qu'apportent les fleuves est douce; celle que les courants emmènent vers l'Océan est salée. On conçoit que la salure de la Baltique soit faible et tende à diminuer de plus en plus.

L'océan Atlantique et l'Europe. — Le voisinage de l'océan Atlantique est précieux pour l'Europe.

L'Atlantique est parcouru par des courants d'eau chaude dont le principal est le *Gulf-Stream*, issu du golfe du Mexique. Ce courant d'eaux tièdes traverse en écharpe tout l'Océan, baigne les côtes de la France, de l'archipel britannique, de la Norvège, et fait sentir son influence jusqu'à l'île Jan Mayen, dans l'océan Glacial. On a trouvé à Jan Mayen des troncs d'arbres tropicaux que le Gulf-Stream avait charriés jusque-là.

L'influence de ces courants réchauffe l'Europe du nord-ouest. Sans eux, la péninsule scandinave disparaîtrait sous les glaces comme le Groenland; l'Angleterre et l'Allemagne, soumises au même climat que le Labrador, en auraient la végétation, mousses et lichens; le centre de la France connaîtrait la rigueur des hivers canadiens.

Au contraire, grâce à ces courants, les blocs de glace détachés des mers polaires au moment de la débâcle n'atteignent jamais le cap Nord, alors qu'en Amérique on les trouve jusqu'aux latitudes correspondant à celles de Lisbonne et de Naples. La température de la mer, prise en janvier, au nord de la Scandinavie, est en moyenne de 3º,27 alors qu'à Venise elle n'est que de 1º,56 (Voir la carte *Répartition des températures en janvier*, p. 16).

Il est permis de dire que l'océan Atlantique a exercé une influence prépondérante sur les destinées du continent européen.

Caractères physiques de la Méditerranée. — La Méditerranée communique avec l'océan Atlantique par le détroit de Gibraltar, large de 13 kilomètres, mais elle en est profondément distincte.

La couleur azurée de ses eaux et la limpidité de son atmosphère lui donnent une physionomie particulière. Elle est plus salée. Enfin, par suite de son isolement, elle n'a pas de marées ; les vagues s'y brisent perpétuellement sur le même point de la côte.

Le régime des vents dans la Méditerranée est assez variable ; toutefois les vents du nord dominent. Le *mistral* qui souffle sur le golfe du Lion, et la *bora* qui souffle sur l'Adriatique, sont des vents du nord. Pendant l'été, la Méditerranée est parcourue par un courant d'air presque continu du nord au sud, où il est attiré par l'échauffement des déserts de l'Afrique septentrionale. Cette prédominance des vents du nord a fini par courber vers le sud les arbres des Baléares ; elle est cause que la mer est presque toujours houleuse sur la côte algérienne.

LE DÉTROIT DE GIBRALTAR.

C'est la porte de la Méditerranée, porte large de 13 kilomètres, c'est-à-dire deux fois et demie moindre que le Pas de Calais. Gibraltar, sur la rive européenne, et Ceuta, sur la rive africaine, en commandent le passage.

Ces vents sont secs. Le climat méditerranéen est brillant, généralement tiède, mais brusque et inégal. Les tempêtes de la Méditerranée ne sont pas toujours accompagnées, comme celles de l'Océan, de nuages épais et de pluies abondantes ; il arrive souvent que le ciel reste bleu au-dessus d'une mer furieuse. Les vagues de la Méditerranée sont moins hautes que celles de l'Atlantique, mais non pas moins redoutables; la mer, courte et dure, est soulevée en lames profondes et rapides. La navigation y est difficile et peu sûre.

La mer Noire, bien que communiquant avec la Méditerranée, a un climat tout autre, bien plus rigoureux. La côte russe de la mer Noire est souvent frangée de glace en hiver. La mer Noire baigne non un monde méditerranéen, mais le monde oriental.

La Méditerranée est une des mers les plus importantes du globe. — La Méditerranée a contre elle : 1° la violence de ses tempêtes; — 2° l'absence de marées, d'où il résulte que ses fleuves sont peu accessibles; — 3° la forme de ses côtes qui sont alternativement, tantôt bordées d'un mur rocheux qui les sépare de l'intérieur, tantôt plates, marécageuses et malsaines. Mais cette mer est si bien située entre les trois parties de l'Ancien Monde, qu'elle a joué un rôle considérable dans l'histoire humaine.

Toute l'histoire ancienne de la fraction de l'humanité à laquelle nous appartenons s'est déroulée autour de la Méditerranée. En effet, les côtes, les îles, les péninsules d'Asie Mineure, de Grèce et d'Italie, se trouvaient admirablement disposées pour favoriser les premiers échanges et les premières relations. Les Phéniciens fondèrent, les premiers, des colonies sur le pourtour de cette mer. Les Grecs s'y établirent ensuite, « comme des grenouilles autour d'un marais », dit Platon. Quand la Grèce déclina, ce fut au profit d'une autre puissance méditerranéenne, Rome.

Au moyen âge, la Méditerranée continua d'être le centre du monde, et les cités italiennes, Gênes, Venise, durent leur fortune d'alors à leur situation sur cette mer importante.

Au XVIᵉ siècle, avec le perfectionnement de la marine et surtout après la découverte de l'Amérique, la Méditerranée perdit une grande partie de son importance : fermée à l'est, elle n'était qu'une impasse, tandis que l'Océan menait à l'Amérique et aux Indes. Elle fut alors délaissée. De nos jours, le percement de l'isthme de Suez lui a rendu la route des Indes et de l'Extrême-Orient, et par suite une partie de son activité.

Aussi la lutte est-elle grande entre la plupart des puissances européennes pour conserver ou conquérir la prépondérance dans la Méditerranée. Chacune s'efforce d'y avoir les meilleurs ports et de s'y étendre toujours plus : l'Espagne a des comptoirs au Maroc; la France est établie en Algérie et en Tunisie; l'Angleterre détient les issues, Gibraltar, Malte, Chypre, et occupe l'Egypte; l'Italie, l'Autriche et la Russie déploient une activité incessante.

La Caspienne s'évapore graduellement. — La mer Caspienne reçoit un fleuve très abondant, la Volga, qui est le plus volumineux des fleuves d'Europe; elle en reçoit plusieurs autres moindres. Mais le volume d'eau que ces fleuves lui versent n'égale pas celui que l'évaporation lui enlève. Il en résulte un abaissement graduel de son niveau, qui est aujourd'hui de 26 mètres inférieur à celui des océans, et des phénomènes de transformation assez curieux.

La partie septentrionale, qui est la moins profonde, se vide peu à peu. En se retirant, la mer laisse apparaître d'innombrables presqu'îles basses, ou *g ors*; elles sont parallèles, séparées par des canaux étroits et sans profondeur, longues parfois de 5o kilomètres, et prolongées au large par des chaînes d'îles basses et d'îlots aboutissant à des bas-fonds. Vue d'un ballon, la côte comprise entre la Kouma et l'Oural rappellerait une campagne marécageuse labourée par une gigantesque charrue.

Ailleurs, la Caspienne se comble par l'alluvionnement des fleuves qui prolongent dans la mer la saillie de leurs deltas et tendent à transformer en lacs isolés les baies peu ouvertes : ainsi fait le Terek pour la baie Agrakhan, et la Koura pour le golfe de Kyzyl-Agatch.

Enfin, l'abaissement du niveau marin amène, principalement sur le littoral oriental, l'apparition d'îles allongées qui, se

Profondeurs

de 0 à 20 M.   de 20 à 100 M.   de 100 à 1000 M.   au dessous de 1000 M.

Dépression Caspienne

0   100   200   300   400 Kil.

LA MER CASPIENNE.

La mer Caspienne s'évapore graduellement parce qu'elle perd plus d'eau par évaporation qu'elle n'en reçoit par ses affluents. Son niveau s'est abaissé de 26 mètres. On voit sur la carte quelle était jadis, au nord, l'étendue de la mer Caspienne. Toute la partie septentrionale, peu profonde, tend à s'assécher. A l'est, le Kara-Bougaz ne communique presque plus avec la mer Caspienne, et ce golfe tend à se transformer en lac isolé. Noter entre la Caspienne et la mer d'Aral un grand nombre de petits lacs, restes d'une ancienne mer.

reliant insensiblement les unes aux autres, forment des langues de terre qui isolent peu à peu de la mer les golfes du pourtour. En face du cap d'Apchéron, le Kara-Bougaz ne communique plus avec le reste

de la Caspienne que par un très mince détroit. Quand il sera émergé
à son tour, ce qui ne saurait tarder, le Kara-Bougaz, transformé en lac
et soumis à une évaporation intense, diminuera à la manière des lacs
du Turkestan russe; dans un nombre plus ou moins grand de
siècles, sa place ne sera plus marquée que par un amas de sel au
plus profond de la dépression qu'il occupe. De nombreux amas de
ce genre parsèment les steppes que la Caspienne occupait jadis.

§ 6. — POPULATIONS DE L'EUROPE

Statistique de la population européenne. — L'Europe
renferme 410 millions d'habitants, un quart de la population du
globe. Elle gagne annuellement 3 à 4 millions d'habitants.

L'Asie est deux fois plus peuplée que l'Europe, mais elle est
plus de deux fois plus étendue. En réalité, proportionnellement
à son étendue, l'Europe est plus peuplée qu'aucune autre partie
du monde; elle a 41 habitants en moyenne par kilomètre carré,
l'Asie en a 20, l'Afrique 5, l'Amérique 4.

L'Europe occidentale est, du reste, beaucoup plus peuplée
que l'Europe orientale.

Races. — Les habitants de l'Europe appartiennent pour la
plupart à trois grandes races blanches et aryennes, la *race
gréco-latine*, la *race germanique*, la *race slave*. Deux autres
races y ont des représentants, la *race sémitique*, qui est un
rameau de la race blanche, et la *race mongole*, qui se rattache
à la race jaune.

1° Le **groupe gréco-latin** comprend les *Grecs* et les *Roumains*, les *Italiens*, les *Espagnols* et les *Portugais*, les *Français*, les *Belges*; il occupe donc l'Europe du sud et du sud-ouest.
A quelques exceptions près, tous les peuples de ce groupe
parlent des langues dérivées du grec et du latin;

2° Le **groupe germanique** comprend les *Anglo-Saxons*, les
Hollandais, les *Flamands*, les *Allemands*, les *Scandinaves*. Il
occupe donc une partie de l'Europe centrale et l'Europe du
nord-ouest;

3° Le **groupe slave** comprend les *Russes*, les *Polonais*, les
Tchèques, les *Serbes*, les *Croates*, les *Slovènes*. Il occupe donc
toute l'Europe orientale et pénètre jusque dans l'Europe centrale par deux trouées, au nord par la Pologne et la Bohême,
au sud par les vallées de la Save et de la Drave;

4° Le **groupe sémitique** est représenté par environ 7 millions de Juifs qui vivent dispersés dans les divers pays d'Europe, et principalement dans la Russie occidentale et la Pologne, ainsi que dans la plupart des grandes villes de commerce :

5° Le **groupe mongol** comprend quelques populations de l'Europe septentrionale, *Finnois*, *Lapons*, *Samoyèdes*, ainsi que les *Hongrois* et les *Turcs*.

Religions. — Trois religions sont pratiquées principalement en Europe, le *catholicisme romain*, le *protestantisme*, la *religion orthodoxe grecque*.

1° Le **catholicisme romain** domine principalement dans l'Europe latine, Italie, Espagne, Portugal, France, Belgique. Il est pratiqué en outre par quelques peuples germaniques (Flamands, Allemands des pays rhénans, de l'Allemagne du sud et d'Autriche), par quelques peuples slaves (Polonais, Croates), par un peuple mongol (Hongrois);

2° Le **protestantisme** comprend de nombreuses sectes issues des réformes de Luther et de Calvin; les principales sont celles des luthériens, des calvinistes, des anglicans d'Angleterre, des presbytériens d'Écosse. Les protestants sont peu nombreux en France et dans les pays latins. Ils se rencontrent principalement dans les pays germaniques ;

3° La **religion orthodoxe grecque** est le culte de la grande majorité des Slaves, d'une partie des Roumains et des Grecs. Elle domine à l'est et au sud-est de l'Europe.

États de l'Europe et systèmes de gouvernement. — L'Europe comprend vingt États (non compris les petits territoires indépendants du Luxembourg, de Saint-Marin, de Monaco et d'Andorre). Tous ces États sont des monarchies, sauf deux républiques (France et Suisse).

Les vingt États de l'Europe sont :

1° Dans l'Europe méridionale :

> Les États Balkaniques (Turquie, Roumanie, Serbie, Monténégro, Bulgarie, Grèce).
> L'Italie.
> L'Espagne.
> Le Portugal.

2° Dans l'Europe occidentale :

> La France.   Le Royaume-Uni

3° Dans l'Europe centrale :

L'Autriche-Hongrie.　　La Hollande.
La Suisse.　　L'Allemagne
La Belgique.

4° Dans l'Europe septentrionale et orientale :

Le Danemark.　　La Norvège.
La Suède.　　La Russie.

Ces États sont de grandeur et d'importance très inégales. Six d'entre eux exercent une influence prépondérante sur les destinées de l'Europe dont ils occupent les trois quarts de l'étendue et dont ils renferment les cinq sixièmes des habitants.

Ces six grands États, dont l'accord forme ce qu'on nomme le concert européen sont, par ordre de population, la *Russie*, l'*Allemagne*, l'*Autriche-Hongrie*, le *Royaume-Uni de Grande-Bretagne et d'Irlande*, la *France*, l'*Italie*.

Lectures et Développements.

Peuplement de l'Europe. — L'Europe est habitée depuis une époque très reculée. On croit avoir retrouvé en quelques parties de la France, du Portugal et de l'Italie, la trace d'hommes ayant vécu à l'époque tertiaire. Un fait certain, l'homme y était déjà très répandu aux âges quaternaires : il y vivait dans des cavernes ou dans des cités lacustres; ses premières armes furent des silex polis et taillés, jusqu'au jour où il connut l'usage des métaux. De cette époque primitive datent ces masses de terre amoncelées qu'on nomme *tumuli*, et ces blocs énormes de pierres, *dolmens*, *menhirs* et *cromlechs*, qu'on retrouve en si grand nombre en diverses régions de l'Europe occidentale.

Ces populations primitives furent absorbées ou détruites par des hordes venues d'Asie à diverses époques, et attirées vers l'Europe occidentale par un climat plus doux et plus régulièrement humide, par une végétation plus riche, par un sol plus fertile. Les unes arrivèrent par la voie du Danube, les autres par la grande plaine de la Russie et de l'Allemagne du Nord. Parmi les peuples qui affluèrent ainsi sur l'Europe pendant plusieurs siècles, on peut citer les Pélasges, les Ligures, les Celtes; plus tard les Gaulois, les Germains, les Slaves, les Finnois; plus tard encore les Huns, les Mongols, les Turcs. En l'absence d'accidents physiques très difficiles à franchir, toutes ces races se heurtèrent, se poussèrent, s'entre-tuèrent, se mêlèrent. Le conflit, entretenu par des causes originelles et par des rivalités qui s'y ajoutèrent, n'a point eu de trêve dans tout le cours de l'histoire.

Il en est résulté une pénétration réciproque de tous les éléments ethniques primitifs, notamment dans les régions frontières où le contact était plus direct. A l'heure actuelle, ce qui distingue ce qu'on est convenu d'appeler les races, c'est beaucoup moins le type physique, que la langue et surtout l'éducation. Dans notre Europe, on

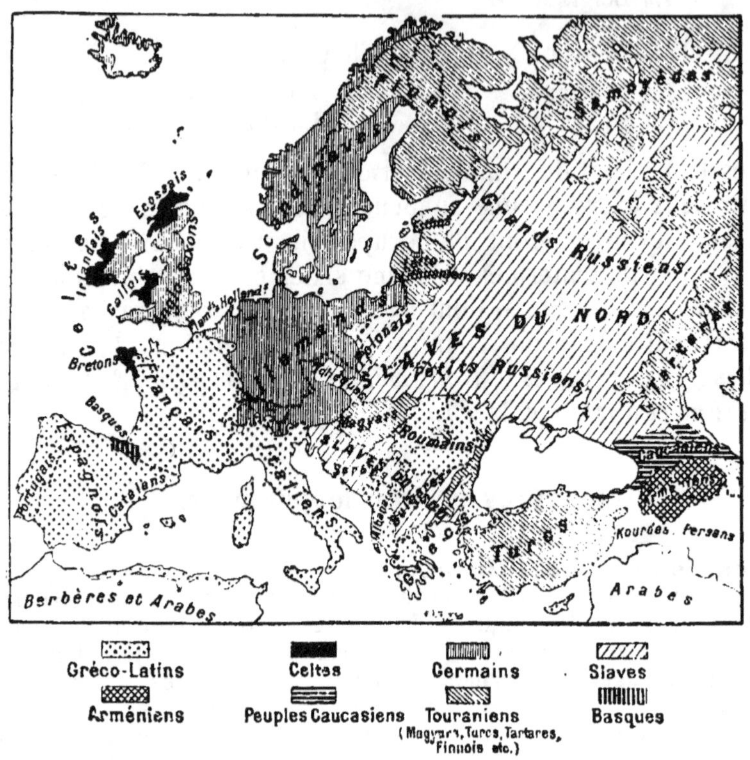

Gréco-Latins	Celtes	Germains	Slaves
Arméniens	Peuples Caucasiens	Touraniens (Magyars, Turcs, Tartares, Finnois etc.)	Basques

LES RACES HUMAINES DE L'EUROPE.

Si l'on excepte quelques races très anciennes qui ont été refoulées graduellement dans les promontoires occidentaux de l'Europe (Basques, Celtes), la population de l'Europe appartient principalement à trois races : 1° la race gréco-latine qui occupe le sud et le sud-ouest ; 2° la race germanique qui occupe le centre et le nord-ouest ; 3° la race slave qui occupe l'est. — Des éléments de race jaune ou touraniens (Magyars, Turcs, Tartares, Finnois, Samoyèdes) occupent quelques régions généralement excentriques.

trouve moins des races distinctes que des nationalités groupées plus ou moins logiquement par les événements politiques.

Répartition de la population européenne.

— La population de l'Europe est inégalement répartie. D'une manière générale, l'Europe occidentale est très peuplée et renferme les pays d'Europe qui ont la plus forte densité de population ; l'Europe orientale est peu peuplée et renferme les parties de l'Europe qui ont le moins d'habitants.

Si l'on regarde de plus près la carte de la densité de la population européenne, on y voit que les régions les plus peuplées sont l'Angleterre occidentale, la France du Nord, la Belgique et la Hollande, l'Allemagne rhénane, la Saxe et la Silésie, la Bohême, l'Italie du Nord. Or, tous ces pays sont de grandes régions industrielles ou commerçantes. En Europe, comme partout, les régions industrielles

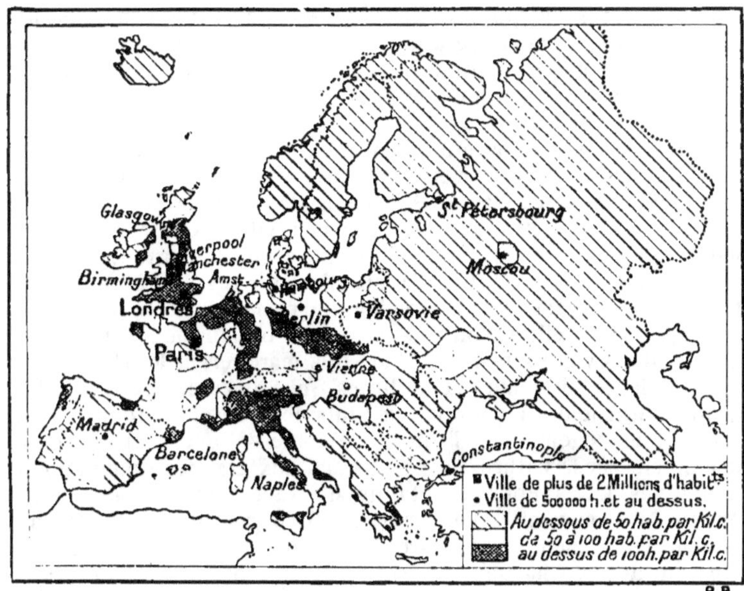

RÉPARTITION DE LA POPULATION DE L'EUROPE.

On remarque deux points importants : 1° la moitié orientale de l'Europe est beaucoup moins peuplée que la moitié occidentale ; 2° dans la moitié occidentale, les parties les plus peuplées sont l'Angleterre, la France du Nord, la Belgique et la Hollande, l'Allemagne rhénane, l'Italie du Nord : or, ce sont par excellence les régions industrielles de l'Europe.

et commerçantes concentrent la vie ; de grandes agglomérations, sans cesse accrues, s'y sont créées et se sont remplies de populations enlevées aux campagnes et à la vie agricole.

L'Europe est très morcelée au point de vue politique.

— C'est la conséquence de l'extrême variété de sa configuration. Les États européens correspondent pour la plupart à des divisions naturelles du sol de l'Europe. Des archipels bien dessinés par la mer, comme l'archipel britannique ; des péninsules aussi bien découpées que les péninsules italique, ibérique ou scandinave, formaient autant de cadres naturels propres à l'établissement de nations et d'États distincts.

Seule, l'Europe orientale fait exception. La plaine indéfinie qui s'y étend favorisait la création d'un immense empire.

En somme, l'Europe comprend un grand empire, la Russie, qui occupe, à lui seul, la moitié de sa superficie totale, et 19 États qui se partagent l'autre moitié.

Développement de la civilisation en Europe.

— Trois raisons font de l'Europe un champ particulièrement favorable au développement de la civilisation : 1° sa position par rapport aux autres parties du globe et au centre des terres émergées; 2° la médiocrité de son relief, où ne se dresse aucun obstacle absolument infranchissable, et l'extrême variété de ce relief, découpé en régions distinctes, où les populations ont pu s'établir comme en autant de moules disposés à l'avance; 3° la modération de son climat : la nature européenne, sans être avare ni prodigue, ne donne rien qu'au travail, et contraint ainsi l'homme au déploiement de toutes ses facultés, condition du progrès.

Cependant la civilisation européenne n'est pas née en Europe : les premiers germes lui sont venus de l'Afrique septentrionale et de l'Asie (Égypte, Assyrie, Perse, Phénicie). Mais, à peine introduite en Grèce, la civilisation étrangère y prit un merveilleux essor, pour de là, affinée et élevée, refluer sur l'Asie elle-même et embrasser toute la Méditerranée orientale. Concentrée d'abord sur les rives de l'Archipel, elle fit un pas vers l'ouest avec la domination romaine; puis, de l'Italie, centre du monde, elle rayonna sur tout le bassin méditerranéen.

Les invasions victorieuses des barbares marquèrent le début d'une longue ère de déchirements et de luttes qui firent reculer d'abord la civilisation. Plusieurs des nouveaux États cherchèrent, à tour de rôle, à imposer leur hégémonie à l'Europe. Mais le sol européen, si nettement morcelé par la nature, se prêtait mal aux grandes dominations; les tentatives faites pour en établir n'eurent toutes qu'un succès éphémère. Ni Rome, ni l'Allemagne, ni l'Espagne, ni la France, qui ont eu successivement leur heure de prépondérance, n'ont vu leur domination durer. Chacune d'elles, après un moment de triomphe, a vu ses efforts s'effondrer sous la poussée des nationalités opprimées. Ainsi, l'Europe du moyen âge, comme l'Europe moderne, a été le théâtre d'incessants conflits, champs de bataille où perpétuellement les peuples se heurtaient et où les intérêts s'entre-choquaient.

Du moins, dans ces luttes, les peuples se sont mêlés, les idées se sont échangées, les civilisations se sont pénétrées et perfectionnées par un contact mutuel, l'horizon du monde s'est élargi. La Méditerranée, qui était jadis le monde entier, a cessé d'être même le centre du monde. La découverte de l'Amérique hâta le mouvement de déplacement en ouvrant l'Océan et en fournissant un champ plus vaste à l'activité des peuples.

L'Europe contemporaine est encore à la tête de la civilisation générale. Nulle part l'instruction n'est plus développée. En Europe se sont élaborées les hautes idées qui marquent les progrès de l'esprit humain, et les grandes découvertes modernes, vapeur, électricité, composés chimiques, qui ont changé la face du monde en mettant certaines forces de la nature dans la dépendance de l'homme, alors qu'autrefois il leur était asservi. C'est de l'Europe enfin qu'est parti ce mouvement général de progrès qui transforme insensiblement même les régions les plus lointaines, en modifiant les langues, les croyances, les mœurs, les conditions sociales d'existence. Si d'autres pays aujourd'hui civilisés peuvent, comme les Etats-Unis, songer à disputer à l'Europe son rang à la tête du mouvement de la civilisation, c'est parce que d'abord ils ont été civilisés par l'Europe et ont reçu l'influence de ses idées.

DEUXIÈME PARTIE

LES ÉTATS EUROPÉENS

§ 1. — LA TURQUIE D'EUROPE ET LES ÉTATS BALKANIQUES

La péninsule des Balkans est aussi appelée péninsule slavo-grecque. On l'appelle *péninsule des Balkans* parce qu'elle est traversée de l'ouest à l'est, au sud du Danube, par la chaîne des Balkans, dont l'importance est du reste secondaire dans la péninsule. On l'appelle *péninsule slavo-grecque* parce que l'antagonisme des races, et spécialement des races slave et grecque, constitue un des traits dominants de son histoire contemporaine.

Elle est limitée à l'ouest par les mers Adriatique et Ionienne, à l'est par les mers Noire et Égée, au nord par la Save, le Danube et les Karpates.

Géographie physique. — Trois traits caractérisent la géographie physique de la péninsule balkanique :

1° *Son relief montagneux* : elle est sillonnée par des soulèvements nombreux, Alpes Dinariques, Rhodope, Pinde, chaîne de l'Olympe, monts de Morée, qui se croisent suivant une direction nord-sud et une direction est-ouest, en décomposant le pays en petits compartiments isolés ; les plaines sont rares et peu étendues, à l'exception de celle du Danube, au nord ;

2° La *torrentialité de ses cours d'eau*, conséquence du relief montagneux : ces cours d'eau sont nombreux, soit qu'ils coulent vers le Danube (Morava, Isker), soit qu'ils se jettent directement à la mer (Aspro-Potamo, Vardar, Maritza) ; aucun d'eux n'est navigable ; ce ne sont le plus souvent que de minces filets liquides au milieu de lits très vastes, si bien qu'on a pu les comparer à des petits enfants qu'on aurait couchés dans le lit à colonnes de leurs grands-parents ;

3° *L'extrême découpure des rivages*, qui ne sont qu'une suite de presqu'îles et de promontoires, et qui sont bordés d'une poussière d'îles et d'îlots : aucune région européenne n'a autant de côtes proportionnellement à son étendue.

Ces conditions physiques déterminent un pays à ressources peu abondantes, voué au morcellement territorial et politique, porté à chercher du côté de la mer les facilités d'existence que l'intérieur n'offre pas.

Populations. — La péninsule balkanique confine à l'Asie ; elle est sur le chemin le plus direct menant d'Asie en Europe ; par suite, elle a vu passer un grand nombre d'invasions. La plupart y ont laissé des représentants dont l'établissement s'est trouvé facilité par la nature du relief. Ainsi, ce chaos de régions physiques est devenu un chaos de races et de religions.

On y trouve des *Albanais*, descendants des anciens Pélasges ; des *Grecs* ; des *Roumains*, descendants d'anciens colons militaires romains ; des *Slaves*, représentés par les Serbes et les Bulgares ; des *Turcs*, qui sont d'origine mongole ; des *Juifs*, particulièrement nombreux en Roumanie, à Salonique et Constantinople.

La religion dominante est la religion orthodoxe grecque ; mais, outre les Juifs, la péninsule renferme aussi des catholiques. Les Turcs sont mahométans.

Ces différences de races et de religions, jointes aux divergences d'intérêts politiques et commerciaux, provoquent de violents antagonismes dans les Balkans, qui sont une des régions les plus troublées de l'Europe.

La population totale de la péninsule s'élève de 22 à 23 millions d'habitants, soit moins de 40 habitants par kilomètre carré.

Partage politique. — Dans l'antiquité, la péninsule des Balkans forma l'empire grec qui se démembra pendant le moyen âge. Au xv° siècle, les Turcs prirent Constantinople et reconstituèrent l'unité politique de la péninsule sous leur domination. Mais les peuples subjugués par les Turcs, dont ils haïssaient la race et la religion, aspirèrent bientôt à s'en affranchir. Ils furent soutenus par diverses puissances européennes qui combattaient les Turcs au nom de la civilisation ou parce qu'ils convoitaient leurs dépouilles. Les Turcs n'ont pu maintenir leur pouvoir.

PÉNINSULES DES BALKANS ET D'ITALIE.

Toutes les deux sont montagneuses, mais ont des côtes découpées; aussi toutes deux poussent-elles leurs habitants vers la mer.

C'est au xix⁰ siècle que leur défaite a été consommée. Successivement la Roumanie, la Serbie, le Monténégro, la Grèce, la Bulgarie ont fait reconnaître leur indépendance. Les Turcs ne possèdent plus en toute propriété qu'une faible partie de la péninsule.

La péninsule des Balkans comprend aujourd'hui les six États suivants, savoir :

Turquie	6 100 000	habitants.
Roumanie	6 700 000	—
Serbie	2 800 000	—
Monténégro	250 000	—
Bulgarie	4 035 000	—
Grèce	2 631 000	—

Cette division est sans doute transitoire. Grecs, Serbes, Bulgares, chacun de son côté, rêvent d'étendre leur domaine; tous

Turquie   Roumanie   Bulgarie   Serbie   Grèce   Monténégro 250.000

6,100.000 hab.   6,700.000 hab.   4,035.000 h.   2,800.000   2,631.000

POPULATIONS COMPARÉES DES ÉTATS BALKANIQUES.
Les Turcs, qui pendant la première partie des temps modernes avaient dominé sur toute la péninsule des Balkans, n'en possèdent plus qu'un faible lambeau : la Turquie d'Europe renferme 6 millions d'habitants, le quart seulement de la population de la péninsule.

revendiquent notamment la Macédoine, qui appartient aux Turcs. Les Grecs réclament, en outre, la Crète et les îles de l'Archipel. La péninsule des Balkans est en état de complète instabilité.

Turquie d'Europe. — La Turquie d'Europe comprend, avec l'île de Crète, une bande de territoires qui traverse toute la péninsule de la mer Noire et du Bosphore à la mer Adriatique. C'est un pays montagneux avec deux grandes vallées, celles du Vardar et de la Maritza.

La capitale en est **Constantinople**, qui compte plus d'un million d'habitants. Admirablement située à l'entrée du Bosphore, entre la mer de Marmara et le golfe de la Corne d'Or, elle commande les abords de la mer Noire en même temps que le passage le plus court d'Europe en Asie : de là, son importance historique. Napoléon disait que Constantinople est « la clef du monde ».

Les autres villes importantes sont *Andrinople*, sur la Maritza, en Thrace; *Monastir*, en Macédoine; *Scutari* et *Janina*, en Albanie; le port de *Salonique*, au débouché du Vardar. où aboutit une importante voie ferrée venue de Vienne.

États chrétiens des Balkans. — Les États chrétiens des Balkans sont la Roumanie, la Serbie, le Monténégro, la Bulgarie et la Grèce.

1° La **Roumanie**, au nord de la péninsule, entre les Karpates et le Danube, a été constituée par la réunion de la *Moldavie* à l'est, de la *Valachie* ou *Valaquie* à l'ouest. C'est surtout une plaine au climat extrême, très rude en hiver et très chaud en été. Elle produit des céréales, notamment du maïs, en abondance. Les versants des Karpates abondent en minerais et recèlent entre autres d'importants gisements de pétrole.

La Roumanie a pour capitale *Bukarest*, et pour autres villes *Iassy* et *Galatz*;

2° La **Serbie**, au centre de la péninsule, est entièrement continentale; la Save et le Danube la limitent au nord. Elle ne manque pas de ressources, mais souffre du manque de débouché direct sur la mer.

Sa capitale est *Belgrade*, au confluent du Danube et de la Save;

3° Le **Monténégro**, à l'ouest de la péninsule, est petit, montagneux, pauvre, peu peuplé. Il ne renferme que des bourgs : *Cettinyé*, la capitale; les deux petits ports de *Dulcigno* et d'*Antivari*, sur la mer Adriatique;

4° La **Bulgarie** est située à l'est de la péninsule, entre la Roumanie et la Turquie; la chaîne des Balkans la coupe en deux parties. C'est un pays de riches cultures; en particulier, la culture des rosiers dans quelques vallées bien abritées des Balkans y donne lieu à une importante fabrication d'essence de roses.

Elle a pour capitale *Sofia*, sur l'Isker, et pour autres villes *Roustchouk* sur le Danube, *Philippopoli* sur la Maritza, et le port de *Varna* sur la mer Noire;

5° La **Grèce**, tout au sud, est montueuse, pierreuse, âpre; mais ses côtes admirablement découpées y ont favorisé dans tous les temps l'éclosion d'une importante marine. Le principal produit de son sol est le raisin qu'on exporte sec (raisin de Corinthe).

Sa capitale est *Athènes*, fameuse surtout par ses monuments, Parthénon, Temple de la Victoire, Aptère, Théseion, Erechteion, qui évoquent les plus grands souvenirs de l'hel-

lénisme. On peut citer encore le *Pirée*, port d'Athènes; *Patras*,
centre du commerce des raisins secs, et *Hermopolis*, dans l'une
des Cyclades, port de relâche important.

Lectures et Développements.

L'Empire turc. — La Turquie d'Europe n'est qu'une partie de
l'Empire turc, et la moins importante bien que la capitale y soit

LE BOSPHORE.

*C'est moins un détroit marin qu'un fleuve : en son point le plus resserré, il n'a
pas plus de 550 mètres de largeur, trois à quatre fois la largeur de la Seine à
Paris. Des jardins, des palais, des villas, des bourgs se succèdent presque
sans interruption le long de ses deux rives.*

située. Les Turcs sont originaires d'Asie et c'est surtout en Asie que
leurs possessions s'étendent.

L'Empire turc comprend toute la partie occidentale de l'Asie, l'Asie
Mineure, une partie du plateau d'Arménie, la Mésopotamie, la Syrie
et la Palestine, enfin une partie de l'Arabie, celle qui s'étend le long
de la mer Rouge jusqu'à l'océan Indien.

En outre, il comprend la Tripolitaine, en Afrique et possède aussi
un droit de suzeraineté, plus théorique que réel, sur l'Égypte.

Le gouvernement a été transformé en 1908, de gouvernement des-
potique en régime parlementaire.

Constantinople. — Constantinople, que les Turcs appellent

Stamboul, occupe l'emplacement de l'ancienne colonie grecque de Byzance. Elle doit son nom de Constantinople à l'empereur Constantin qui la rebâtit et y transféra sa capitale. Pendant tout le moyen âge elle fut le siège de l'empire romain d'Orient jusqu'au moment où les Turcs s'en emparèrent, en 1453.

Elle doit sa haute fortune à sa situation. Constantinople est située au débouché du Bosphore dans la mer de Marmara ; elle commande donc entièrement l'entrée de la mer Noire. Le Bosphore, d'ailleurs, est moins un détroit qu'un fleuve marin large par endroits de 550 mètres seulement, trois à quatre fois la largeur de la Seine à Paris, une fois et demie la largeur de la Loire à Orléans. Le Bosphore

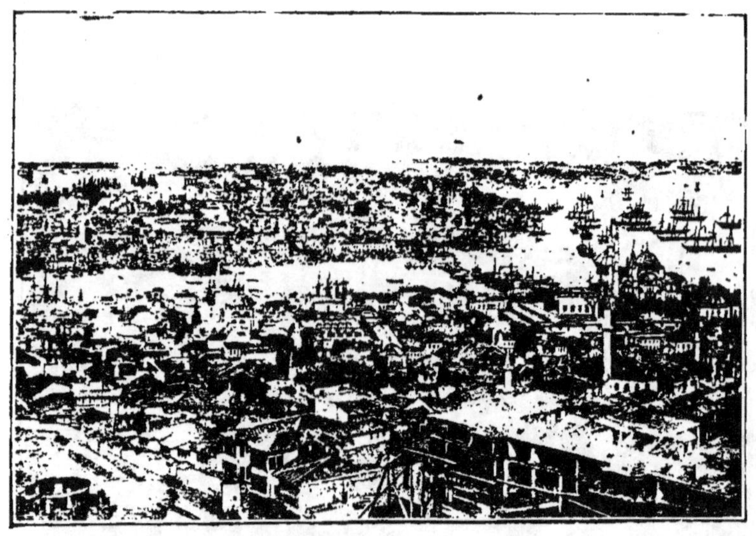

CONSTANTINOPLE : LA CORNE D'OR.

Le golfe de la Corne d'Or, c'est le port de Constantinople, le centre du commerce et de la vie. La ville elle-même, très pittoresque d'ensemble, n'est qu'un assemblage de maisons sordides le long de ruelles sinueuses.

favorise les communications entre l'Europe et l'Asie bien loin de les gêner. Deux des faubourgs de Constantinople, Scutari et Kadi-Kœi, sont sur la rive asiatique du détroit. On peut dire que Constantinople commande la route la plus fréquentée entre ces deux parties du monde. Constantinople possède, en outre, un port profond et sûr, le port de la Corne d'Or.

L'arrivée à Constantinople est un des plus beaux spectacles qui se puissent voir. Mais, dans la ville, on trouve des rues étroites, mal pavées, un mélange de monuments admirables et de maisons de bois. En maint quartier, le voyageur hésite à s'engager dans les sinuosités de ruelles que parcourent d'innombrables chiens errants. Toutefois, depuis la révolution récente, la ville a déjà commencé à se transformer.

Constantinople a une population extrêmement variée. Une foule cosmopolite se presse dans ses bazars : Turcs, Bulgares, Asiatiques,

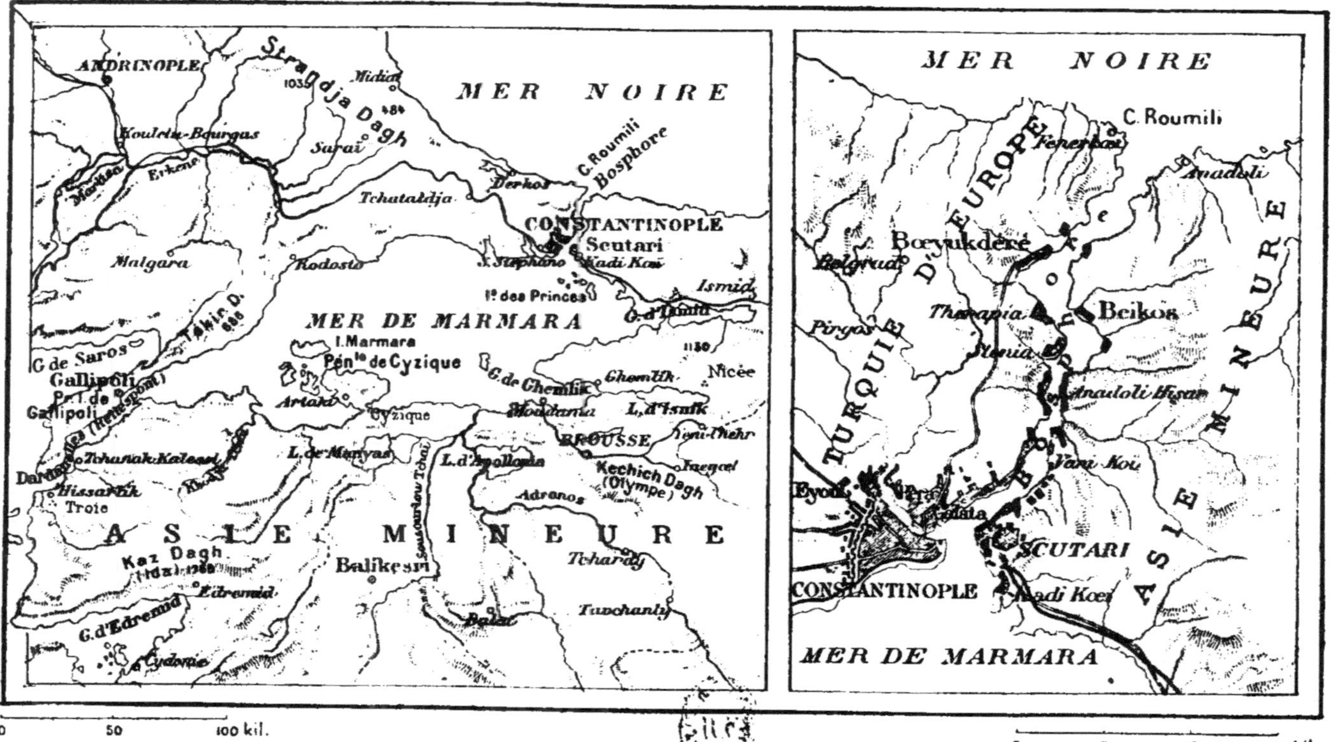

MER DE MARMARA-BOSPHORE.

La situation de la mer de Marmara et de ce fleuve-détroit qu'on appelle le Bosphore, entre l'Europe et l'Asie, explique l'importance géographique et historique de toute cette région.

Africains de toute sorte, vulgairement et à tort désignés sous le nom
d'*Osmanlis*; Grecs et Arméniens; enfin Européens de toute sorte qu'on
désigne indifféremment du nom de *Francs*. La langue française est
très répandue en Turquie et surtout à Constantinople.

Les nationalités balkaniques. — La péninsule des Balkans
est la région d'Europe qui compte les populations les plus diverses.
Il y en a deux raisons : 1° la situation de la péninsule sur la grande

LES RACES DES BALKANS.

*Laissant de côté les Roumains qui occupent une région bien délimitée à l'extré-
mité septentrionale de la péninsule, on voit que trois races s'y disputent la
prépondérance qu'y exerçaient jadis les Turcs : ce sont les Bulgares, les
Serbes et les Grecs.*

route des invasions; 2° le morcellement de ce pays montagneux en
petits cantons, favorisant le maintien des groupes indépendants.
C'est ainsi qu'on y trouve aujourd'hui côte à côte les races les plus
variées, Albanais, Grecs, Roumains, Serbes, Monténégrins, Bulgares,
Turcs, Juifs, Arméniens.

Cette diversité des races est une première cause de dissensions
intestines dans la péninsule. La différence de religion en forme une
seconde. On ne compte pas moins de quatre religions pratiquées

dans les Balkans, religion orthodoxe grecque, catholicisme, mahométisme, judaïsme.

Mais ce qui contribue surtout à armer ces différents peuples les uns contre les autres, ce sont des traditions nationales et des ambitions territoriales. D'accord pour refouler les Turcs en Asie, les

ROUMAINE.

Les Roumains descendraient, dit-on, d'anciens colons romains établis par Trajan au nord du bas Danube. Les Roumaines ont la réputation d'être souvent jolies. Il y a dans leur costume de l'oriental et du russe.

PAYSAN SERBE.

Les Serbes sont de race slave. « Ils sont en général vigoureux et beaux, dit un voyageur, d'une taille au-dessus de la moyenne, bien bâtis; leurs traits, un peu rudes, sont réguliers; ils se coupent les cheveux court et se rasent la barbe, sauf les prêtres qui la portent entière; leur moustache, leur regard fier et perçant leur donnent un air martial. »

nationalités chrétiennes des Balkans, particulièrement les Grecs, les Serbes et les Bulgares, prétendent en conserver, chacune pour soi, les dépouilles. Elles se surveillent jalousement entre elles, toutes prêtes à intervenir par la force s'il leur paraît que leurs intérêts sont menacés.

De là, la situation toujours si critique de la péninsule des Balkans. On peut dire que l'incendie ne cesse d'y couver. Les troubles y sont perpétuels, massacres, guerres civiles, guerres de peuple à peuple. Comme chacun des États balkaniques a de puissants alliés parmi les grands pays européens, il est toujours à craindre que les difficultés qui s'élèvent dans les Balkans ne troublent, par voie de conséquence, la paix de toute l'Europe.

Le pays et le peuple grec. — Le pays grec est avant tout un pays hérissé de montagnes. Le Pinde, son arête centrale, prolongé vers le midi par l'Œta, le Parnasse, l'Hélicon, le Cithéron et leurs contreforts, fait une chaine dont les anneaux vont au delà de l'isthme de Corinthe s'enchevêtrer dans le Péloponèse; au delà, les iles sont encore des échines et des têtes de montagnes émergentes.

Ce terrain, ainsi bosselé, ne comporte presque pas de plaines. Par-

DANS LA VALLÉE DE TEMPÉ.

Type de la nature grecque à l'intérieur du pays : montagnes généralement abruptes, blanches et revêtues d'une maigre végétation ; il n'y a guère d'arbres qu'au long des cours d'eau où ils font comme des couloirs de verdure. Les cultures sont très rares. La vallée de Tempé est située en Thessalie, dans la Grèce septentrionale.

tout le roc affleure comme dans notre Provence ; les trois cinquièmes du sol sont impropres à la culture. Partout la pierre nue ; de petites rivières, des torrents laissent entre leur lit demi-desséché et le roc stérile une bande étroite de sol productif. Hérodote opposait déjà la Sicile et l'Italie du Sud, ces grasses nourrices, à la maigre Grèce « qui, en naissant, eut la pauvreté pour sœur de lait ». En Attique, notamment, le sol est plus maigre et plus léger qu'ailleurs ; des oliviers, de la vigne, de l'orge, un peu de blé, voilà tout ce qu'il fournit à l'homme. Dans ces belles iles de marbre à peine trouve-t-on çà et là un bois, des cyprès, des lauriers, des palmiers, un bouquet de verdures élégantes, des vignes éparses sur les coteaux rocailleux, de beaux fruits dans les jardins, quelques petites moissons dans un creux ou sur une pente.

Un tel pays fait des montagnards sveltes, actifs, sobres. Dans son livre, *La Grèce contemporaine*, Edmond About dit que « la nourriture d'un laboureur anglais suffirait en Grèce à une famille de six personnes ; les riches se contentent fort bien d'un plat de légumes pour leur repas ; les pauvres, d'une poignée d'olives ou d'un morceau de poisson salé ; le peuple tout entier mange de la viande à Pâques pour toute l'année. » Il est curieux, ajoute-t-il, de les voir à Athènes en été : « Les gourmets se partagent entre sept ou huit une tête de mouton de six sous. Les hommes sobres achètent une tranche de

Phot. Khun.

LA RADE DE SALAMINE.

Type des découpures du littoral grec. La rade de Salamine est près d'Athènes, sur la côte méridionale de l'Attique : c'est là que jadis fut vaincue la flotte de Xerxès. Sur la côte septentrionale de l'île se trouvent l'arsenal et la station principale de la flotte grecque, qui sont représentées sur la vue ci-dessus.

pastèque ou un gros concombre qu'ils mordent à belles dents comme une pomme. » Point d'ivrognes : ils sont grands buveurs, mais d'eau pure. « S'ils entrent dans un cabaret, c'est pour jaser ; au café, ils demandent une tasse de café d'un sou, un verre d'eau, du feu pour allumer leurs cigarettes, un journal et un jeu de dominos : voilà de quoi les occuper toute la journée. »

D'autre part, si la Grèce est un pays de montagnes, elle est aussi un pays de côtes. Plus petite que le Portugal, elle a plus de côtes que toute l'Espagne. La mer y rentre par une infinité de golfes, d'anfractuosités, de creux, de dentelures ; même dans l'intérieur des terres, il est rare de ne pas apercevoir sa bande bleue et lumineuse à l'horizon. Le plus souvent, elle est encadrée de rocs qui avancent ou d'îles qui se rapprochent et font un port naturel. Une pareille

situation pousse à la vie maritime, surtout quand le sol est pauvre.
Aux époques primitives, il n'y a qu'une sorte de navigation, le cabotage, et aucune mer n'est mieux faite pour y inviter ses riverains.
Chaque matin le vent du nord se lève pour conduire les barques
d'Athènes aux Cyclades; chaque soir le vent contraire les ramène au
port. De la Grèce à l'Asie Mineure, les îles sont posées comme les
pierres sur un gué; par un temps clair, un navire qui fait ce trajet a
toujours la côte en vue. De Corcyre on voit l'Italie; du cap Malée

ATHÈNES.

*Capitale de la Grèce moderne, Athènes est surtout connue pour les monuments
de l'antiquité qu'elle renferme, et notamment pour ses temples. La plupart de
ceux-ci s'élèvent sur une colline qui se dresse au milieu de la plaine, l'Acropole.
On y voit en particulier l'ancien temple de Pallas Athéné ou Parthénon, et le
temple de la Victoire Aptère.*

les cimes de la Crète: de la Crète, les montagnes de Rhodes; de
Rhodes, l'Asie Mineure: deux jours de navigation conduisent de la
Crète en Cyrénaïque, dans l'Afrique septentrionale; il n'en faut que
trois pour passer de la Crète en Égypte.

Aussi, il y a dans chaque Grec l'étoffe d'un marin. Dans l'île de
Syra, une des Cyclades, la statistique officielle compte dix propriétaires et soixante-dix bergers contre mille marins. La marine grecque
est aussi ancienne que le peuple grec, témoin le héros Ulysse et
l'expédition de Troie. Un peu plus tard, le poète grec Hésiode nous
apprend que le commerce de cabotage y était florissant; chaque
paysan se doublait d'un marin: la récolte engrangée, le cultivateur
béotien s'embarquait pour aller vendre lui-même le blé de ses plaines

à l'habitant des îles arides de la mer Egée, qui ne produisaient que des fruits et du vin. Négociants, voyageurs, pirates, courtiers, aventuriers, les Grecs l'ont été à l'origine et dans toute leur histoire; d'une main adroite ou violente, ils allaient traire les grosses monarchies orientales ou les peuples barbares de l'Occident, rapportaient l'or, l'argent, l'ivoire, les esclaves, les bois de construction, toutes les marchandises précieuses achetées à vil prix, et, par-dessus le marché, les inventions et les idées d'autrui, celles de l'Égypte, de la Phénicie, de la Chaldée, de la Perse. C'est ainsi que, dans l'antiquité, la civilisation grecque est devenue comme l'expression de la civilisation générale.

Aujourd'hui la Grèce vit encore et surtout de la vie maritime. Elle possède 150 vapeurs et près de 1000 navires à voiles jaugeant au moins 50 tonneaux. Ils sont construits le plus souvent en simple sapin, mais tels quels ils durent assez pour enrichir leur armateur. Un capitaine y monte avec quelques hommes d'équipage; il achète à crédit les marchandises qu'il porte dans un port de Turquie, où, après les avoir vendues à gros bénéfices, il renouvelle la même opération, allant de port en port, *faisant la caravane*, suivant l'expression consacrée, restant absent deux ou trois ans au bout desquels il revient enrichi par ces échanges.

Ce sont ces circonstances physiques qui, dès l'origine, ont favorisé, en Grèce, l'éveil de l'esprit.

§ 2. — L'ITALIE

Bornée par les Alpes, la mer Adriatique, la mer Ionienne et la mer Tyrrhénienne, l'Italie forme la péninsule centrale de la Méditerranée. Elle comprend en outre la Sardaigne, la Sicile, et quelques îles moindres, Elbe, Lipari.

Sa superficie, qui est de 286 000 kilomètres carrés, représente 53 pour 100 de la France.

Géographie physique. — L'Italie se compose de deux parties profondément dissemblables, la plaine du Pô et la péninsule proprement dite.

1° **La plaine du Pô** est entourée de hautes montagnes qui lui forment un cadre de neiges et de glaces : d'un côté, se dressent les *Alpes*, avec le Viso, le Mont-Blanc, le Cervin, le Mont-Rose, le Bernina; de l'autre, est l'*Apennin*. Entre ces montagnes, s'étend presque sans relief une plaine formée d'alluvions qui s'incline progressivement vers la mer Adriatique, sur laquelle elle se termine par une côte plate, semée de lagunes, en voie d'extension continuelle.

Un seul fleuve concentre presque toutes les eaux de cette

plaine : le **Pô**, qui naît au mont Viso et coule de l'ouest à l'est, dans l'axe de la plaine, à mi-chemin entre les Alpes et l'Apennin, fleuve lent qu'un delta termine. Ses affluents sont le *Tanaro*, à droite ; le *Tessin*, l'*Adda*, l'*Oglio* et le *Mincio*, à gauche : les quatre derniers, venus des Alpes, seraient des torrents, si des lacs ne régularisaient leur débit.

Quant au climat, il est tout continental, avec des hivers plus froids que ceux de Paris, et des étés plus chauds que ceux de Rome. Grâce aux chaleurs d'été, le riz y croît dans les parties humides ; mais, à cause de la rigueur des hivers, on n'y trouve ni les orangers ni les oliviers qui caractérisent la zone méditerranéenne.

2° La **partie péninsulaire** est toute différente ; elle est couverte tout entière par l'Apennin et ne comprend qu'un étroit liséré de plaines basses le long de la mer ; elle a beaucoup de torrents, *Arno*, *Tibre*, *Garigliano*, mais pas un seul fleuve véritable ; son climat est tout méditerranéen, comme sa végétation.

La Sardaigne et la Sicile présentent les mêmes caractères que l'Italie péninsulaire.

Population et état politique. — L'Italie est peuplée par des populations de race gréco-latine.

Ses habitants sont très nombreux. La population s'élève à 33 900 000 habitants, soit une moyenne de 118 par kilomètre carré, l'une des plus élevées qu'il y ait en Europe. Cette population augmenterait, en outre, d'une manière très rapide, si une forte émigration n'emportait annuellement 700 000 à 800 000 Italiens vers les États-Unis, l'Argentine, le Brésil, et un peu vers la Tunisie.

La répartition de la population est, du reste, très inégale d'une province à l'autre. La grande plaine du Pô, la région napolitaine et la Sicile ont une population très dense. Mais les extrémités méridionales de la péninsule et la Sardaigne sont médiocrement peuplées.

Au point de vue politique, l'Italie forme une monarchie constitutionnelle. Le roi est le chef du pouvoir exécutif ; il partage le pouvoir législatif avec un sénat composé de membres nommés à vie par le roi, et une chambre de députés élus au suffrage universel. La capitale de l'Italie est Rome.

Grandes régions et villes principales. — L'Italie se subdivise en grandes régions naturelles ou historiques dont les noms sont d'un usage courant.

1° L'Italie septentrionale, ou plaine du Pô, forme la partie la plus riche et la plus peuplée de toute l'Italie. L'agriculture y est très prospère : champs de maïs et de céréales, vignes, mûriers, prés, rizières. Les chutes d'eau de la région alpestre, y ont favorisé le développement de l'industrie. Elle comprend :

Le **Piémont**, au pied des Alpes, avec *Turin*, sur le Pô, *Alexandrie* et *Novare*.

La **Lombardie**, plus à l'est, entre les Alpes et le Pô, avec *Milan*, au point de convergence des routes des Alpes centrales, *Côme* et *Mantoue*.

La **Vénétie**, entre les Alpes et l'Adriatique, avec *Venise*, dont la prospérité commerciale a beaucoup décliné au profit de Trieste; avec *Vérone* et *Padoue*.

L'**Émilie**, entre le Pô et l'Apennin, avec *Bologne*, *Ferrare*, *Parme* et *Modène*.

La **Ligurie**, entre les Alpes maritimes, l'Apennin et la Méditerranée, avec *Gênes*, premier port de commerce de l'Italie, rival de notre port de Marseille.

2° L'Italie centrale est généralement âpre et montueuse, excepté sur les côtes où s'allongent souvent des marécages et des terrains d'alluvions qui sont malsains et peu peuplés. Elle comprend :

La **Toscane**, ou bassin de l'Arno, entre l'Apennin et la mer Tyrrhénienne, avec *Florence*, la ville des Médicis, *Sienne*, *Pise* et le port de *Livourne*.

Les **Marches**, sur le versant de l'Apennin, près de l'Adriatique, avec *Ravenne* et *Ancône*.

L'**Ombrie** et les **Abruzzes**, pays rugueux, couverts par l'Apennin et ses ramifications, peu peuplés, sans grande ville : la principale est *Pérouse*, sur le Tibre supérieur.

Le **Pays romain**, le long de la mer Tyrrhénienne, au sud de la Toscane, avec la ville de *Rome*, fameuse par ses souvenirs, ses antiques monuments (Forum, Colysée, arcs de triomphe, colonnes, restes de temples); aujourd'hui capitale du royaume d'Italie, le roi résidant au Quirinal, et capitale du monde catholique, le pape résidant au Vatican.

3° L'Italie méridionale, ou ancien royaume de Naples, est formé de plaines trop sèches et de régions montagneuses, le tout pauvre, exposé à des tremblements de terre fréquents, peu peuplé, sauf dans la Campanie, près du Vésuve, où le sol doit

à l'engrais des poussières volcaniques une remarquable fécondité. Elle comprend :

La **Campanie**, avec *Naples*, première ville industrielle de
l'Italie, second port de commerce, la ville la plus peuplée.

La **Pouille**, sur l'Adriatique, avec le port de pêche de *Bari*,
et le port d'escale de *Brindisi*.

La **Basilicate**, au fond du golfe de Tarente.

La **Calabre**, à l'extrémité sud-ouest de l'Italie, avec *Reggio*,
sur le détroit de Messine.

4° La Sardaigne, qui est grande comme quatre à cinq départe-
mens français, est montagneuse, sauvage, peu peuplée et peu
civilisée. La principale ville est le port de *Cagliari*, au sud.

5° La Sicile, un peu plus grande que la Sardaigne, est surtout incomparablement plus fertile. Les jardins et les vergers
produisent par millions les oranges, les citrons, les amandes,
les figues. Les vignobles donnent les vins renommés de Syracuse et de Marsala. Grâce à un climat exceptionnel, on y trouve
le dattier, le palmier, le bananier, la canne à sucre, le cotonnier. La population y est très nombreuse, mais misérable,
malgré la richesse du pays, et l'émigration y sévit. Les villes
sont *Palerme*, au nord ; *Messine*, sur le détroit qui sépare la
Sicile de l'Italie ; *Catane*, à l'est, au pied de l'Etna.

Lectures et Développements.

La plaine du Pô. — La plaine du Pô est un ancien golfe marin.
Ce golfe a été comblé par les alluvions que le Pô et ses affluents
arrachent aux Alpes et à l'Apennin. Le comblement se poursuit de nos
jours. Le delta du Pô gagnerait environ 700 mètres par an sur la
mer ; la ville d'Adria, qui était un port de l'Adriatique au temps de
la domination romaine, s'en trouve éloigné aujourd'hui de 22 kilomètres. On a calculé que dans 10 000 ou 12 000 ans, le delta du Pô
aura comblé tout le fond de la mer Adriatique.

Le climat en est tout continental. Les hivers y sont très rigoureux
et les étés très chauds. A Milan, la neige n'est pas rare, et la température moyenne de janvier n'y dépasse pas celle d'Amsterdam. Les
étés sont secs comme dans toute l'Italie ; mais les nombreuses
rivières qu'alimente la fonte des glaciers alpestres, supplée en partie
à l'absence des pluies. En outre, on y avait creusé, dès l'antiquité,
des canaux d'irrigation qui ont été développés encore de nos jours
et qui portent dans toute cette plaine du nord de l'Italie l'humidité
fécondante.

Cette plaine est très riche. Le maïs dans les parties sèches, le riz
dans les parties humides, forment les deux principales cultures

vivrières. On y récolte quelques vins renommés, notamment ceux d'Asti. La culture du mûrier et l'élevage du ver à soie, qui en est la conséquence, y ont favorisé le développement de l'industrie de la soie. Grâce aux chutes d'eau de la région alpestre, l'industrie, surtout l'industrie textile, y est très active.

Très riche, la plaine du Pô est très peuplée. Mais elle est malsaine. Les vapeurs du sol surchauffé en été, inondé très souvent, donnent la fièvre. De plus, la fortune y est très inégalement répartie; elle est

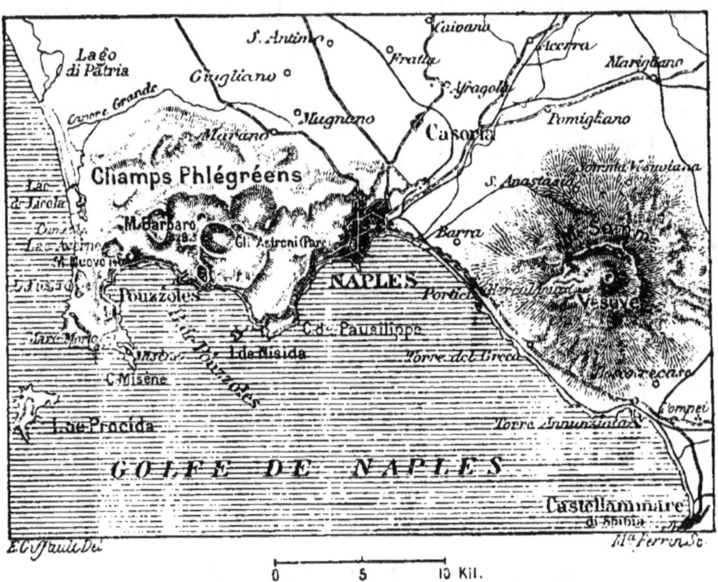

NAPLES, LE VÉSUVE ET LES CHAMPS PHLÉGRÉENS.

Noter : 1° à l'est de Naples, la forme conique du Vésuve, l'emplacement d'Herculanum et celui de Pompéi; en 1906, au cours d'une éruption importante, les cendres et les laves recouvrirent en partie la ville de Boscotrecase, dans la direction de Pompéi; 2° à l'ouest de Naples, les Champs Phlégréens, région de volcans éteints, avec d'anciens cratères dont le dessin est encore très visible, quelques-uns de ces cratères étant remplis aujourd'hui par des lacs circulaires (lac Averne); on constate encore dans cette région l'existence de nombreux dégagements d'hydrogène sulfuré.

concentrée presque entièrement entre les mains de quelques grands propriétaires et de quelques grands industriels, dont les fermiers et les ouvriers, écrasés d'impôts, mènent une existence des plus précaires. Mal nourris, vivant presque uniquement de *polenta*, plat de farine de maïs, ravagés par des épidémies de *pellagra*, les habitants s'étiolent ou émigrent pour échapper à la misère.

Les volcans. — L'Italie est la région d'Europe où les phénomènes volcaniques se produisent avec le plus d'intensité. On les constate surtout dans la concavité de l'Apennin, du côté de la mer Tyrrhénienne.

Trois volcans y sont encore en activité : le *Vésuve*, près de Naples;
le *Stromboli*, dans une des îles Lipari; l'*Etna*, sur la côte orientale
de la Sicile. Il ne s'écoule pas plusieurs années consécutives sans
une ou plusieurs éruptions de ces montagnes. La plus fameuse est
celle du Vésuve en l'an 79 de notre ère; elle détruisit Herculanum et
Pompéi dont les restes ont été exhumés depuis un siècle et demi. On
ne compte pas moins d'une centaine d'éruptions de l'Etna dans les
derniers siècles. Le Vésuve est très souvent en activité; en 1906,
d'immenses coulées de lave se répandirent sur ses flancs et ses

Phot. Alinari.

NAPLES ET LE VÉSUVE.

Le Vésuve est un des trois volcans encore actifs de l'Italie. Son cône, haut d'en-
viron 1200 mètres, domine la baie de Naples; il est presque toujours surmonté
d'un panache de fumée. Ses éruptions sont fréquentes; elles sont devenues
particulièrement nombreuses depuis la fin du dix-septième siècle.

cendres ensevelirent en partie quelques-unes des villes qui sont
situées à son pied.

Les tremblements de terre y sont fréquents et parfois d'une extrême
violence. En 1783, un tremblement de terre tua, en Calabre,
32 000 personnes; les secousses lézardèrent le sol : « En certains
endroits, la terre s'était étoilée de fissures, comme une vitre brisée;
des fentes s'étaient ouvertes à perte de vue dans les profondeurs;
des ruisseaux s'étaient engouffrés et reparaissaient plus loin en
lacs. » En 1883, un tremblement de terre analogue secoua l'île d'Ischia,
près de Naples, et fit périr plus de 4000 personnes. Plus désastreux
encore fut le tremblement de terre de décembre 1908 : il détruisit
entièrement la ville de Messine, tua des milliers d'Italiens, ravagea la
Sicile et la Calabre.

L'activité volcanique se traduit encore par d'autres phénomènes curieux. C'est ainsi-qu'au sud-ouest de la Sicile, dans le détroit qui sépare cette île de la Tunisie, on vit apparaître, en 1831, l'île *Julia Ferdinandea* édifiée par une éruption. Elle resta ainsi quelque temps jusqu'à ce que, désagrégée par l'érosion, elle finit par disparaître.

Les côtes de l'Italie. — L'Italie a un grand développement de côtes, environ 6800 kilomètres, y compris les îles. Ces côtes présentent deux types profondément distincts :

1º *Un type rocheux* : c'est celui qui domine au pied des Alpes et de l'Apennin, en Ligurie ; le long de l'Italie méridionale, en Calabre,

LE FORUM DE POMPÉI.

Au fond le cône du Vésuve. L'éruption la plus fameuse du Vésuve est celle qui, en 79, engloutit sous les cendres et la lave les villes d'Herculanum et de Pompéi. On a fait, depuis le milieu du dix-huitième siècle, un grand nombre de fouilles pour exhumer Pompéi. Grâce à ces fouilles, nous possédons aujourd'hui une ville romaine du premier siècle de notre ère en état de conservation presque parfaite.

tout autour de la Sicile et de la Sardaigne. Les montagnes et les plateaux plongent directement dans la mer par des pentes abruptes, et la zone littorale s'y trouve assez réduite. Mais la côte est riche en anfractuosités où des barques de pêcheurs trouvent un abri ; comme la Méditerranée n'a pas de marées, on tire les embarcations chaque soir sur le sable. Ces parties de la côte italienne ressemblent à notre côte provençale, et nourrissent un peuple de pêcheurs.

2º *Un type alluvial* : c'est celui qui domine le long des maremmes de Toscane et du Latium, ainsi que le long de presque tout le littoral italien de l'Adriatique, depuis le cap Leuca jusqu'au golfe de Venise. La côte, presque toujours rectiligne, est bordée de marécages malsains où règne, surtout en été, la malaria. Peu de ports s'y sont établis. Ces parties de la côte italienne rappellent tout à fait notre côte du Languedoc.

Le peuple italien. — Peu de peuples présentent une plus grande complexité ethnographique que le peuple italien.

Dès l'antiquité, l'Italie se montrait partagée en trois zones de populations distinctes : au nord, dans le bassin du Pô et les vallées environnantes, un afflux de populations d'origine plus ou moins bien déterminée, Celtes, Ligures, Germains, Vénèdes; au centre, dans le bassin de l'Arno, les Étrusques, et, dans le bassin du Tibre, un groupe de populations congénères qui, en se fondant, donnèrent la

Phot. Brogi.

POSITANO.

Type d'une côte italienne rocheuse. Positano est situé sur le golfe de Salerne, au sud de Naples. La côte est escarpée. Le bourg est bâti sur le flanc et non au pied de l'escarpement, où se trouvent seulement quelques maisons de pêcheurs, la marine. C'est que la Méditerranée fut longtemps infestée de pirates; on était mieux à l'abri à quelque distance et au-dessus de la mer.

race latine; au sud enfin, une vaste accumulation de colonies grecques qui transformèrent si bien tout le pays qu'on l'appela la « Grande Grèce ».

Les invasions ajoutèrent à cette diversité en portant sur l'Italie du Nord des Ostrogoths, des Hérules, des Lombards, peuples germaniques, et sur l'Italie méridionale, des Arabes et des Normands.

Un grand nombre de races se mêlent donc dans toute l'Italie. C'est tout au plus si l'on peut dire, d'une manière générale, qu'au nord dominent les yeux bleus ou gris, les cheveux blonds ou châtains, avec la carnation rosée, tandis que la carnation bistrée, la chevelure et les yeux noirs, les muscles fermes, plus de maigreur que d'embonpoint, caractérisent la majorité des Italiens du Midi.

Plus que la race, les influences du climat et du genre de vie on contribué à établir des différences profondes entre les divers habitants de l'Italie : entre le Piémontais ou le Ligurien, intelligent, industrieux, énergique, un peu âpre, et le Vénitien ou le Milanais dont la grâce et l'élégance résument de nombreux siècles de culture ; entre le Calabrais, grave et taciturne, ou le pasteur des Abruzzes, à moitié brigand, avec sa peau de mouton, ses guêtres, ses sandales, qui, suivant la saison, pousse ses troupeaux de la montagne à la plaine ou de la plaine à la montagne, et le Napolitain, superstitieux, gai, indolent, vivant au jour le jour, sujet parfois à des accès de violence et à de subites paniques.

On a souvent remarqué que ces différences profondes entre les divers Italiens subsistent dans les colonies où les émigrants du nord

Phot. Alinari.

PAYSAN DE LA CAMPAGNE ROMAINE.

UNE ROMAINE.

et du sud ne frayent guère entre eux et même sont souvent hostiles les uns aux autres.

Les villes d'art en Italie. — L'Italie doit à son ciel bleu et à ses rivages une réputation universelle de beauté : mais au pittoresque des sites naturels s'ajoute la beauté de ses villes. Presque toutes gardent des monuments, souvenirs des époques passées. L'Italie est, entre tous les pays d'Europe, la terre des villes d'art.

Tous les peuples qui y ont passé y ont laissé la marque de leur civilisation et de leurs arts : dans le sud, en Sicile, dominent les monuments grecs (Syracuse, Agrigente, Palerme), restes des colonies de la Grande Grèce ; au centre, à Rome, à Naples, demeurent debout les grandes œuvres de l'antiquité romaine, aqueducs, cirques, colonnades : au nord, en Toscane, à Venise, c'est plutôt la Renaissance qui survit avec ses églises, ses campaniles, ses cloîtres, ses palais. C'est à ces souvenirs que les villes doivent leur charme et leur caractère : chacune reflète un moment du passé.

Tout d'abord, c'est *Rome*, la ville éternelle, qui réunit en elle les souvenirs de tous les âges : souvenirs des Romains avec le Forum, aujourd'hui presque entièrement exhumé, le Palatin et la Maison de Livie, le Colisée, la colonne Trajane, de multiples arcs-de-triomphe ; souvenirs des premiers chrétiens avec les catacombes, le Panthéon d'Agrippa, devenu l'Église de Sainte-Marie Rotonde ; souvenirs du moyen âge et de la Renaissance avec le château Saint-Ange, le Vatican, Saint-Pierre, et l'ensemble de toutes les œuvres de Michel-

Phot. Alinari.

RUINES DANS LA CAMPAGNE ROMAINE.

La campagne romaine est parsemée de ruines (tombeaux, temples, aqueducs) qui datent de la fin de la république ou de l'empire romains. La route représentée ici est l'ancienne Voie Appienne ; les ruines sont celles de l'aqueduc de Claude qui amenait à Rome les eaux captées dans les monts Albains, à une vingtaine de kilomètres de Rome.

Ange et de Raphaël. Il faut des semaines entières pour explorer Rome, y voir tous ces souvenirs des vieux âges, et se laisser pénétrer par le charme et les enseignements qui dérivent d'un glorieux passé.

Ailleurs, c'est *Naples* où, du tombeau de Virgile, on découvre un des plus beaux points de vue qui soient ; c'est *Pompéi*, ressuscitée de ses cendres, qui évoque à nos yeux la vie antique et la civilisation impériale romaines, avec son forum, ses rues dallées, ses temples, ses maisons, ses fresques, ses inscriptions. Ailleurs encore c'est *Pise* avec son Campo Santo et sa tour penchée ; *Sienne*, avec

ses églises, ses palais, sa fontaine Gaja ; *Florence*, la Florence
des Médicis, bâtie sur l'Arno dans un site merveilleux, et, en
outre, centre de l'art toscan, avec Sainte-Marie des Fleurs, le
campanile, le Baptistère, la Maison de Ville installée dans le Palais-
Vieux qui fut jadis le Palais ducal.

Et dans l'Italie du Nord, enfin, à peine moins intéressante, c'est

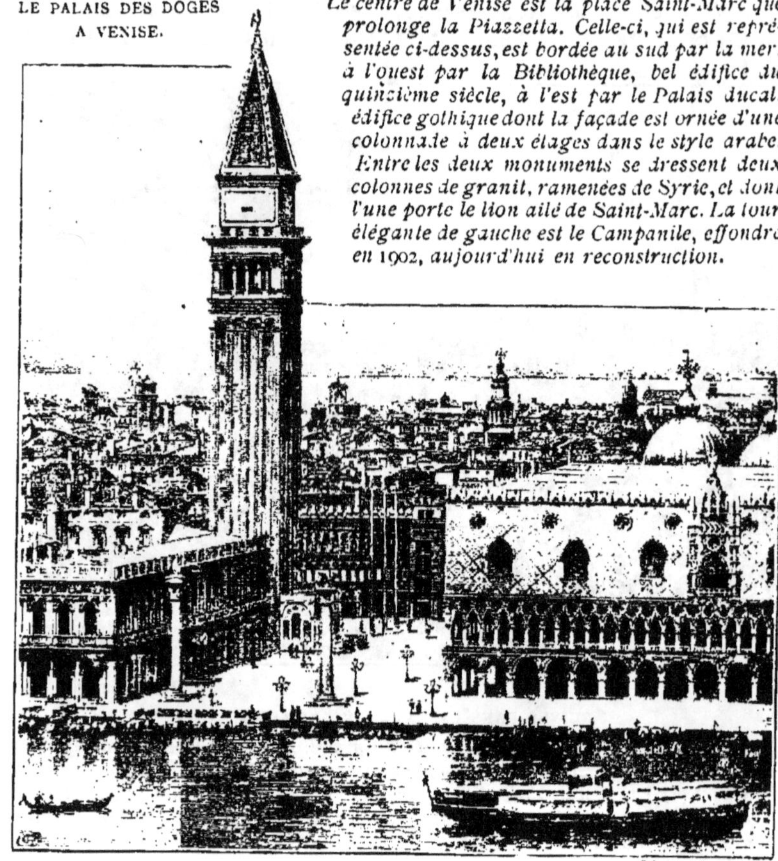

LE PALAIS DES DOGES
A VENISE.

*Le centre de Venise est la place Saint-Marc que
prolonge la Piazzetta. Celle-ci, qui est représentée ci-dessus, est bordée au sud par la mer,
à l'ouest par la Bibliothèque, bel édifice du
quinzième siècle, à l'est par le Palais ducal,
édifice gothique dont la façade est ornée d'une
colonnade à deux étages dans le style arabe.
Entre les deux monuments se dressent deux
colonnes de granit, ramenées de Syrie, et dont
l'une porte le lion ailé de Saint-Marc. La tour
élégante de gauche est le Campanile, effondré
en 1902, aujourd'hui en reconstruction.*

Phot. Alinari.

Ravenne qui rappelle principalement des souvenirs de la domination
byzantine ; *Milan* et sa cathédrale gothique aux multiples sculptures ;
Venise, au charme si singulier avec ses rues-canaux, ses gondoles,
ses ponts, sa place, son église Saint-Marc et le Palais des Doges ;
Parme, *Padoue*, *Ferrare*. Partout des monuments, des musées, des
bibliothèques.

Grâce à ces richesses artistiques, à cette rare abondance de souvenirs historiques, chaque ville italienne est, pour les fervents de
l'art, comme un centre de pèlerinage. La terre italienne est la terre
bénie des curieux, des amis du beau, des poètes et des artistes, qui

viennent y chercher ou y renouveler leur inspiration. Elle attire à elle les voyageurs de l'Univers entier.

L'Italie contemporaine. — Morcelée par son relief en compartiments séparés, propices à l'établissement d'États indépendants, l'Italie n'a été pendant longtemps qu'une « expression géographique » : c'était une unité géographique, mais ce n'était pas une unité géopolitique. Celle-ci est toute récente ; elle s'est constituée de 1859 à 1870. Aujourd'hui l'Italie forme une monarchie constitutionnelle, sous le gouvernement de la maison de Savoie. La capitale, qui avait été primitivement établie à Turin, puis transférée à Florence, est depuis 1870 à Rome.

Son unité achevée, l'Italie a voulu se placer tout de suite au rang des grandes puissances européennes. Son armée peut s'élever en temps de guerre à 3 300 000 hommes. Sa flotte comprend 32 navires de combat, dont plusieurs sont des plus formidables qui existent. L'Italie s'est même donné des colonies et a fondé sur la mer Rouge les comptoirs de Massaouah et d'Assab, d'où elle a cherché un moment à étendre son protectorat sur l'Abyssinie entière Enfin elle possède 16 000 kilomètres de voies ferrées et 3100 kilomètres de tramways à vapeur.

Par malheur pour l'Italie, les

LE PALAIS VIEUX A FLORENCE.

Florence est la ville des Médicis qui y furent tout puissants pendant le quinzième siècle. Ils s'appliquèrent à embellir la ville qui est vraiment la ville de la Renaissance. Le Palais Vieux était le palais ducal ; c'est aujourd'hui l'hôtel de ville.

dépenses considérables occasionnées par cette politique ne sont pas soutenues par des ressources en rapport avec elles. L'*agriculture*, considérée dans l'ensemble, est médiocrement florissante malgré la fécondité du sol ; d'immenses territoires sont incultes, l'outillage est défectueux ; faute d'un bétail suffisant, les engrais manquent. L'*industrie*, dépourvue de houille, reste fort en arrière de celle des autres nations européennes, et ne s'est guère développée que dans l'Italie du Nord et dans la ville de Naples. Le *commerce* qui, de 1861 à 1905, s'est élevé de 1600 millions à 3780 millions, est faible pour la population totale de l'Italie.

Tant d'efforts n'ont pu être soutenus qu'au prix de lourdes charges financières et d'une dette qui dépasse 12 milliards de francs : chiffre

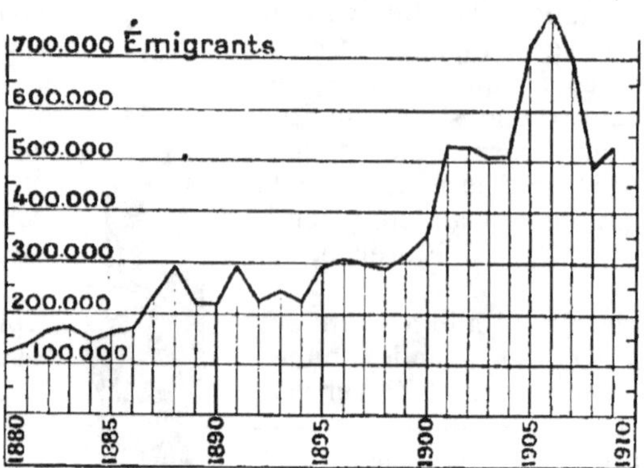

L'ÉMIGRATION ITALIENNE.

L'Italie est très peuplée pour son étendue ; d'un autre côté, ses ressources sont encore relativement peu développées. La misère cause donc des ravages dans tout le pays, et c'est la raison principale d'un mouvement d'émigration qui depuis quelques années, a pris une extension considérable. L'Italie envoie annuellement au dehors 700000 émigrants et plus. Ces émigrants vont surtout aux États-Unis, dans le Brésil et l'Argentine, en Tunisie.

énorme pour un pays à capitaux rares et à ressources limitées. Il en résulte pour le peuple italien des impôts énormes sous le poids desquels il succombe. Les statistiques officielles décèlent par toute l'Italie une affreuse misère. L'eau est la seule boisson des habitants, malgré les riches récoltes de vin. En certains cantons des Abruzzes les paysans mangent du pain fait avec des glands. En Lombardie, la nourriture presque exclusive du paysan est la polenta, pain de maïs trempé dans l'eau, rance et mal cuit. Partout une nourriture insuffisante, des logements malsains, une existence précaire et misérable. Le paysan malheureux s'expatrie : de là, l'intensité croissante du mouvement d'émigration. Ceux qui restent se font brigands ; plus d'une fois, depuis vingt ans, on a vu des provinces entières se soulever et des troupes d'hommes en révolte se jeter sur les fermes des riches pour égorger et piller.

Deux crises ont été le résultat de l'accroissement des charges du peuple italien : une crise révolutionnaire qui s'est manifestée partout, parmi les syndicats milanais et les ouvriers toscans, comme parmi les journaliers de Calabre, les mineurs de Sardaigne et les *fasci* de Sicile ; une crise fédéraliste, marquée par des reproches réciproques, par des revendications du Centre contre le Nord, du Midi contre le Centre ; chacune des trois grandes régions de l'Italie tend à s'isoler, à se doter d'un système politique propre et conforme à ses tendances propres.

Il y a là une situation grave qui jette quelque incertitude sur l'avenir d'un pays beau et bien doué.

§ 3. — LA PÉNINSULE IBÉRIQUE

Elle s'étend entre le golfe de Gascogne, l'océan Atlantique, le détroit de Gibraltar et la Méditerranée, presque entièrement détachée du continent européen, auquel elle ne tient que par un isthme de 400 kilomètres environ barré par les Pyrénées.

Grande comme la France, la Belgique et la Suisse réunies, elle renferme deux États, l'*Espagne*, qui en occupe les cinq sixièmes, tout le nord, l'est, le centre, le sud ; et le *Portugal*, à l'ouest. Mais, au point de vue physique, elle forme un ensemble qu'on ne peut décomposer.

Géographie physique. — Tout le centre de la péninsule ibérique, sur les deux tiers de son étendue, forme un plateau : c'est la *meseta* ibérique, d'une altitude moyenne de 500 à 900 mètres. Quatre ridements montagneux principaux le sillonnent : 1° les *monts Cantabriques* et les *Pyrénées* qui culminent au pic d'Aneto (3404 m.) ; 2° la *sierra de Gredos* et la *sierra de Guadarrama*, qui séparent la meseta en deux plateaux ; — 3° la *sierra Morena*, qui forme la bordure méridionale de la meseta ; — 4° la *sierra Nevada*, sur les bords de la Méditerranée, tout au sud de l'Espagne, dont le plus haut sommet, le pic de Mulahacen (3481 m.), est le point culminant de la péninsule.

Quatre plaines principales jalonnent le pourtour de la meseta : la *plaine de l'Èbre*, au nord-est ; la *plaine de Valence et de Murcie*, à l'est, le long de la Méditerranée ; la *plaine d'Andalousie*, au sud, entre les sierras Morena et Nevada ; la *plaine du Portugal*, à l'ouest, le long de l'océan Atlantique.

Les fleuves qui arrosent la péninsule sont : le *Douro*, le *Tage*, la *Guadiana* et le *Guadalquivir*, tributaires de l'océan Atlantique ; l'*Èbre*, le *Guadalaviar*, le *Jucar* et la *Segura*, tributaires de la Méditerranée.

On peut résumer ainsi les caractères physiques de la péninsule ibérique : 1° prédominance des formes élevées, plateaux et montagnes : on évalue à 700 mètres l'altitude moyenne de la péninsule ; — 2° côtes assez peu découpées dans l'ensemble, mais riches sur quelques points en indentations qui ont favorisé l'essor de la vie maritime ; — 3° fleuves coupés de rapides et très inégaux de débit, bien plus torrents que fleuves véritables; — 4° climat excessif et sec à l'intérieur, vouant le plateau à n'être qu'une steppe semi-désertique, chaud seulement dans les plaines du pourtour.

Il faut ajouter que la péninsule ibérique abonde en minerais de toute nature; à cet égard, elle est une des régions les plus favorisées de l'Europe entière. La houille s'y rencontre sur plusieurs points; on y trouve surtout le fer, le cuivre, le plomb et le mercure. L'industrie métallurgique y dispose de ressources aussi abondantes que variées.

Population. — La péninsule ibérique a vu passer ou séjourner un grand nombre d'envahisseurs : Ibères, Phéniciens et Carthaginois, Romains, Goths; les Arabes se sont maintenus en Espagne, et surtout dans les plaines de Valence, de Murcie et d'Andalousie, pendant plus de sept siècles. Les habitants de la péninsule proviennent donc du mélange d'éléments multiples et très divers.

La population totale s'élève à 25 100 000 habitants, ce qui correspond à une densité moyenne d'environ 43 habitants par kilomètre carré. La péninsule ibérique est, dans l'ensemble, une des régions les moins peuplées de l'Europe. Le plateau intérieur, sec et pourvu seulement de ressources médiocres, ne renferme qu'un très petit nombre d'habitants. L'émigration augmente d'année en année dans les provinces littorales et retarde l'accroissement de la population.

L'Espagne. — L'Espagne forme une monarchie constitutionnelle et parlementaire, dont la capitale est Madrid. Elle occupe les cinq sixièmes de la péninsule et compte plus des trois quarts de sa population, soit 19 700 000 habitants.

Les grandes régions provinciales sont :

1° Au nord, la **Galice** et les **Asturies**, régions montagneuses, rudes, au climat humide, mais riches en minerais et douées de côtes favorables à la vie maritime : principales villes, la *Corogne*, le *Ferrol*, *Oviedo* et le port actif de *Santander*; — les **Provinces basques** et la **Navarre**, âpres également, avec les villes de *Bilbao*, de *Saint-Sébastien* et de *Pampelune*; — l'**Aragon**, pays pierreux et sec, avec *Saragosse*, pour ville principale; — la **Catalogne**, sur la Méditerranée, pays de mûriers et de vignes, en même temps que pays industriel actif:

principales villes *Tarragone* et *Barcelone*, premier port et première ville industrielle de l'Espagne ;

2° Au centre, les **Castilles**, qui couvrent la majeure partie de la Meseta : régions élevées, au climat excessif, à l'humidité rare, pauvres, à moitié désertes ; selon un proverbe espagnol, l'alouette qui veut traverser les Castilles doit emporter son grain. On y trouve la capitale de l'Espagne, *Madrid*, située au centre géographique du pays. Les autres villes sont les vieilles cités de *Léon*, *Burgos*, *Zamora* et *Ségovie*, dans la Castille septentrionale ; la ville universitaire de *Salamanque*, la ville commerçante de *Valladolid* ; enfin, dans la Nouvelle-Castille, au sud, l'antique cité de *Tolède*, sur le Tage ;

3° Au sud, les **anciens royaumes de Valence, de Murcie et l'Andalousie**, qui forment la partie la plus favorisée de toute la péninsule, région au climat chaud, à la végétation méditerranéenne et même africaine (orangers, vignes, cannes à sucre, rizières, palmiers-dattiers) ; ce fut le séjour préféré des Arabes qui y retrouvaient l'Orient ; ils y ont laissé d'innombrables monuments. Les principales villes sont *Valence*, au milieu de riches vergers d'orangers ; *Murcie*, au centre d'une région agricole fameuse ; le port militaire de *Carthagène* ; *Malaga*, port actif au pied de la sierra Nevada ; *Grenade*, fameuse par ses palais et surtout par son Alhambra ; *Cordoue*, sur le Guadalquivir ; *Séville*, qui est à la fois une ville intéressante par ses monuments, une grande cité industrielle et un port de commerce actif ; enfin *Cadiz*, à la fois grand port de guerre et grand port de commerce.

Le Portugal. — Il forme actuellement (1911) une République parlementaire. Sa population s'élève à 5 423 000 habitants.

Versant occidental et maritime du plateau des Castilles, le Portugal est une plaine, au climat chaud et sec, où prospèrent les cultures méditerranéennes. Empêché, par la disposition du relief, de se développer vers l'intérieur de la péninsule, le Portugal s'est lancé à la mer et, après avoir découvert la route maritime de l'Inde par le sud de l'Afrique, il a constitué un empire colonial dont le joyau fut longtemps 'e Brésil, dans l'Amérique du sud.

La capitale est **Lisbonne**, port important sur l'embouchure du Tage. Les autres villes notables sont *Porto* ou *Oporto* ville industrielle et commerçante, sur l'estuaire du Douro, et *Coïmbre*, ville universitaire.

Lectures et Développements.

Le plateau ibérique. — Nos cartes géographiques rendent imparfaitement la physionomie des pays en forme de plateaux. Ils y sont figurés à peu près comme les plaines, et, à ne regarder que les

LE CHATEAU DE L'ESCURIAL.

Le palais de l'Escurial, bâti au seizième siècle par le roi Philippe II, est la plus importante des résidences royales d'Espagne; il est situé sur le plateau de Nouvelle-Castille, au pied de la Sierra de Guadarrama. On voit ce que sont ces plateaux de l'Espagne centrale. Leur relief est très tourmenté; des soulèvements de montagnes dentelées et arides y courent; les vallées des rivières sont des gorges étroites et tortueuses (voir page ci-contre).

cartes, on risque de confondre deux aspects géographiques très différents. Ainsi, la représentation du plateau de la Meseta ibérique est sensiblement la même que celle de la plaine d'Andalousie.

En réalité, la Meseta est entièrement accidentée. De grandes crevasses la sillonnent, ravins profonds et étroits, véritables gorges sauvages qui rendent les communications très difficiles. Des plissements montagneux la hérissent, sierras déchiquetées, au profil dentelé, qu'on traverse par des défilés sinueux et rudes entre des roches décharnées, brûlées par le soleil, dont les parois se dressent à pic. Rien ne ressemble moins à des plaines que les grands plateaux espagnols, à l'exception de quelques parties sans relief, comme les

steppes de la Manche, au sud de Madrid. En Europe, il est peu de
régions plus tourmentées, d'un accès plus difficile, plus propres aux
embûches et à la petite guerre d'embuscades, à la *guérilla*, que les
plateaux espagnols.

Ainsi s'expliquent les difficultés éprouvées par tous les conqué-
rants qui ont tenté de s'en emparer, depuis les Carthaginois et les
Romains jusqu'à Napoléon.

Le climat du plateau ibérique, élevé et cerclé de hautes montagnes qui arrêtent les vents marins, est excessif et continental. Les
hivers sont longs et rudes, les vents presque toujours violents, les

Phot. Biel.

LA VALLÉE DU DOURO.

*La Douro traverse le plateau de la Vieille-Castille. Ce n'est qu'un torrent rapide,
étroit et encaissé, qui ne peut servir ni à la navigation ni à l'irrigation des
terres du plateau qu'il traverse. Par cette vue et par celle qui représente plus
loin la ville de Tolède sur le Tage, on peut avoir l'idée de ce que sont exac-
tement les fleuves espagnols dans leur cours moyen.*

étés courts et d'une chaleur insupportable quand souffle le *solano*,
ou vent du sud. Un proverbe castillan définit le climat de Madrid
« neuf mois d'hiver, trois mois d'enfer ».

Ce plateau sec, au climat rude, est très pauvre. Dans l'ouest, où il
est creusé de vallées plus larges, plus arrosées, on rencontre des
champs de céréales, mais la majeure partie du plateau, de sol
médiocre, très sec, brûlé ou glacé suivant la saison, ruiné encore par
le déboisement et le pacage, ne présente le plus souvent à la vue
que de vastes espaces désolés, des landes monotones que paissent
des troupeaux transhumants, très peu de bois et d'arbres isolés. Des
moulins à vent, des châteaux-forts ou *castilles*, qui datent de la lutte

contre les Maures et qui ont donné leur nom au pays, s'y dressent sur les éminences.

Les fleuves ibériques sont pauvres et inutiles. — Les fleuves ibériques ont des caractères que le relief et le climat permettent de déterminer à l'avance : 1° Ils coulent le long de ravins encaissés entre des rives abruptes ; 2° ils sont coupés de rapides à l'endroit où ils descendent du plateau pour entrer dans la plaine littorale ; 3° alimentés par des pluies peu abondantes et très irrégulières, parfois ils roulent beaucoup d'eau, le plus souvent ils se traînent péniblement entre des îles de sable ombragées de tamaris : on dit d'eux en

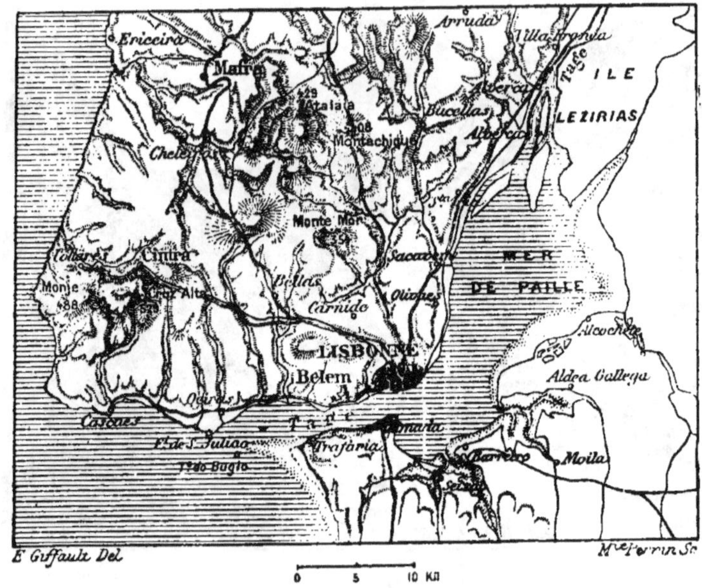

L'EMBOUCHURE DU TAGE.

Le Tage forme à son embouchure une sorte de golfe intérieur qui a jusqu'à 13 kilomètres de large, et qu'on appelle la mer de Paille. La ville de Lisbonne, située à l'issue de ce golfe, lui doit d'être devenue un port important.

Espagne qu'ils ressemblent à l'ancienne Université de Salamanque, et qu'ils ont « deux mois de cours, dix mois de vacances ».

Ces fleuves ne peuvent servir à la navigation ; ils sont même impuissants à ouvrir cette petite Afrique, à rendre pénétrable ce petit monde fermé qu'est l'Espagne.

Les hommes ont cependant tiré parti de quelques-uns d'entre eux. Les Arabes avaient régularisé les affluents espagnols de la Méditerrance à l'aide de réservoirs, ou *pantanos*, dans lesquels on retient les eaux pluviales à la saison des pluies pour les faire servir à l'irrigation quand viennent les sécheresses. C'est ainsi qu'on a fécondé les *huertas* de Murcie, d'Orihuela et de Valence.

Un seul fleuve fait exception et présente des caractères meilleurs :
c'est le Guadalquivir. Comme il coule dans la plaine d'Andalousie,
et non sur le plateau, il n'a pas de rapides. En outre, alimenté par les
neiges persistantes de la sierra Nevada, dont le Génil lui apporte

TARRAGONE.

*Type de ville espagnole de la région méditerranéenne : un torrent presque à sec
dans un lit beaucoup trop large pour son débit ordinaire ; maisons élevées aux
toits plats de tuiles ; dominant le tout, l'Alcazar et l'église. Tarragone est située
près de l'embouchure de l'Èbre.*

les eaux, il a presque toute l'année un débit suffisant. Enfin, la marée
s'y fait sentir jusqu'à Séville, à 120 kilomètres de la mer, et rend son
estuaire accessible à la navigation.

La seule partie de leur cours où les fleuves ibériques rendent des services, c'est l'embouchure. Une fois descendus du plateau dans la plaine littorale, les fleuves, du moins ceux du versant atlantique, deviennent lents, larges, accessibles à la navigation. Le port de Porto s'est établi sur l'estuaire du Douro; le Tage se termine par une sorte de golfe intérieur, la *Mer de Paille*, auquel la ville de Lisbonne doit son importance.

Les cités espagnoles. — Le fait dominant de l'histoire de l'Espagne, c'est l'occupation du pays par les Arabes. Ils s'en emparèrent au VIIIᵉ siècle. Ils ne purent toutefois conquérir l'étroite bande

Phot. Laurent.

TOLÈDE.

Type des vieilles cités espagnoles du moyen âge. Tolède se dresse sur un roc escarpé au-dessus du ravin où coule le Tage : une enceinte crénelée l'entoure ; une forteresse, l'Alcazar, la domine ; à l'intérieur, c'est un dédale de ruelles tortueuses et escarpées, un monde de couvents et d'églises. Tolède fut la capitale de l'Espagne avant Madrid.

des montagnes septentrionales, Asturies et Galice, d'où partit bientôt le mouvement de la *reconquête*. Pendant quatre ou cinq siècles, l'Espagne vécut occupée d'une incessante croisade où l'âme espagnole s'imprégna à la fois d'esprit chevaleresque et de mysticisme.

C'est alors que furent fondées ces cités espagnoles, ces « ciudad », qui sont aujourd'hui une des curiosités de l'Espagne.

Ce sont de fières citadelles, dressées sur le roc, au-dessus de ravins à pic ou de gorges profondes. Une forteresse, l'Alcazar, les domine ; elles sont murées d'une enceinte crénelée. A l'intérieur, c'est un dédale de ruelles, un monde d'églises et de couvents. Telles sont Ségovie, Zamora, surnommée jadis la « bien ceinte », Burgos, où l'on montre encore l'emplacement de la maison du Cid, Léon, Tolède, qui fut capitale avant Madrid.

Tolède est une des villes les plus intéressantes d'Espagne. « Il faudrait, dit un voyageur, une année pour étudier Tolède jour par jour, dans ce dédale de ruelles tortueuses, escarpées et montueuses, un peu semblables à ces sillons que tracent les vers dans le vieux bois. Dans ce tohu-bohu de granit et de brique, dès que l'on gratte, partout on retrouve des sculptures, des arabesques, des méandres, des feuillages, des animaux fantastiques. Sur toutes les portes, des armoiries et des devises ; aux croisées, des balcons en vieux fer tourmenté et des grilles à barreaux serrés ; à toutes les maisons, de vieilles portes massives, bardées de bandes de métal, garnies de marteaux historiés, ferrées de clous alignés, serrés et pressés, à têtes rondes et ciselées, grosses comme des œufs. Cela tient à la fois, comme l'a dit Théophile Gauthier, du couvent, de la prison, de la forteresse. »

Madrid est une ville moderne ; elle date du XVIe siècle. Elle fut créée par Philippe II au bord du Manzanarès, qui reste à sec six mois de l'année, au milieu d'une plaine déserte et nue ; mais elle avait l'avantage d'être située au centre géométrique du pays, au point de croisement des routes, et aujourd'hui des voies ferrées : elle était bien placée pour devenir une capitale administrative.

UNE CATALANE.

Les Catalans sont les habitants de la Catalogne, province du nord-est de l'Espagne sur la Méditerranée.

Le peuple espagnol. — Issu de mélanges nombreux, le peuple espagnol a une originalité saisissante. Parmi ses qualités, il faut citer le sérieux, la fierté, la dignité, le courage, la ténacité, l'amour ardent de sa patrie et de sa religion. Toutefois ce sérieux dégénère en sauvagerie, cette fierté en forfanterie, cette dignité en vanité ; ce courage et cette conviction s'accompagnent de fanatisme et de férocité : nulle part, les guerres civiles ne sont aussi promptes à éclater qu'en Espagne.

La différence des conditions de vie a, du reste, engendré des différences sensibles entre le nord et le midi.

Les Espagnols du nord forment une population énergique et rude : tels les Galiciens, les Biscayens et les Basques, les Aragonais et les Catalans. Ils sont laborieux, opiniâtres. Les rudesses du climat et la lutte contre un sol ingrat ont façonné, dans cette Espagne du Nord, une race robuste et courageuse. C'est la partie de la péninsule où l'instruction est le plus développée.

Les Espagnols du sud, en particulier ceux de l'Andalousie, ont plus d'indolence. Ils sont aimables, mais paresseux, ignorants, superstitieux; ils passent leur temps à rire, à fumer, à chanter des sérénades, à danser. « On ne vieillit pas à Séville », dit un voyageur. Cette perpétuelle bonne humeur se manifeste partout. A la fête religieuse du *Corpus Domini*, notre Fête-Dieu, sont mêlées des danses de castagnettes; deux files d'enfants, costumés en chevaliers espagnols du moyen âge, exécutent des contredanses devant l'autel. Le peuple andalou est en même temps le plus artiste de l'Espagne; l'Espagnol du midi, en parlant, improvise souvent des vers; son langage est mélodieux et sonore. C'est l'Espagne du midi qui a produit le grand peintre Murillo.

Phot. Laurent.

PAYSANS DE LA PROVINCE DE SÉGOVIE,
Ségovie est une vieille ville espagnole sur le plateau de la Vieille-Castille.

L'Espagne contemporaine. — L'Espagne fut, au XVIᵉ siècle, sous Charles-Quint, le premier pays de l'Europe. Depuis lors, elle n'a cessé de décliner, et elle n'occupe plus aujourd'hui qu'une place de second ordre.

Ce qui fit jadis sa puissance, c'était son immense empire colonial. Il comprenait le Mexique, l'Amérique centrale, toute l'Amérique du Sud, moins le Brésil, et, en outre, plusieurs archipels de l'Océanie, Philippines, Mariannes, Carolines. Successivement, tout cet empire s'est égrené. L'Espagne a perdu, en 1820, toutes ses colonies d'Amérique, moins Cuba et Porto-Rico. Ces deux grandes Antilles ont été perdues à leur tour, ainsi que les Philippines, en 1897. Elle a vendu, peu après, les Mariannes et les Carolines. Ce qui lui reste est insignifiant. Toutefois la langue espagnole est restée la langue des anciennes colonies de l'Espagne, en sorte qu'elle est très répandue

CHATEAU DE LA PEÑA DE CINTRA.

Sur le carton qui représente ci-dessus l'embouchure du Tage, on peut remarquer, à 20 kilomètres environ à l'ouest de Lisbonne, un petit massif rocheux que domine la Cruz Alta, haute de 529 mètres. C'est sur l'une des pointes de ce massif que se dresse le château de la Pena de Cintra, une des anciennes résidences préférées des rois de Portugal.

dans le monde : c'est la langue européenne la plus parlée avec l'anglais et le russe.

A l'intérieur, les ressources sont abondantes, surtout les richesses minières. Mais la fréquence des révolutions depuis un siècle, et le manque de capitaux en ont retardé la mise en valeur. L'Espagne a relativement peu de chemins de fer. Sa situation économique laisse beaucoup à désirer.

Le Portugal a conservé de nombreuses colonies, bien qu'il ait perdu la plus importante d'entre elles, le Brésil. Malgré tout, c'est un pays qui se développe lentement. La dette publique y est très lourde, et la situation économique des plus médiocres.

§ 4. — ROYAUME-UNI DE GRANDE-BRETAGNE

L'Europe se prolonge au nord-ouest, par un plateau sous-marin qui n'a pas 200 mètres de profondeur, et sur lequel repose l'archipel des îles Britanniques qui forme, au point de vue politique, le Royaume-Uni de Grande-Bretagne et d'Irlande.

Cet archipel comprend deux grandes îles et plusieurs petites, savoir : 1° la *Grande-Bretagne*, Angleterre, Pays de Galles, Écosse ; 2° l'*Irlande*, à l'ouest de la Grande-Bretagne dont la mer d'Irlande le sépare ; 3° des îles ou archipels secondaires, *Shetland*, *Orcades*, *Hébrides*, au nord ; *Anglesea* et *Man*, à l'ouest ; îles *Scilly* ou *Sorlingues*, au sud-ouest ; île de *Wight*, au sud, dans la Manche.

L'ensemble mesure 314 000 kilomètres carrés, les deux tiers environ de l'étendue de la France.

La Grande-Bretagne physique. — Dans l'ensemble, la Grande-Bretagne jouit d'un climat maritime, humide et égal, moins froid que sa latitude ne le donnerait à penser. Cette humidité abondante donne naissance à des cours d'eau nombreux, mais courts, qui ne deviennent navigables qu'aux abords de la mer, dans leurs estuaires approfondis et élargis par les flots marins. La nature du sol et le relief créent une différence essentielle entre les deux moitiés occidentale et orientale de l'île.

1° L'ouest, avec l'Écosse, au nord, est formé de roches anciennes, usées en plateaux lourds et massifs, dont les principaux sont les *monts de Cornouailles*, les *monts Cambriens* avec le Snowdon (1089 m.), les *monts du Cumberland*, les *monts Cheviot*, les *monts Grampians* et *de Ross* : ces deux derniers massifs, qui forment les Highlands ou Hautes-Terres d'Écosse, portent le Ben Nevis (1343 m.), et le Ben Macdui, points culminants de l'archipel.

Les côtes sont remarquablement découpées le long de cette moitié rocheuse. Elles ne présentent qu'une suite de presqu'îles et de golfes, qui sont largement ouverts au sud (presqu'île de Cornouailles et cap Land's End, canal de Bristol, presqu'île du Pays de Galles), qui sont, au nord, sinueux et étroits comme des fiords.

Les fleuves sont courts, *Severn*, *Mersey*, *Clyde*, mais nulle part ils n'ont d'estuaires plus profonds et plus sûrs.

Enfin, si les roches anciennes, qui sont peu fertiles, vouent cette moitié occidentale de la Grande-Bretagne à la lande et au marécage, elles abondent en houille et en minerais divers. L'Angleterre de l'ouest est celle des mines et du développement industriel, la *Black Country*, que noircissent les poussières du charbon et les fumées partout épaisses des usines.

2° L'Est forme une vaste plaine de terrains récents, plaine peu vallonnée, dont les hauteurs principales sont les *Downs*, grandes croupes crayeuses analogues à nos collines de Picardie et d'Artois.

L'EUROPE OCCIDENTALE.

Elle comprend la péninsule Ibérique (Espagne et Portugal), la France et l'Archipel britannique, c'est-à-dire toute la partie de l'Europe qui fait face à l'océan Atlantique.

Les fleuves sont un peu plus longs, un peu plus lents, fleuves de plaines coulant à fleur de terre entre de grasses prairies, *Tweed*, *Tyne*, *Humber*, *Tamise* ; ils aboutissent à la mer du Nord que borde une côte moins découpée que celle de l'ouest, sur certains points basse et marécageuse, sur d'autres et le long de la Manche, bordée de hautes falaises blanches qui ont valu à l'Angleterre son surnom d'Albion.

Cette Angleterre de l'Est n'a point de mines ; c'est l'Angleterre verte, la *green country*, celle des pâturages et des cultures.

L'Irlande physique. – L'Irlande reproduit en petit, et avec exagération, les principaux traits physiques de la Grande-Bretagne : 1° climat d'une nébulosité et d'une humidité excessive : l'Angleterre compte 180 à 200 jours pluvieux par an ; l'Irlande en a 237 ; le froment, faute de soleil, n'y mûrit que tardivement ; — 2° relief mal distribué, comprenant autour d'une grande plaine centrale, basse et marécageuse, un cadre de massifs montagneux, *massifs de Münster*, de *Leinster*, de l'*Ulster*, et de *Connemara*, lesquels, d'ailleurs, dépassent rarement 1000 mètres ; — 3° un seul fleuve notable, le *Shannon*, chapelet de lacs séparés par des rapides.

Ces conditions physiques font de l'Irlande un pays pauvre : des pâturages humides et la pomme de terre constituent presque ses seules ressources.

Populations et organisation politique. — L'archipel britannique, au début de l'époque historique, était peuplé par les Celtes. Mais de nombreuses invasions s'y sont succédé. Les Romains l'ont conquis, mais n'y ont laissé que des traces insignifiantes de leur passage. Beaucoup plus importantes ont été les invasions germaniques, faites du v° au xi° siècle, par les Angles, les Saxons, les Scandinaves et les Normands.

Deux éléments principaux constituent ainsi la population des Iles Britanniques ; 1° l'élément celtique ou gaëlique, qu'on trouve un peu partout, mais qui s'est maintenu à peu près pur de mélange dans les massifs montagneux de l'ouest et du nord, ainsi qu'en Irlande ; — 2° l'élément anglo-saxon, qui domine surtout dans la grande plaine de l'est. — C'est dans la partie celtique qu'on trouve la plupart des dissidents religieux, presbytériens, catholiques. L'Angleterre anglicane est l'Angleterre anglo-saxonne.

Les Iles Britanniques ont une population de 45 057 000 habitants, soit 140 habitants par kilomètre carré. C'est celui des grands pays d'Europe qui a la population la plus dense ; dans certains districts industriels de l'ouest, la densité dépasse 800 habitants par kilomètre carré. Bien que l'émigration soit active, et que les États-Unis, le Canada, l'Afrique australe, l'Australie et la Nouvelle-Zélande, renferment de très nombreux colons britanniques, on évalue à 500 000 habitants l'accroissement annuel de la population de l'archipel.

L'Angleterre est, par excellence, le pays des libertés constitutionnelles. Dès le moyen âge, elle en posa le fondement dans la Grande Charte de 1214 ; elle a inauguré en 1688 le régime représentatif auquel elle est restée fidèle et qui comprend, avec le souverain, une Chambre haute ou des Lords, et une Chambre basse, ou des Communes. L'administration anglaise n'est pas centralisée comme la nôtre ; elle a pour principe l'initiative du pays.

L'Angleterre. — L'Angleterre est de beaucoup le plus important des trois pays qui forment le Royaume-Uni. Elle a sur les deux autres l'avantage d'être plus méridionale, plus voisine de l'Europe, plus riche tout à la fois en produits végétaux et minéraux. Elle renferme plus des trois quarts des habitants de l'archipel.

Sa capitale est **Londres**, au sud-est, sur la Tamise. Elle est née aux abords d'un ancien gué sur la Tamise ; grâce au flot de marée qui remonte jusqu'à ses quais et au delà, elle est devenue le principal port de la riche plaine agricole du sud-est, et elle n'a cessé de grandir. C'est le premier port marchand du monde entier, en même temps que le premier marché de capitaux, et la première place de commerce pour la majeure partie des denrées coloniales. Elle forme une ville immense, aux maisons sombres, trop souvent embrumée de brouillard ou de fumée, mais singulièrement vivante. Outre 4 à 5 millions d'habitants vivant dans la ville de Londres proprement dite, elle comprend une banlieue de 1 à 2 millions d'habitants. Londres est la ville la plus populeuse, la plus riche, la plus active, la plus puissante du globe.

La région agricole de l'est comprend surtout des villes anciennes, comme l'antique cité d'*York*, les villes universitaires de *Cambridge* et d'*Oxford*. Elle comprend aussi le grand port charbonnier de *Newcastle* ; le port de pêche de *Hull* ; les ports de *Douvres*, *Folkestone* et *Newhaven*, qui sont en relations quotidiennes avec la France; *Southampton*, port de commerce, et *Portsmouth*, port militaire, sur la Manche.

La région industrielle et minière de l'ouest comprend surtout des villes neuves, qui se sont développées considérablement depuis un siècle. Telles, *Leeds* et *Bradford*, les villes de la laine; *Manchester*, la ville du coton; *Sheffield*, la ville de l'acier; *Birmingham*, la ville du fer; le port de *Liverpool* sur la Mersey; *Cardiff* et *Merthyr-Tydfil*, dans le pays de Galles; le grand port de *Bristol*, qui fut longtemps le rival de Londres; le port militaire de *Plymouth*, au sud-ouest.

L'Écosse. — Plus septentrionale, plus rugueuse, plus froide et plus humide, plus pauvre que l'Angleterre, elle est beaucoup moins peuplée.

Sa capitale est **Édimbourg**, non loin de la mer du Nord; elle s'intitule l'Athènes du Nord; elle est fort curieuse avec son vieux château d'Holyrood, ses rues escarpées, ses ruelles enchevêtrées et ses maisons anciennes.

L'Écosse méridionale forme les *Lowlands* ou *Basses-Terres* : c'est la partie la plus tiède, la plus fertile et la plus peuplée de l'Écosse. Outre Édimbourg, on y trouve *Glasgow*, sur la Clyde, qui est bien plus industrielle et plus peuplée qu'Édimbourg; elle a des usines métallurgiques et textiles, des ateliers de construction pour les navires; c'est un port très important.

L'Écosse septentrionale forme les *Highlands* ou *Hautes-Terres*, amas de chaînes montagneuses fort pittoresques, mais tristes et stériles, presque désertes; c'est là que se maintinrent longtemps les clans écossais si jaloux de leur indépendance, si indisciplinés et prompts à la révolte. Les Highlands renferment deux villes principales, *Dundee* et *Aberdeen*, sur la mer du Nord.

L'Irlande. — C'est de beaucoup la moins prospère des trois parties du Royaume-Uni. Elle est celtique, catholique et purement agricole, à l'exception de l'Ulster, au nord-ouest, qui est protestant et industriel.

Sa capitale est **Dublin**, sur la côte orientale, en face de l'Angleterre : point d'aboutissement des chemins de fer irlandais et des canaux qui traversent l'île, Dublin est le grand port d'exportation de l'Irlande.

Ses autres villes notables sont *Belfast*, la ville du lin, dans l'Ulster; *Cork*, port au sud; *Limerick*, port à l'ouest

L'Angleterre dans le monde. — Protégée par sa situation insulaire, l'Angleterre a eu plus de facilités que les autres pays européens pour consacrer sans réserve ses ressources à son développement économique.

1° L'**agriculture** y est mieux entendue, plus scientifique qu'en France, surtout dans les plaines du sud-est. Mais on la délaisse de plus en plus pour livrer le sol au pâturage et le consacrer à l'élevage qui est très florissant (bœufs de Durham, chevaux d'Irlande et du Yorkshire, moutons des Cheviots et des Downs). Le résultat est que l'Angleterre est tributaire de l'étranger pour une grande partie de son alimentation : annuellement, elle n'importe pas moins de 5 milliards et demi de francs de produits alimentaires divers.

2° Les **mines** abondent dans la Grande-Bretagne, houille, fer, cuivre, zinc, étain, plomb, et, circonstance particulièrement favorable, on trouve généralement côte à côte le minerai et le combustible qui permet de le traiter. Les principales régions riches en houille sont le bassin de Cardiff dans le Pays de Galles, le bassin de Lancashire près de Liverpool, le bassin des Midlands près de Birmingham, le bassin de Newcastle au nord de l'Angleterre, et le bassin de Glasgow en Écosse. L'Angleterre est un des plus riches pays miniers du globe.

3° L'**industrie** est particulièrement active. Presque toutes les industries y sont développées : les industries métallurgiques ; les industries textiles, et principalement celles du coton et de la laine ; sur tous ces terrains, où elle était jadis sans rivale, l'Angleterre doit sans doute compter aujourd'hui avec quelques autres pays, États-Unis, Allemagne, France. Elle n'en reste pas moins encore la première puissance industrielle du monde.

4° Son **commerce** l'emporte de beaucoup sur celui des autres pays. Les produits de ses mines et de ses industries fournissent une ample matière pour l'exportation. Les matières vivrières qu'elle doit se procurer au dehors, et les matières premières nécessaires à son industrie alimentent ses importations. En outre, grâce à une flotte extrêmement nombreuse qui sillonne incessamment toutes les mers et ramène de tous les pays d'importants stocks de marchandises diverses, l'Angleterre est devenue une sorte de grand entrepôt où la plupart des autres pays sont obligés de venir s'approvisionner.

5° Ce qui contribue surtout à la grandeur britannique, c'est un immense empire colonial, de beaucoup le plus considérable

qui soit. Il comprend trois sortes de possessions : de grands empires, *Inde, Dominion Canadien, États-Unis d'Australie, Afrique
australe*; des comptoirs et lieux d'échanges, comme *Hong-Kong*
en Chine, *Sierra Leone* et *Lagos* en Afrique; des lignes de
postes qui font le tour de la terre et où ses navires peuvent
faire relâche ou se ravitailler, selon leurs besoins, comme
Gibraltar, Malte, Aden, Singapour.

Cet empire colonial renferme près du quart de la population
totale du globe

6° Ainsi, l'Angleterre est une puissance de tout premier
ordre. Elle est puissante par son industrie et son commerce,
puissante par sa richesse, puissante par sa marine et son empire colonial, puissante par sa langue qui, répandue par l'émigration dans toutes les parties du monde, tend à devenir une
langue générale et à conquérir l'univers.

Lectures et Développements.

L'Angleterre est une île. — L'historien français Montesquieu,
ayant à parler de l'Angleterre, du caractère de sa constitution, de
ses lois, de ses mœurs, commence par cette définition : « L'Angleterre est une île ». C'est là, en effet, le trait essentiel et caractéristique de l'Angleterre, celui qui a déterminé la plupart des autres.

C'est l'entour de la mer qui détermine le climat britannique, avec
sa pluviosité et son égalité; ce sont les flots qui, poussés par les
vents du nord-ouest qui si souvent soufflent en tempêtes, et enflés
en vagues très hautes, ont sculpté tout le rivage occidental de la
Grande-Bretagne, où les excellents ports abondent à l'abri des promontoires rocheux et sur des fonds très creux; c'est la mer qui a
creusé et approfondi les estuaires des fleuves, permettant aux gros
navires de mer d'y remonter fort avant dans les terres, et à la vie
maritime de s'y développer.

D'un autre côté, la situation insulaire de l'Angleterre a beaucoup
influé sur son développement historique. Elle l'a mise à l'abri de la
plupart des invasions qui se sont abattues du dehors sur les pays
continentaux; elle lui a permis de maintenir son indépendance sans
conteste et de tourner vers l'industrie et le commerce des énergies
que d'autres devaient consacrer à leur sauvegarde. En outre, la
nation anglaise, n'ayant pas à combattre pour son indépendance, n'a
point éprouvé le besoin de se concentrer sous le pouvoir royal.

Enfin, cette situation a contraint l'Angleterre à devenir une puissance maritime, si elle ne voulait pas rester isolée du reste du
monde; elle l'a poussée dans la voie maritime et coloniale. S'em-
barquer, c'est pour un Français un acte rare et exceptionnel. Au
contraire, l'Anglais doit vivre, dès le début, avec cette idée que, s'il

veut sortir de chez lui, il faut qu'il affronte la mer, quel qu'en soit l'état, qu'elle soit calme ou soulevée par la tempête. La situation insulaire de l'Angleterre a contribué à faire du peuple anglais un peuple de marins et de hardis navigateurs.

La marine britannique. — Tout poussait l'Archipel Britannique à se créer une marine florissante. Sa situation insulaire lui faisait une nécessité de s'élancer sur la mer pour entrer en relation avec l'extérieur. Ses côtes, si richement découpées à l'ouest, avec la multitude de golfes, de baies, d'anses et de bons ports qui s'y succèdent, favorisaient l'éclosion de la vie maritime. L'Angleterre est une grande

LES FALAISES DE DOUVRES.

On donne à l'Angleterre le surnom d'Albion, Albion dérivant d'un mot latin qui signifie blanc. C'est qu'en effet le premier aspect que l'Angleterre offre au voyageur venu du continent par le Pas-de-Calais, c'est celui de hautes falaises crayeuses, découpées presque à pic, et d'une blancheur éblouissante au soleil.

Bretagne, une grande pépinière de pêcheurs et de matelots. Les efforts des plus remarquables des chefs d'État britanniques tendirent à seconder par des lois l'œuvre de la nature et à favoriser la création d'une marine toujours plus nombreuse et plus puissante. C'est ainsi que la marine anglaise parvint à triompher successivement des marines rivales de l'Espagne, de la Hollande et de la France : depuis le XVIIIᵉ siècle, elle est, sans contredit la première du monde.

La marine britannique permet au peuple anglais d'écouler par lui-même au dehors les produits de son agriculture et surtout de son industrie; inversement, elle lui permet d'aller chercher lui-même à l'étranger les aliments ou les matières premières dont il a besoin. C'est sous pavillon britannique que se font les trois quarts des échanges du Royaume-Uni, entrées et sorties cumulées.

Mais ce n'est pas le seul bénéfice que l'Angleterre retire de sa marine marchande. Pour ne point perdre leur frêt de retour, les nombreux navires anglais qui écoulent à travers le monde les produits de l'industrie britannique, reviennent chargés de cargaisons diverses, céréales, denrées coloniales, cotons, laines. Les marchandises les plus diverses s'entassent ainsi dans les docks des ports anglais, à Londres, à Liverpool, à Glasgow, pour être revendus, et naturellement avec bénéfice, aux autres peuples européens. L'Angleterre est devenue, grâce à sa marine, le principal entrepôt du monde. La valeur des produits étrangers et coloniaux qu'elle revend annuellement aux autres peuples varie à peu près de 1600 à 1700 millions.

Phot. Wilson d'Aberdeen.

LONDRES, LA TAMISE ET LA TOUR.

Londres est le premier port du monde, comme la marine britannique est la première marine du monde entier. Grâce à la Tamise, qui est accessible à la marée sur plus de 70 kilomètres, des bateaux de tout tonnage remontent jusqu'à Londres et y déposent des masses de marchandises diverses qui s'entassen dans ses docks, en aval de la Tour de Londres, premier noyau de la cité.

On devine de quel poids l'Angleterre doit par suite peser sur le marché du monde, et quelle source d'avantages cette situation constitue pour elle.

L'agriculture anglaise. — Le climat britannique, humide et médiocrement chaud, ne convient qu'aux cultures qui n'exigent pas une grande chaleur. On ne trouve dans l'archipel ni le maïs ni la vigne. Les principales cultures alimentaires sont le blé, l'orge, l'avoine, la pomme de terre; les principales cultures industrielles, le houblon le lin, le chanvre.

L'agriculture britannique se trouve dans des conditions tout autres que l'agriculture française. Ce qui domine en France, c'est la petite culture. En Angleterre, ce qui domine, ce sont les grands domaines; les propriétés de plus de 8 hectares couvrent les 94 centièmes de l'étendue totale du pays. Il en résulte que le fermier anglais est, en général, plus instruit et plus riche que le paysan français; il possède une instruction générale et technique qui le préserve mieux de la routine; il dispose de capitaux qui lui rendent plus faciles les innovations. Aussi, à surface égale, obtient-on en Angleterre, des rendements plus élevés qu'en France, 32 ou 33 hectolitres de blé à l'hec-

LA VALLÉE DE TAMISE PRÈS DE RICHMOND.

Le climat humide de l'Angleterre y favorise surtout l'extension du pâturage, qui, pour d'autres causes, de nature économique, tend partout à y remplacer les cultures. L'aspect de la campagne anglaise est celui d'un immense parc très vert et très frais coupé de bouquets d'arbres.

tare contre un rendement moyen de 16 hectolitres seulement en France.

Néanmoins, l'agriculture est de moins en moins en honneur en Angleterre, depuis le développement industriel qui s'y est produit depuis un siècle.

Pour favoriser le bas prix de la main-d'œuvre nécessaire à son industrie, l'Angleterre a laissé entrer en franchise toutes les denrées alimentaires du dehors. Elle s'est trouvée inondée en masse par les blés, farines, orges, viandes que produisent à bas prix les pays neufs du Nouveau-Monde. Les produits anglais agricoles se sont trouvés dépréciés, et les cultivateurs anglais, obligés de les vendre à des prix trop peu rémunérateurs, ont cessé de les faire croître. Dans le dernier quart de siècle, la production du blé en Angleterre a diminué de moitié. On a transformé les champs en prairies, et l'activité agricole de l'Angleterre s'est tournée vers l'élevage.

L'Angleterre est riche en mines. — L'Angleterre est très
riche en mines. Dès l'antiquité, les Phéniciens et les Grecs abor-
daient sur les côtes du sud-ouest pour venir chercher l'étain et le
cuivre des îles Cassitérides (la Cornouailles). Aujourd'hui ce sont

PRINCIPAUX CENTRES HOUILLERS DES ILES BRITANNIQUES.

*Les bassins houillers sont situés dans la moitié occidentale de la Grande-
Bretagne, qui est composée de roches anciennes. Les principaux sont, du sud
au nord : le bassin du Pays de Galles (Cardiff), celui des Midlands (Birmingham), celui du Lancashire (Manchester et Liverpool), celui de Newcastle,
celui de la Clyde (Glasgow). — Noter que l'Irlande ne possède aucun gise-
ment de houille important.*

moins les gisements d'étain ou de cuivre que les mines de charbon
et de fer qui donnent à l'Angleterre la prééminence.

L'Angleterre est sans rivale en Europe pour l'extraction de la
houille. Avec l'Écosse, elle produit plus de 260 millions de tonnes
par an, le double de ce qu'en produit l'Allemagne, 7 à 8 fois ce

qu'en produit la France. Plus de 500000 mineurs sont employés à extraire la houille dans les différents bassins. En plusieurs points, ces mines sont exploitées même au-dessous de l'Océan. Dans le Cumberland, par exemple, au nord de Liverpool, les galeries de mines s'étendent jusqu'à 3 kilomètres du rivage, et les mineurs entendent le bruit des galets que le flot promène au-dessus de leurs têtes. Les mines de fer sont aussi riches et aussi activement exploitées.

Deux circonstances ont favorisé particulièrement le développement minier de l'Angleterre :

1° Des gisements de houille et de fer sont situés au voisinage de la mer : le grand bassin houiller des Midlands se trouve à proxi-

Phot. Banks, Manchester.

OLDHAM.

Oldham est une des villes industrielles de la banlieue de Manchester, centre de l'industrie cotonnière en Angleterre. Elle offre le type des cités industrielles anglaises, longues files de maisons identiques, multiples cheminées très hautes dont les fumées embrument presque perpétuellement le ciel.

mité à la fois des ports de Hull et de Grimby sur la mer du Nord, et du port de Liverpool sur la côte occidentale; le bassin houiller du pays de Galles est baigné par la mer; le grand bassin houiller de Newcastle est coupé en deux par l'estuaire de la Tyne où se trouvent d'excellents ports. De la sorte, la houille amenée des profondeurs peut être déversée directement dans le bateau charbonnier qui l'emporte vers les centres de consommation. Grâce à la proximité de la mine et de la mer, la houille britannique se vend à un prix relativement faible sur tous les marchés européens.

2° Les gisements de fer se trouvent presque toujours à proximité des gisements de houille. Il en est ainsi dans le bassin de Newcastle, dans les Midlands, dans le Pays de Galles. L'industrie métallurgique a pu ainsi se développer facilement, ayant sur place le charbon nécessaire pour fondre le minerai.

Le peuple anglais. — On se représente généralement un Anglais sous la forme d'un homme blond, athlétique, vigoureusement charpenté d'os et de muscles, charnu et sanguin : c'est là le type anglo-saxon proprement dit. A vrai dire, il est plus rare en Angle terre qu'on ne croit. On y voit autant et plus d'hommes bruns, petit et trapus.

Les conditions de l'existence ont du reste façonné avec ces divers éléments un peuple singulièrement robuste, fort, énergique. Le sol anglais, naturellement assez peu fertile, le climat venteux et humide, poussent à l'action physique, à la lutte opiniâtre, au travail continu, au développement musculaire.

La force physique y est une condition de la vie. Pour combattre l'humidité envahissante et pour réparer cette continuelle dépense de forces, il faut manger et boire. Le peuple anglais est le peuple carnivore par excellence ; il prend quatre repas par jour, et dans trois il mange de la viande. Il boit à proportion, et, de

Phot. Louis, à Londres.

HORSE-GUARDS.

Ce sont les soldats de la garde à cheval. On les choisit parmi les hommes les plus grands et les plus forts.

préférence, des liqueurs excitantes, vins coupés d'alcool, ale, porto, gin, brandy : nulle part l'ivrognerie ne cause plus de ravages du haut en bas de la société. Les lois, les sociétés de tempérance, des efforts multiples, ont enrayé quelque peu le mal ; la consommation de l'alcool a diminué sensiblement et avec elle la criminalité ; mais il reste encore beaucoup à faire sur ce terrain.

Au moral, cette lutte pour la vie, cette tension perpétuelle de l'esprit qui en est la conséquence, ont façonné également le peuple anglais, qualités et défauts. Au nombre des qualités, il faut placer le sang-froid, la résignation patiente, l'esprit d'initiative et d'invention, l'ardeur des aventures, la passion de réussir, l'esprit de persistance et de ténacité. L'Anglais est maître de lui : à Inkermann, les régiments anglais décimèrent l'armée russe en évitant de se presser et en tirant patiemment. L'Anglais est stoïque : l'armée de Wellington le prouva à Waterloo. Il a l'esprit pratique ; c'est pourquoi il s'expatrie si facilement quand il désespère de réussir chez lui. La médaille a son revers. Dans sa soif de vaincre, l'Anglais montre de l'égoïsme, de la rapacité, et nul autre idéal souvent que celui d'acquérir, de gagner de l'argent. La foi britannique a souvent été prise dans les

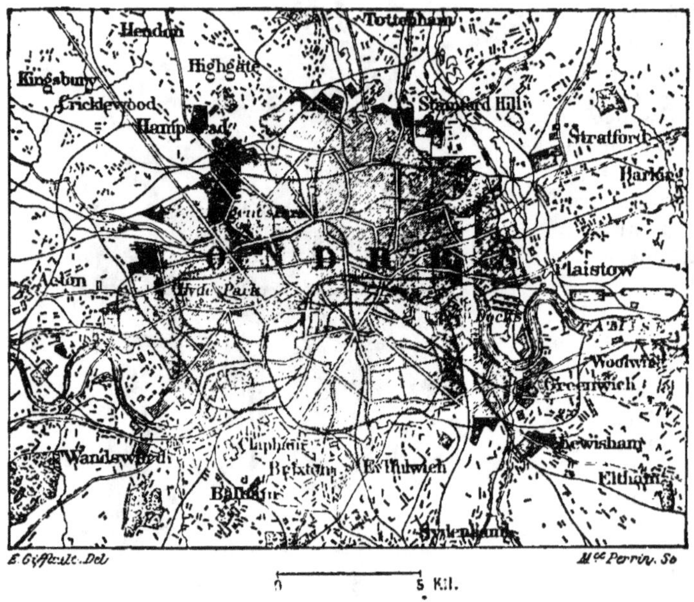

PLAN DE LONDRES.

La Tamise coule de l'ouest à l'est, divisant Londres en deux parties inégales dont la plus étendue est celle qui est située au nord du fleuve. La ville de Londres mesure plus de 40 kilomètres de tour.

temps modernes comme synonyme de la foi punique, et, pour l'avidité, il suffit de citer la définition proverbiale du temps : *Time is money*, « le temps, c'est de l'argent ».

Somme toute, le peuple anglais est un peuple fort, qui a réussi à se tailler par son énergie une belle place dans le monde.

Londres. — Londres est la plus grande ville du monde entier : elle renferme environ 4 millions et demi d'habitants ; de plus, elle est entourée d'une vaste banlieue qui compte au moins deux millions d'habitants.

Londres eut pour origine un gué de la Tamise qui formait naturellement un passage fréquenté. Les Romains élevèrent une fortification pour défendre ce gué : c'est ce qui est devenu la Tour de Londres. Grâce à la Tamise, Londres devint vite un port très important et une grande ville de commerce. Elle fut ainsi de bonne heure la capitale de l'Angleterre.

Londres est une moins belle ville que Paris. Elle a pourtant des monuments remarquables, la cathédrale de Saint-Paul, l'abbaye de Westminster, le palais royal ou Buckingham Palace, des parcs dont le plus vanté est Hyde Park, des musées, etc. Mais son ciel est plus gris, très souvent brumeux. On n'y trouve pas les boulevards de Paris ni ces grandes avenues, larges et bordées d'arbres, qui donnent

Phot. London Stereoscopic Company.
LE ROYAL-EXCHANGE A LONDRES.
Le Royal-Exchange est la Bourse de Londres : c'est le centre des affaires ; c'est là qu'on peut bien juger de l'activité de Londres. Des centaines d'hommes y circulent au milieu des files de véhicules variés, omnibus, voitures, charrettes-chariots, cabs conduits par des cochers assis derrière la voiture.

à notre capitale une gaieté coquette. Par contre, Londres est beaucoup plus animé que Paris, surtout autour du Royal-Exchange, centre des affaires.

L'aristocratie anglaise. — On a dit avec raison qu'en Angleterre l'opulence et la misère n'avaient pas de limites.

On voit, en effet, en Angleterre et principalement à Londres et dans les grandes villes industrielles, des gens plus misérables que partout ailleurs. Mais, d'autre part, les grosses fortunes y sont bien plus nombreuses qu'en France. Elles ne se morcellent pas comme en France parce que l'Angleterre a toujours le droit d'aînesse. On cite en Angleterre des fortunes colossales. Tel lord anglais possède tout un quartier de Londres; tel autre a tout un comté de l'Écosse et peut faire sur ses terres plus de trente lieues en ligne droite.

Ces grands seigneurs anglais habitent des habitations princières au milieu d'immenses domaines. Mais il est juste d'ajouter que beaucoup d'entre eux consacrent une importante partie de leurs revenus à des ouvrages d'utilité publique, construction d'écoles, établissement de routes. L'aristocratie anglaise prend ainsi une part importante à la vie générale du pays, et c'est ainsi qu'elle a pu conserver une partie de son ancienne influence.

CHATEAU D'ABBOTSFORD, SUR LA TWEED.

Type de résidence seigneuriale anglaise. La Tweed, affluent de la mer du Nord, coule sur les confins de l'Angleterre et de l'Écosse. Abbotsford était la résidence de Walter Scott.

La question irlandaise. — L'Irlande est la partie la plus déshéritée de l'archipel britannique. Les terrains anciens qui la constituent sont médiocrement propres à l'agriculture. La disposition du relief en cuvette et l'humidité excessive du climat ont fait de l'intérieur une vaste tourbière où toute culture est impossible. Le froment, faute de chaleur, n'y mûrit que tardivement; le seigle, l'avoine et l'orge même ne peuvent être moissonnés qu'assez avant dans la saison. Point ou presque point de mines. Les habitants de la verte Erin ont pour ressources à peu près uniques la pomme de terre et l'élevage, en particulier l'élevage du porc.

Pourtant, du cinquième au neuvième siècle de notre ère, l'Irlande fut un foyer de vie intellectuelle et d'active propagande religieuse qui rayonna sur toute l'Europe occidentale. Ce sont des moines d'Irlande qui ont civilisé la Germanie. Mais l'Irlande, restée celtique, était trop rapprochée de l'Angleterre, devenue anglo-saxonne. Un conflit était presque inévitable entre les deux îles voisines.

Dans ce conflit, l'Irlande devait être la plus faible. Les Anglais y parurent au douzième siècle ; ils s'étendirent peu à peu, favorisés par les discordes des chefs irlandais, et finirent par imposer leur domination à l'île entière, au dix-septième siècle, sous Cromwell. Une partie des habitants fut massacrée, chassée, et les terres vacantes devinrent la proie du vainqueur. Les paysans irlandais devinrent fermiers sur les terres qu'ils avaient jusque-là possédées comme propriétaires. Celtes d'origine et de langue, catholiques, ils durent subir le joug des anglo-saxons protestants.

La condition de l'Irlande devint misérable. N'ayant pas de mines,

LE TOMBEAU DE WALTER SCOTT.

Walter Scott, qui vivait au commencement du dix-neuvième siècle, a écrit un grand nombre de romans historiques dont les sujets et les personnages appartiennent aux grandes époques de l'histoire d'Écosse. Son tombeau se trouve près d'Abbotsford, dans l'abbaye de Dryburgh.

l'Irlande n'a pris aucune part au développement industriel britannique sauf dans l'Ulster, au nord-est, où l'industrie linière est active. L'agriculture est précaire, car le paysan devient paresseux, n'ayant point de goût pour cultiver une terre d'où il sera expulsé si une mauvaise récolte, une épizootie ou quelque autre cause le met dans l'impossibilité de payer son fermage. La nourriture d'un paysan irlandais se compose presque exclusivement de pommes de terre et de choux. Vienne la pomme de terre à manquer, c'est la famine : celle de 1847 tua 500 000 Irlandais.

Cette famine détermina un mouvement d'émigration qui ne s'est plus ralenti. Dans la deuxième moitié du dernier siècle, l'Irlande a perdu la moitié de ses habitants : elle comptait 8 175 000 habitants en 1841, près de 9 millions en 1846 ; elle n'en avait plus que 4 456 000 en 1901. Des millions d'Irlandais habitent aujourd'hui les Etats-Unis. Aucun pays en Europe ne compte proportionnellement aussi peu de naissances.

L'Angleterre elle-même finit par s'émouvoir de cette dure compression. Avec le ministre Gladstone, le parti libéral anglais a fait voter plusieurs lois destinées à améliorer la condition du peuple irlandais. Gladstone déposa même, mais sans pouvoir le faire voter,

DANS L'IRLANDE INTÉRIEURE.

L'Irlande intérieure est en grande partie stérile et pauvre ; elle est couverte de tourbières qu'on exploite pour se chauffer : c'est le seul combustible. Les tas qu'on aperçoit çà et là sur la photographie ci-dessus sont formés de mottes de tourbe.

le fameux bill du *Home Rule* qui avait pour but de rendre l'autonomie à l'Irlande.

L'expansion anglaise. — Dès le moyen âge l'Angleterre chercha des possessions en dehors de son île ; ses premières colonies furent la Normandie et la Guyenne qu'elle ne put, du reste, conserver. Sa véritable expansion coloniale date du seizième siècle, du temps d'Élisabeth. Grâce au progrès de la marine sous Élisabeth et Cromwell, l'Angleterre n'allait pas tarder à acquérir, aux dépens de l'Espagne d'abord, puis à ceux de la France, un empire remarquablement étendu et riche.

L'empire colonial anglais est aujourd'hui le plus puissant du monde. Il comprend : 1° de grands empires, l'*Inde* avec ses annexes,

le *Dominion canadien*, l'*Afrique australe britannique* et l'*Australie*;
ces empires tendent à s'affranchir de l'Angleterre et à devenir auto-
nomes à mesure qu'ils se développent, mais ils n'en restent pas
moins en relations suivies avec leur métropole à laquelle, du reste,
un lien nominal les attache toujours ; — 2° des comptoirs qui servent à l'Angleterre de lieux d'échange pour trafiquer avec des pays
indépendants, vastes et peuplés : ainsi *Hong-Kong*, sur la côte
méridionale de la Chine ; *Sierra Leone* et *Lagos*, sur la côte occidentale d'Afrique, à portée des riches pays du Soudan : — 3° des
lignes de postes qui jalonnent toutes les grandes routes de circulation : *Gibraltar*, *Malte* et *Chypre*, dans la Méditerranée ; l'*Ascension*

L'EMPIRE COLONIAL BRITANNIQUE.

*C'est le plus étendu de la terre dont il couvre près du quart. Il comprend des
empires beaucoup plus vastes que la Grande-Bretagne elle-même : tels le
Canada, l'empire des Indes, l'Australie, l'Afrique australe. Remarquer ces
lignes de postes qui se succèdent comme des relais le long de toutes les principales routes de circulation du globe, et où les Anglais peuvent faire relâche et
s'approvisionner en tout temps, en particulier de charbon. C'est ce qui fait leur
grande puissance ; ils ont ainsi des intérêts et des forces partout.*

et *Sainte-Hélène*, à l'est de l'Afrique ; *Aden*, *Ceylan*, *Singapour*, sur
la route de l'Extrême-Orient ; les *Seychelles*, les *Amirantes* et *Maurice*,
à l'est de l'Afrique, sur la route des Indes au Cap.

L'empire colonial de l'Angleterre couvre 29 millions de kilomètres
carrés et compte 400 millions d'hommes : c'est à peu près le quart
de l'étendue et de la population totales du globe.

Cet empire colonial est, aujourd'hui plus que jamais, nécessaire à
l'Angleterre. Elle y écoule une partie de ses produits manufacturés ;
elle y puise une partie de ses matières premières et des vivres dont
elle a besoin.

§ 5. — LA BELGIQUE

Située sur la mer du Nord, au nord-est de la France, la Belgique est un tout petit pays; son étendue n'est pas tout à fait celle de notre Bretagne. Mais, malgré cette faible étendue, elle tient un rang honorable dans le monde grâce à la densité de sa population et à l'activité de son industrie.

Géographie physique. — L'altitude et la nature du sol permettent de distinguer deux régions physiques principales, l'Ardenne et la Flandre.

1° L'**Ardenne,** qui occupe tout le sud-est, est une suite de plateaux constitués principalement de schistes. Son altitude varie de 400 à 500 mètres en moyenne. Le relief en serait peu varié si les rivières coulant en contre-bas ne décomposaient le plateau en compartiments. Le climat en est sec et excessif. La végétation, qui est pauvre, consiste en forêts et en maigres pâturages coupés d'étangs qu'on appelle *fagnes*. Les cultures et les populations sont concentrées dans les vallées.

Le grand cours d'eau de l'Ardenne est la *Meuse*, qui, née en France, appartient à la Belgique dans son cours moyen; elle reçoit en Belgique la *Sambre* qui vient de France, et l'*Ourthe*.

Des gisements houillers s'allongent au pied de l'Ardenne vers le nord-ouest; ils forment le *bassin de Liége* à l'est, et le *Borinage* à l'ouest, vers la frontière française. Le fer y existe à côté de la houille. Un développement important d'industrie métallurgique en a été la conséquence.

2° La **Flandre** occupe tout le nord-ouest, le long de la mer du Nord. Formée de terrains récents en grande partie alluviaux, c'est une plaine semée de collines sableuses qui, sans dépasser une altitude de 150 mètres, présentent l'apparence de petites montagnes. Le climat en est très humide et favorise surtout le développement des pâturages et des cultures qui aiment l'eau, comme le lin. Du côté de la mer, la Flandre se termine par une bordure de dunes. Du côté de l'Ardenne, elle se prolonge par des régions intermédiaires, la *Hesbaye*, le *Brabant*, le *Hainaut*, dont le sol couvert de limons est cultivé richement en blé et en betteraves.

La Flandre est arrosée par l'*Escaut* et ses affluents, *Lys*, *Dender*, *Rupel*: l'Escaut, qui n'appartient à la Belgique que

par son cours moyen, y coule régulièrement et lentement; la
marée y remonte jusqu'à Gand; il se termine par un large et
profond estuaire où le grand port d'Anvers a pu s'établir.

Population et villes. — Route naturelle entre le Nord et
le Midi, la Belgique fut habitée de bonne heure. Deux races
s'y sont fixées, chacune ayant sa langue propre : les *Wallons*,
qui parlent le français, occupent l'Ardenne; les *Flamands*, qui
parlent une langue germanique, occupent la Flandre.

La Belgique compte 7 300 000 habitants, soit 248 par kilomètre carré, ce qui est considérable. La population est rare dans
l'Ardenne, où seules les vallées sont peuplées. Elle est très
serrée, au contraire, dans la région industrielle qui limite l'Ardenne au nord et dans la Flandre.

Les villes sont rares et peu importantes dans l'Ardenne; les
principales sont *Arlon* et *Bouillon*.

La région industrielle et minière comprend la grande ville
industrielle de *Liège* (industries métallurgiques, fabriques d'armes, etc.), *Namur*, et les centres miniers de *Mons* et de *Charleroi*. Dans la région intermédiaire qui s'étend entre l'Ardenne
et la Flandre, on trouve *Bruxelles*, la capitale, au point de
contact des Belgiques wallonne et flamande, *Malines* et *Tournai*.

La Flandre compte quatre villes principales : *Bruges*, bien
déchue de son ancienne splendeur; *Ostende*, qui est à la fois un
port et une plage célèbre sur la mer du Nord; *Gand*, grande
ville industrielle (cotonnades) sur l'Escaut; *Anvers*, sur l'estuaire
de l'Escaut, l'un des principaux ports du continent européen.

Prospérité de la Belgique. — La Belgique forme une
monarchie constitutionnelle. C'est un des pays les plus prospères
de l'Europe entière.

L'agriculture y est très développée, surtout dans la Hesbaye;
mais, comme en Angleterre et pour les mêmes raisons, la culture des céréales ne cesse de reculer devant l'élevage et les
cultures industrielles. Au contraire, l'industrie fleurit de plus
en plus : les industries métallurgiques au sud, la fabrication du
sucre dans la région intermédiaire, les industries textiles, et principalement celles du lin et du coton, dans la Flandre. Cette
industrie alimente un commerce extrêmement actif.

La Belgique possède dans l'Afrique équatoriale un grand
territoire d'exploitation, l'*État du Congo*, dont les deux produits
principaux sont l'ivoire et le caoutchouc.

Lectures et Développements.

L'Ardenne belge. — Elle ne fait qu'un avec l'Ardenne française, et la limite entre les deux pays est purement conventionnelle. L'Ardenne est un vaste plateau schisteux, d'une altitude moyenne de 500 à 600 mètres. Le schiste est une roche imperméable : faute de perméabilité et de pentes, les eaux s'amassent dans les dépressions du sol et y forment des mares que la tourbe envahit peu à peu et transforme en prairies vaseuses. Le schiste est une roche froide et sans chaux : il ne comporte qu'une maigre végétation, des bois, des

LA MEUSE A DINANT.

Dinant est la première ville que la Meuse traverse en Belgique. Elle est dominée par les ruines d'un château qui soutint un siège fameux à l'époque de Louis XIV. La vallée de la Meuse est étroite, encaissée ; mais elle donne passage à la rivière, à deux routes, à une voie ferrée. Les habitations se suivent en rue continue le long de la Meuse et de la route ; elles s'étagent sur le flanc du plateau ; elles ne s'agglomèrent en masses que dans quelques cirques ouverts dans le plateau sur l'une ou l'autre rive.

landes, peu de cultures. Le climat de l'Ardenne est d'ailleurs déjà froid ; les hivers sont longs et rigoureux.

L'Ardenne est donc pauvre et partant peu peuplée ; c'est la partie la moins prospère de la Belgique.

Il faut faire exception pour les vallées, principalement pour celle de la Meuse. Ces vallées entaillent le plateau de 150 mètres et plus ; elles sont généralement étroites. Mais, mieux abritées que le plateau, elles ont un climat plus doux. Les routes et les voies ferrées y passent et y favorisent le développement de la vie. La vallée de la Meuse n'est qu'une suite de villes et d'agglomérations industrielles actives.

Wallons et Flamands. — Tous les Belges sont catholiques, mais, au point de vue ethnique, ils appartiennent à deux races et parlent deux langues différentes que sépare une ligne de Courtrai à Bruxelles et à Liége. Les Wallons sont au sud, les Flamands au nord de cette ligne. Il existe vers Bruxelles une zone intermédiaire où les deux éléments se pénètrent et se fondent.

Les *Wallons* sont des latins ; ils parlent un idiome français qui a beaucoup de rapport avec nos patois de la France septentrionale, entre autres avec le picard.

Les *Flamands* sont d'origine germanique. Ce sont en général des

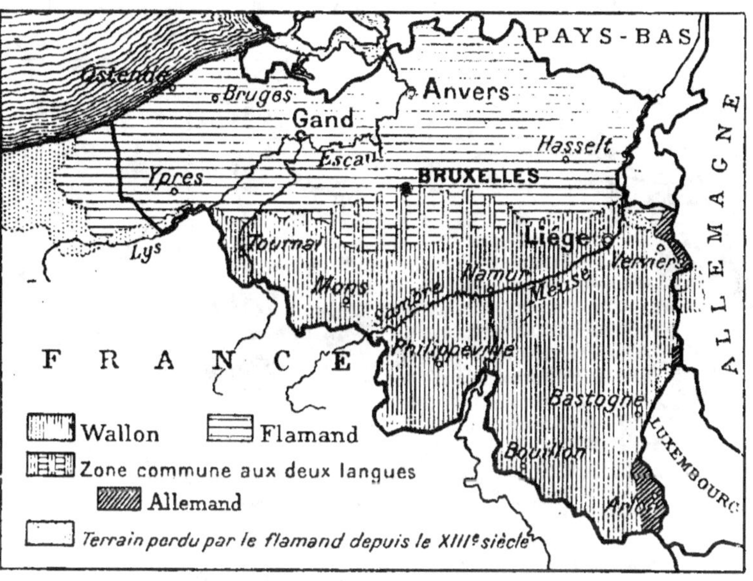

RÉPARTITION DES LANGUES EN BELGIQUE.

Deux races principales et deux langues se trouvent en présence en Belgique : la race flamande, qui est d'origine germanique et qui parle un idiome apparenté à l'allemand ; elle occupe la moitié septentrionale du pays ; la race wallonne, qui est d'origine latine et qui parle le français ; elle occupe la moitié méridionale. Vers Bruxelles se trouve une zone commune aux deux langues. Les deux éléments ont à peu près la même importance numérique ; le flamand perd plutôt du terrain.

hommes grands, à la peau blanche et un peu lymphatiques, blonds. Au reste, la race flamande ne s'arrête pas à la frontière franco-belge ; en France elle occupe les arrondissements d'Hazebrouck et de Dunkerque, dans le département du Nord. Les Flamands parlent une langue germanique, aux consonances gutturales et assez rudes, comme le montrent précisément le nom de *Dunkerque* (église des dunes) et d'*Hazebrouck*.

Actuellement, les Flamands de Belgique sont un peu plus nombreux que les Wallons. Mais, à chaque recensement, le nombre des

Wallons croît proportionnellement un peu plus. On peut dire que ces deux groupes ethniques ont la même importance.

La Belgique est avant tout un pays industriel. — La Belgique était dès le moyen âge un pays industriel. L'industrie y est plus florissante que jamais.

Des conditions toutes spéciales la favorisent : 1° Abondance de combustible : la Belgique est traversée du nord-est au sud-ouest par la longue bande houillère qui sillonne l'Europe occidentale depuis la Prusse rhénane jusqu'au Pays de Galles, en Angleterre ; — 2° Abondance de la main d'œuvre, conséquence de l'extrême densité de la

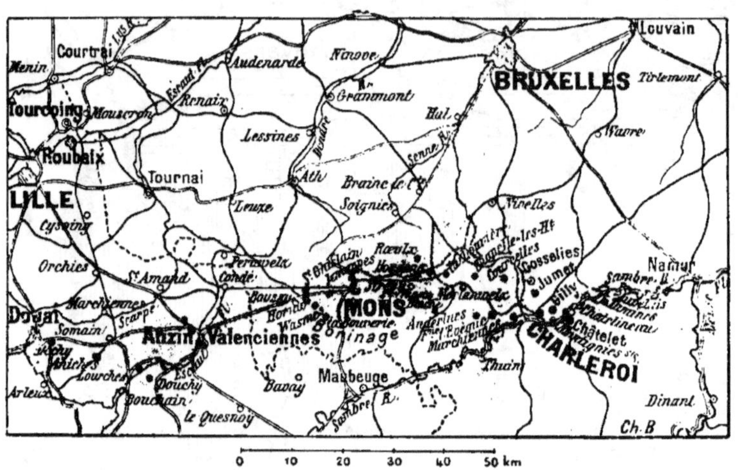

LE BASSIN HOUILLER DE BELGIQUE.

Il forme, au nord de l'Ardenne, une bande longitudinale qui se prolonge en France. Les deux principaux centres d'extraction en Belgique sont Charleroi, sur la Sambre, et Mons. Sur une longueur de plus de 60 kilomètres, ce ne sont que puits de mine, hautes cheminées, terris formés par l'entassement des débris extraits du sol, et aussi affaissements du sol où les eaux s'accumulent et forment des marécages à la place de champs jadis fertiles.

population ; — 3° Abondance de certaines matières, et en particulier du lin et du chanvre, ainsi que de la plupart des minéraux utiles ; — 4° Facilité des voies d'échange et de circulation, et en particulier existence d'un réseau étendu de voies fluviales et navigables.

L'industrie textile fut longtemps la seule développée ; le tissage du lin faisait la richesse de la Flandre. L'industrie linière y est encore active à Tournai, à Malines et Louvain. Mais le coton est de plus en plus travaillé, notamment à Courtrai et à Gand ; l'industrie lainière est florissante à Liége et Verviers. Seule parmi les industries textiles, celle de la soie est peu active.

En outre, des industries métallurgiques se sont installées dans le couloir de la Meuse, qui est à la fois la région houillère et la région métallifère ; les agglomérations industrielles s'y succèdent presque sans interruption, Hay avec ses fonderies, Liége et Seraing avec leurs aciéries, d'où sortent presque tout le matériel des chemins de fer belges et celui des tramways électriques de France, Namur, Charleroi, etc. La Belgique est trop petite pour avoir une production industrielle comparable à celle des grands pays européens, mais, dans les entreprises particulières, ses maisons rivalisent victorieusement avec les grandes maisons des pays voisins.

Ce développement industriel a fait de la Belgique un pays qui depuis longtemps compte parmi les plus riches de l'Europe, et cette richesse a provoqué une floraison artistique fameuse. Les Flandres ont produit entre autres le fameux peintre Rubens; Bruges et Ypres sont au nombre des villes d'art renommées. Les bourgeois flamands se sont plu à construire pour leur vie publique des monuments qui attestaient leur prospérité; l'hôtel de ville de Bruxelles est l'un d'entre eux.

HÔTEL DE VILLE DE BRUXELLES.

La Belgique est un pays riche, et depuis longtemps; dès le moyen âge, les Flandres étaient renommées pour leur richesse. Aussi y trouve-t-on des monuments remarquables, hôtels de ville, beffrois. Les bourgeois flamands se plaisaient à construire, pour leur vie publique, les monuments attestant leur prospérité. L'hôtel de ville de Bruxelles est un des plus fameux hôtels de ville de cette région.

Le port d'Anvers. — Anvers est situé sur l'estuaire de l'Escaut qui est large et assez profond pour donner accès à des navires calant 10 mètres. C'est le débouché naturel sur la mer du bassin de l'Escaut et de toute la Belgique. Les conditions les plus favorables à l'établissement d'un grand port s'y trouvent réunies.

Néanmoins son développement fut lent. Pendant tout le xviiie siècle, l'Angleterre, qui craignait pour son port de Londres la concurrence du port d'Anvers, fit insérer dans les traités internationaux des clauses destinées à restreindre son commerce. Napoléon Ier fit beaucoup pour Anvers, « un boulet chargé au cœur de l'Angleterre », disait-il.

De nos jours libéré de toute entrave et favorisé par le développement industriel de la Belgique, le port d'Anvers a fait des progrès considérables. C'est, avec Hambourg et Rotterdam, l'un des principaux ports de l'Europe continentale du nord-ouest. De nombreuses lignes de paquebots en partent ou y font escale. C'est la tête de ligne des principales compagnies belges de navigation. En outre

ANVERS.

Anvers est bâti au milieu des plaines alluviales que l'Escaut forme à son embouchure; la profondeur du fleuve permet aux gros navires d'y remonter. Anvers est depuis longtemps une ville très importante, mais elle n'a pris son développement commercial véritable que depuis le siècle dernier. Son port se classe parmi les trois ou quatre ports les plus importants du continent européen.

Anvers est devenu l'un des plus grands marchés de l'Europe pour les deux produits qui viennent de la région du Congo, c'est-à-dire l'ivoire et le caoutchouc.

§ 6. — LES PAYS BAS

Situé sur la mer du Nord, entre la Belgique et l'Allemagne, le royaume des Pays-Bas est un peu plus étendu que la Belgique. Très petit malgré tout, il doit à l'activité de ses habitants d'être devenu un des pays les plus prospères et les plus riches de l'Europe entière.

Géographie physique. — On a défini les Pays-Bas un delta formé par l'Escaut, la Meuse et le Rhin. En effet, presque tout ce pays est sillonné par les ramifications de ces trois fleuves, qui mêlent leurs bras et confondent leurs embouchures.

La majeure partie des Pays-Bas présente l'aspect des deltas; la terre et l'eau s'y enchevêtrent et donnent l'impression d'une région intermédiaire entre le continent et la mer. Les parties occidentales sont même situées au-dessous du niveau des hautes mers qui les envahiraient sans la protection d'une ligne de digues construites de main d'homme. Un tiers du pays, la *Hollande* ou Terre Creuse, et la *Zélande* ou pays de la mer, est ainsi placé sous la menace des flots dont les irruptions ont créé, au XIIIe siècle, le golfe du *Zuiderzée*, ou mer du Sud, par opposition à la mer du Nord. Deux groupes d'iles, l'*archipel zélandais* au Sud, les *îles Frisonnes* au nord, ont été détachés du continent par la mer.

Le climat est maritime; il est humide, souvent nébuleux; il est relativement modéré, bien que chaque hiver, pendant un mois ou deux, les canaux et les rivières gèlent.

Un tel pays a deux ressources principales : 1° l'agriculture et surtout l'élève du bétail; 2° la pêche et le commerce maritime. En effet, les Pays-Bas sont avant tout un pays agricole et commerçant.

Population et villes. — Les Pays-Bas ne sont que la terminaison d'une zone basse et marécageuse qui traverse toute l'Allemagne le long de la mer du Nord. Ils ont été peuplés de bonne heure par les mêmes hommes, des Frisons de race germanique. Les Hollandais sont grands, blonds, ont le visage blanc et les yeux clairs; la langue hollandaise est une sorte d'allemand traînant et guttural. Le protestantisme est la religion dominante en Hollande.

Malgré la nature ingrate de leur sol, les Pays-Bas sont très peuplés. Ils comptent 5 700 000 habitants, soit 174 par kilomètre carré. La région la plus peuplée est celle qui est placée au-dessous du niveau de la mer.

La population des Pays-Bas est surtout agglomérée dans des villes nombreuses et généralement d'importance moyenne; les Pays-Bas n'ont que trois grandes villes. Ce sont : *La Haye*, qui est la capitale politique; *Amsterdam*, port important au fond du Zuiderzée, et *Rotterdam*, autre port important sur le Rhin-Meuse : situé plus au sud qu'Amsterdam et mieux placé pour les relations avec l'intérieur du continent, Rotterdam a fait des progrès considérables et est devenu le premier port des Pays-Bas. Les autres villes notables sont : *Utrecht, Nimègue, Leyde, Haarlem,* la ville des fleurs.

Développement économique et colonial. — Les Pays-Bas, qui furent la première république européenne, forment aujourd'hui une monarchie constitutionnelle parlementaire; toutefois du régime républicain ils ont perdu la forme plutôt que l'esprit. La monarchie est une sorte de présidence couronnée.

L'*agriculture* est une des deux sources de la prospérité des Pays-Bas. Les cultures proprement dites sont assez peu étendues. Mais les pâturages nourrissent un troupeau de vaches très nombreuses qui alimentent un commerce considérable de beurres et de fromages. En outre, une partie des terres gagnées sur les étangs a été aménagée en polders, c'est-à-dire en champs de légumes, en vergers d'arbres fruitiers, en champs de fleurs; les fleurs de la Hollande, en particulier les jardins de tulipes, sont renommées partout.

La *pêche*, qui est très productive dans la mer du Nord, et le *commerce maritime* constituent une autre source de profits considérables. On a dit qu'Amsterdam était bâtie sur des carcasses de harengs. La marine hollandaise, répandue sur toutes les mers, ramène en Hollande des cargaisons de produits divers, principalement de denrées coloniales, qui s'entassent dans les docks de Rotterdam et donnent lieu à un très gros commerce. Le commerce extérieur des Pays-Bas est presque égal à celui de la France qui est seize fois plus étendue et compte sept fois plus d'habitants.

Les Hollandais du xvɪᵉ et du xvɪɪᵉ siècle avaient conquis un immense empire colonial qui fut un moment le plus important de tous. Les Pays-Bas en ont gardé la plus grande partie. Leurs colonies actuelles forment deux groupes principaux : les *Indes orientales,* avec Java, Sumatra, les trois quarts de Bornéo, et les îles de la Sonde; les *Indes occidentales,* avec Curaçao et la Guyane hollandaise. Cet empire colonial renferme près de 40 millions d'habitants. Les Pays-Bas en tirent le sucre, le thé, les épices.

Lectures et Développements.

La Hollande est une conquête de l'homme. — La nature
a fait peu pour la Hollande, terre amphibie et placée sous la menace

LES PARTIES DE LA HOLLANDE QUE MENACE LA MER.

Toute une partie de la Hollande est située au-dessous du niveau des hautes mers,
entre autres la Zélande, ou pays de la mer, et la Hollande proprement dite, ou
terre creuse. Ces provinces sont ceintes d'une ligne ininterrompue de digues.
Elles étaient jadis marécageuses; on a réussi à les dessécher et à créer des
polders (jardins maraîchers ou cultures de fleurs) à la place que l'eau occupait
jadis. La province de Hollande est de beaucoup la plus peuplée de toutes les
provinces hollandaises. On parle depuis longtemps de dessécher le Zuiderzée
presque tout entier.

perpétuelle des flots ou des débordements des rivières. A l'état
naturel, la Hollande ne serait qu'un marécage boueux, inculte et

inhabitable. Sa prospérité actuelle est exclusivement l'œuvre des hommes. Aucun peuple n'a déployé plus de persévérante énergie que le peuple hollandais pour aménager le coin de terre où il était appelé à vivre.

Ce qu'il a fait peut se résumer ainsi :

1° *Il a arrêté l'alluvionnement* que produisaient les inondations fluviales en se répandant périodiquement sur le pays : pour cela, les fleuves ont été enfermés entre des rangées continues de digues parallèles aux rives ;

2° *Il a arrêté les envahissements marins* par la construction de digues maritimes. Ces digues sont de véritables remparts de terre,

PAYSAGE HOLLANDAIS.

La Hollande est une terre-amphibie comme tous les deltas : la Hollande n'est-elle pas le delta de la Meuse et du Rhin? C'est une suite de vastes prés que sillonnent en tous sens des cours d'eau, et des canaux. Les prés servent à l'élevage, et la Hollande est fameuse depuis longtemps pour ses troupeaux, ses beurres et ses fromages. Peu de routes dans cette région où il faudrait asseoir le sol et multiplier les ponts et travaux d'art; on y circule surtout en barques : les rivières coulant à fleur de sol, les barques ont de loin l'air de marcher sur les prés. En hiver, quand les cours d'eau et canaux sont gelés, on y circule en traineaux et à patins.

de bois et de granit, qui s'enfoncent profondément, dominent les flots de 8 à 10 mètres, ont une épaisseur de 50 à 100 mètres, et forment autour de la Hollande entière une muraille continue qui ne s'abaisse qu'aux embouchures des fleuves, barrées elles-mêmes à l'aide de puissantes écluses qui s'ouvrent à marée basse pour laisser couler les eaux fluviales à la mer ;

3° *Il a desséché le sol* une fois mis à l'abri des invasions des fleuves et des retours de la mer. Depuis plusieurs siècles, une légion de grands moulins à vent, remplacés aujourd'hui par des turbines à vapeur, pompe nuit et jour l'humidité du sol. De 1500 à 1900, on a ainsi conquis 4000 kilomètres carrés à la culture. La mer de Haarlem, qui mesurait 44 kilomètres de circuit, a été asséchée au prix de 39 mois de travail. On projette de reconquérir de même le Zuiderzée; il y faudrait, dit-on, 32 années de travail et 400 millions de francs, mais on rendrait 232 000 hectares à la culture.

4° *Il a amendé le sol desséché*, par des mélanges appropriés, par des engrais, par un travail incessant d'aménagement. A la place des anciens marécages s'étendent aujourd'hui des prés qui nourrissent des troupeaux renommés (beurres et fromages), des polders cultivés en légumes, des champs de fleurs réputés (jardins de Haarlem culti-

CANAL ET VIEILLES MAISONS A AMSTERDAM.
Amsterdam, en Hollande, est bâtie sur des terrains d'alluvions ; des canaux la sillonnent, comme Venise, et les maisons sont construites sur des pilotis, ou pieux enfoncés à travers la couche molle jusqu'au sol résistant.

vés en tulipes, jacinthes et fleurs à oignons). La Hollande est vraiment une création de la volonté et de l'industrie humaines.

Amsterdam et Rotterdam. — Ce sont les deux principales

villes et les deux grands ports du royaume des Pays-Bas.

Amsterdam, c'est la vieille capitale historique. Elle est bâtie sur un petit golfe au fond du Zuiderzée. Le sol mou aurait difficilement supporté le poids d'une ville; la plupart des maisons. comme à Venise, sont bâties sur pilotis, c'est-à-dire sur des pieux enfoncés à travers la couche d'alluvions jusqu'au terrain solide. La pêche, qui est très fructueuse sur les bancs de la mer du Nord, et le commerce des salaisons; le commerce maritime et quelques industries, comme la taille des diamants, ont fait la fortune d'Amsterdam. Malheureusement pour elle, le Zuiderzée est longtemps pris par les glaces chaque année ; en outre, les communications d'Amsterdam avec l'intérieur du continent européen sont assez malaisées. L'importance commerciale d'Amsterdam a tendance à décliner.

Rotterdam grandit, au contraire. Situé sur un bras du Rhin-Meuse, son port est le débouché naturel des riches pays rhénans sur la mer ; en outre, plus méridional que celui d'Amsterdam, il a moins à souffrir des glaces. Rotterdam est aujourd'hui le premier port des Pays-Bas et l'un des plus importants du continent européen. Il s'y fait un grand commerce de produits coloniaux, et notamment de café.

Le peuple hollandais.

— La nécessité d'une lutte sans trêve contre la nature a fait du peuple hollandais un peuple ferme et patient, doué d'un courage constant et calme, profondément pratique et économe, remarquable par son bon sens, puisant dans la conscience de se devoir tout à lui-même un sentiment très élevé de sa propre dignité, avec un indomptable esprit de liberté et d'indépendance.

Ces derniers caractères se sont manifestés, par exemple, dans la lutte que les Pays-Bas soutinrent contre l'Espagne, au XVI siècle, pour leur indépendance, comme dans la lutte qu'ils engagèrent au XVII contre Louis XIV alors tout-puissant. Les Boers, descendants de colons hollandais, montrèrent la même énergie naguère contre les Anglais.

Le peuple hollandais excelle dans les arts utiles. Avec une littérature féconde, il n'a produit qu'un seul auteur qui soit devenu vraiment universel, le philosophe Spinoza : plus patient et laborieux qu'original, il a fourni à l'édifice de la pensée moderne beaucoup de travailleurs utiles et d'habiles ouvriers, mais peu de grands architectes. La peinture hollandaise est glorieuse, et la Hollande peut s'enorgueillir de quelques peintres du plus grand talent, Rembrandt, Téniers, Van Ostade, Ruisdaël, Gérard Dow, Paul Potter, Franz Hals, van der Helst, etc. Mais, même en peinture, le peuple hollan-

Phot. Hamon

JEUNE HOLLANDAISE.

Le type hollandais est généralement grand et vigoureux. Noter le costume de cette jeune porteuse de lait, bonnet, fichu, jupe ample et tablier : ce sont là les pièces caractéristiques du costume hollandais. Comme en d'autres pays d'Europe, elles portent les fardeaux sur les épaules au moyen d'un bâton courbé légèrement à la partie moyenne, et pourvu aux extrémités de crochets et de cordes pour supporter les seaux ou les paniers.

dais vit d'idées nettes plus que de belles images, et son originalité consiste principalement dans la sincérité d'une reproduction fidèle de la vie quotidienne, des scènes de la rue, des intérieurs de la campagne, des animaux hollandais, de tous les objets simples au milieu desquels sa vie se déroule.

§ 7. — LA SUISSE

La Suisse est petite et toute continentale ; mais, placée entre la France, l'Allemagne, l'Autriche-Hongrie et l'Italie, envoyant des eaux dans toutes les directions, elle est comme un carrefour de l'Europe, et doit à cette situation une importance particulière.

Géographie physique. — La Suisse est couverte de montagnes sur plus des deux tiers de son étendue. Elle comprend trois régions naturelles, les *Alpes*, le *Jura*, la *plaine suisse*.

1° Les **Alpes** couvrent la moitié du sol de la Suisse. Elles y ont leur plus grande hauteur moyenne et leurs plus vastes glaciers. C'est en Suisse que se dressent les *Alpes Pennines*, les *Alpes Bernoises*, les *Alpes Léponliennes*, et les *Alpes Rhétiques* ; plusieurs sommets y dépassent 4000 mètres, Cervin, Mont-Rose (4638 m.), Aletschhorn, Jungfrau, Finsteraarhorn, Bernina ; le glacier d'Aletsch, dans les Alpes Bernoises, y mesure une longueur de 25 kilomètres. D'autres massifs moins élevés flanquent ces hauts massifs vers le nord.

Toute cette région alpestre est rude. Les précipitations atmosphériques, pluies et neiges, y sont abondantes. Elles donnent naissance à de nombreux cours d'eau, tous torrentiels, *Rhône, Aar* et *Rhin, Inn, Tessin*, qui, partis presque du même point, coulent en divergeant vers des mers éloignées, Méditerranée, mer du Nord, mer Noire et Adriatique. Quant à la végétation, c'est celle de toutes nos régions montagneuses, prairies, forêts, puis alpages, roches et neiges persistantes.

La vie serait très difficile dans ces montagnes, si des vallées longitudinales et transversales n'en décomposaient la masse et n'y rendaient la circulation possible. Les principales de ces vallées sont l'*Engadine* ou vallée de l'Inn, le *Rheinthal* ou vallée du Rhin, le *Valais* ou vallée du Rhône, le *Val Leventina* ou vallée du Tessin. Plusieurs d'entre elles sont occupées par des lacs, *de Constance, de Zurich, des Quatre-Cantons, de Genève*. Elles conduisent à des cols d'un accès relativement facile, permettant de franchir la crête, *Grand Saint-Bernard*, *Simplon*, *Saint-Gothard*, *Splügen*, *Maloggia*. Grâce à ces vallées, ce monde de rocs et de neiges que forment les Alpes a pu devenir une région peuplée et active.

2° Le **Jura** se déroule au nord-ouest de la Suisse, sur la frontière franco-suisse. Il se compose de chaînons parallèles tombant en abrupt sur la plaine. Bien que l'altitude en soit très inférieure à celle des Alpes (aucun point n'y atteint 1700 mètres), le climat en est rude, et la végétation ne comporte que des forêts et des pâturages. Mais quelques vallées bien abritées y concentrent la vie. Les deux principales sont le *Val de Travers* et le *Val Saint-Imier*.

Des lacs, de *Neuchâtel*, de *Bienne*, jalonnent le pied du Jura suisse.

3° La **plaine suisse**, allongée entre les deux massifs des Alpes et du Jura, est constituée par des mollasses tertiaires et par des alluvions glaciaires également fertiles. Haute en moyenne de 500 mètres seulement, elle forme la partie la plus chaude, la partie agricole, celle où naturellement les hommes et les villes se sont établis de préférence.

Populations et villes. — Région de passage et carrefour de routes, la Suisse comprend des habitants appartenant aux trois principales races qui peuplent les pays voisins ; elle a des *Allemands* au nord et au centre, des *Français* au sud-ouest, des *Italiens* au sud. En outre, une très ancienne population, les *Grisons*, s'est maintenue dans quelques vallées reculées des Alpes Rhétiques. Ces divisions s'affirment aujourd'hui moins par le type ethnique que par la langue et la religion.

La Suisse renferme une population de 3 500 000 habitants, soit 85 en moyenne par kilomètre carré. C'est un chiffre très élevé, si l'on songe qu'en raison de ses montagnes, un tiers de la Suisse n'est ni habitable, ni habité. C'est que la population est très nombreuse dans la plaine, surtout dans les cantons industriels.

La Suisse a pour capitale **Berne** : ce n'est pas la ville la plus importante, mais elle occupe une situation intermédiaire entre la Suisse allemande et la Suisse française.

Les autres grandes villes sont : dans la Suisse allemande, *Bâle* sur le Rhin, *Saint-Gall*, *Zurich* et *Lucerne* ; c'est la vie industrielle qui domine dans cette partie du pays ; — dans la

Suisse française, où domine la vie agricole, *Fribourg*, *Neuchâtel*, *Lausanne* et *Genève* ; — dans la Suisse italienne, *Bellinzona*, sur le Tessin ; — dans la Suisse grisonne, *Coire*, non loin du Rhin.

Développement économique. — La Suisse est un pays prospère, et cela pour plusieurs raisons :

1° Elle ne manque pas de ressources agricoles. Peu avantagée par son sol et son climat, elle ne produit pas même le tiers des céréales dont elle a besoin ; mais elle a les ressources de l'élevage et des industries dérivées de l'élevage, fabrication des fromages (Gruyère, Emmenthal), des beurres, des chocolats.

2° Bien qu'elle ne possède pas de houille, elle est devenue un pays industriel très actif. L'abondance et la multitude des chutes d'eau ont fourni la force motrice qui manquait. A l'horlogerie, qui fut longtemps la seule industrie de la Suisse, sont venues s'ajouter des industries métallurgiques (fabriques de machines de Zurich, aciéries de Schaffhouse), et surtout des industries textiles (soieries de Zurich et de Bâle, cotonnades de Zurich et de Saint-Gall).

3° Mais surtout, placée entre l'Europe septentrionale et l'Europe méridionale, entre l'Europe atlantique et l'Europe méditerranéenne, la Suisse est un lieu de passage très fréquenté, une des grandes voies du transit international. Trois des principales voies ferrées européennes la traversent : celle du Simplon (Paris à Gênes), celle du Saint-Gothard (Bâle à Gênes), celle de l'Arlberg (Paris à Vienne). Ce n'est pas pour la Suisse un mince avantage.

Lectures et Développements.

Les Alpes Suisses. — Les Alpes suisses ne renferment pas le plus haut sommet du massif alpestre, puisque le Mont-Blanc (4810 m.) est situé en France ; mais elles renferment la plupart des hauts sommets qui viennent immédiatement après, le *Mont-Rose* qui s'élève à 4638 mètres, le *Cervin* ou *Matterhorn* qui défia longtemps toute escalade, la *Jungfrau* et le *Finsteraarhorn* qui dominent toute cette région de montagnes élevées qu'on nomme l'Oberland bernois.

Longtemps ces montagnes, inaccessibles en l'absence de bonnes routes, restèrent à peu près inconnues. Les légendes les plus bizarres couraient sur elles. On les peuplait d'animaux fantastiques. Leur sauvage beauté effrayait. Elle attire, au contraire, aujourd'hui. La Suisse est un pays merveilleusement pittoresque, avec ses glaciers, ses vallées verdoyantes, ses forêts et ses alpages, ses torrents

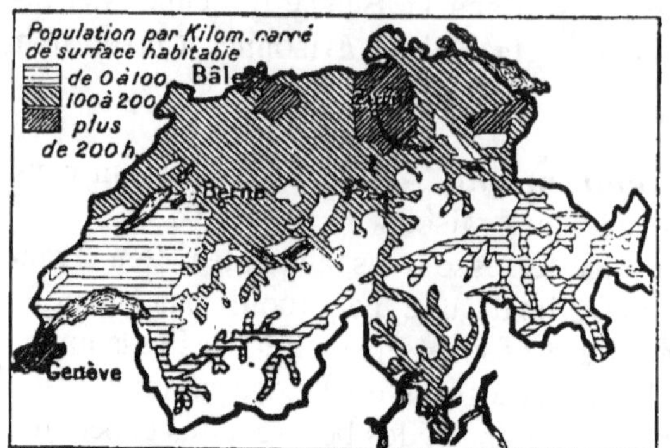

DENSITÉ DE LA POPULATION EN SUISSE.

La Suisse a une densité de population relativement très élevée pour un pays couvert de vastes et énormes montagnes. La population, très faible dans les parties hautes, est très nombreuse dans les vallées, et en particulier dans la grande plaine qui s'étend de Genève à Bâle et à Constance, entre les Alpes et le Jura.

vifs, ses cascades. Des voies ferrées, des routes ont été construites partout. Des funiculaires, des chemins de fer à crémaillère montent jusqu'au niveau des neiges persistantes; une voie ferrée montera bientôt au sommet de la Jungfrau. Il n'est point de site qui n'ait un ou plusieurs hôtels. C'est par centaines de mille que, chaque année, les voyageurs et les touristes viennent en Suisse d'un peu partout, mais principalement d'Allemagne, d'Angleterre, des Etats-Unis et de France.

Les vallées des Alpes suisses sont du reste très peuplées. Même dans les plus hautes vallées on trouve des agglomérations ou tout au moins des habitations séparées dont les habitants, il est vrai, descendent passer la mauvaise saison dans les bourgs des vallées basses. Grâce à ces vallées, une vie agricole très intense s'est développée dans les Alpes. L'exploitation de la houille blanche a été pour

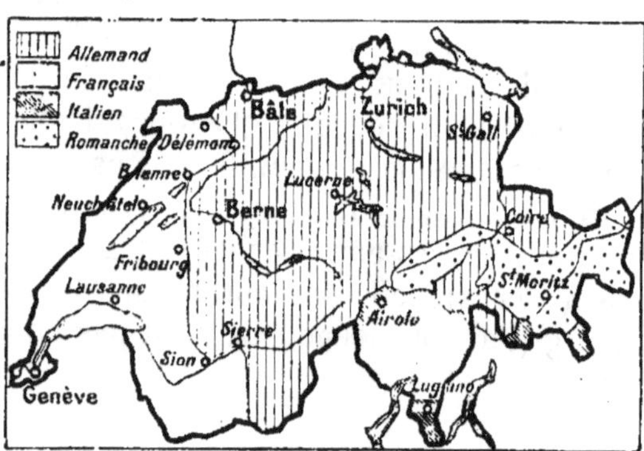

LANGUES PARLÉES EN SUISSE.

La Suisse est placée entre les pays allemands, la France et l'Italie ; ses habitants ont subi leur influence. On distingue, d'après la langue, trois Suisses principales : 1° la Suisse allemande, la plus importante, qui comprend tout le nord et tout le centre (2/3 de tout le pays); 2° la Suisse française, qui comprend l'ouest (un quart environ de toute la Suisse); 3° la Suisse italienne, beaucoup moins importante, dans quelques vallées du versant méridional des Alpes. — Une ancienne langue indigène, le romanche, s'est maintenue dans les hautes vallées des Grisons.

elles, depuis quelques années, l'occasion d'une recrudescence d'activité.

Le peuple suisse et l'organisation politique. — La Suisse, ancienne dépendance de l'empire de Charlemagne, faisait partie du domaine des empereurs d'Allemagne quand, au début du xiv⁰ siècle, les exactions des baillis impériaux y provoquèrent des révoltes. Les cantons forestiers d'Uri, de Schwytz et d'Unterwalden

formèrent le noyau de la confédération helvétique (1308). A ces cantons primitifs d'autres vinrent s'agréger peu à peu. La confédération fut complétée en 1815, par l'adjonction des cantons de Neuchâtel, de Genève et du Valais.

La Suisse s'est donc formée de pièces et de morceaux. Il n'est pas étonnant que le peuple qui l'habite soit disparate.

On trouve en

Phot. Boissonnas.

1. CHALET SUISSE. — 2. JEUNE FILLE DES GRISONS.

Le chalet est l'habitation des montagnards suisses : il change de forme d'une région à l'autre, mais il conserve partout ses caractères essentiels. Il est en bois de sapin, car les forêts de sapins abondent sur les versants montagneux : il est généralement élevé au-dessus du sol dont le contact lui communiquerait de l'humidité. Il forme, du reste, une demeure bien plus chaude et confortable qu'on ne le croit quelquefois. Le canton des Grisons, au sud-est de la Suisse, est le plus montagneux et le plus sauvage des cantons suisses ; les vieux costumes, fort pittoresques, ont pu s'y maintenir plus facilement.

Suisse quatre races, quatre langues et trois religions : 1⁰ *quatre races et quatre langues*, savoir des Allemands, des Français, des Italiens et des Romanches ; les Allemands sont les plus nombreux ; les Français représentent un quart environ de la population ; 2⁰ *trois religions,* luthéranisme, calvinisme et catholicisme; c'est la ville Suisse de Genève qui est la capitale historique du calvinisme.

Malgré ces différences importantes et nombreuses, il n'est guère de pays où l'amour de la patrie commune soit plus profondément assis. Des raisons historiques, entre autres la communauté des souvenirs et des traditions, expliquent la force de ce lien national. Mais des raisons naturelles ont, en outre, renforcé ces raisons historiques. On peut dire que c'est la montagne qui a fait l'unité de la Suisse et qui l'empêche de se briser. Elle a contraint les habitants à s'unir étroitement afin de pouvoir résister victorieusement aux convoitises étrangères. L'union pour la défense commune s'est imposée à eux comme une nécessité urgente. De là, surtout, ce phénomène de populations si diverses se fédérant et vivant côte à côte, unies durant plusieurs siècles sans se mélanger.

L'organisation politique répond à cette double tendance. Elle respecte le particularisme des diverses parties du pays tout en maintenant entre elles l'union en vue de la défense commune. Elle comprend un pouvoir central qui est indispensable pour sauvegarder l'unité; mais elle en limite les attributions au strict nécessaire et laisse le plus d'indépendance possible aux organisations locales qui sont des plus variées. En aucun autre pays, la liberté n'est plus grande.

CASCADE DE MEIRINGEN.

Meiringen est situé dans les Alpes bernoises, près de la vallée de l'Aar. La cascade de Meiringen est une de ces cascades nombreuses de la Suisse qui, après avoir constitué l'un des attraits pittoresques de ce pays, lui fournissent aujourd'hui une énergie industrielle d'une incomparable richesse.

La confédération suisse ou helvétique (du nom latin *Helvetia* par lequel on désignait la Suisse) comprend 22 cantons et 3 demi-cantons. Grand ou petit, très peuplé ou non, chaque canton s'administre à sa guise. L'armée, les douanes, les postes et télégraphes, les monnaies, la législation commerciale sont les seules parties communes à toute la fédération. Cette liberté a permis aux divers cantons de se lancer plus facilement dans la voie des innovations politiques et sociales; elle a institué entre eux une véritable émulation, source de progrès.

L'industrie en Suisse. — L'industrie resta longtemps peu développée en Suisse. Elle n'y trouvait pas des conditions naturelles bien avantageuses. D'une part, la houille et les minerais y font presque complètement défaut; en outre, par suite de sa situation toute continentale, la Suisse peut recevoir difficilement à bas prix les matières premières d'outre-mer. La seule industrie qui s'y soit développée pendant longtemps, c'est l'horlogerie qui se pratiquait dans la région du Jura, pendant l'hiver : Genève, le Locle, la Chaux-de-Fonds comptent encore parmi les centres les plus importants de l'industrie horlogère en Europe.

De nos jours, grâce à l'esprit laborieux et tenace du peuple suisse,

LUCERNE.

Lucerne est une des principales villes de la Suisse; elle est située à l'issue du lac des Quatre-Cantons, entre le Pilate qu'on aperçoit au fond de la photographie, et le Rigi qui lui fait face sur l'autre rive du lac. Les grandes villes suisses situées sur un lac occupent presque toutes l'issue de ce lac (Genève, Zurich, Constance, Bienne, Thoune). Lucerne est un grand rendez-vous de touristes; on y remarque quatre ponts, dont deux sont couverts et ornés de peintures. Un lion colossal, taillé dans le roc, y rappelle la résistance des Suisses aux Tuileries pour défendre Louis XVI, le 10 août 1792.

grâce à l'utilisation des chutes d'eau qui abondent dans toutes ses montagnes, grâce aussi au faible prix de la main d'œuvre et des denrées, l'industrie a fait de grands progrès. Elle comprend des fabriques de machines à Zurich, des aciéries à Schaffhouse, des manufactures de coutellerie : mais elle comprend surtout de très importantes fabriques textiles (cotonnades, soieries), etc. L'industrie des soieries y est particulièrement florissante. La Suisse allemande est par excellence la partie industrielle de la Suisse.

Mais l'industrie dont le rapport éclipse de beaucoup celui des autres, c'est celle que la Suisse doit à la beauté de ses paysages, aux qualités salutaires de son air; c'est l'industrie des hôtels. L'organisation des voyages a atteint en Suisse un développement inconnu ailleurs. Il n'existe peut-être pas une seule vallée qui ne soit desservie aujourd'hui, jusqu'au pied de la muraille des rochers ou jusqu'aux glaces, par une route carrossable, un sentier muletier. Chaque année voit s'ouvrir ou s'améliorer des chemins nouveaux pour la commodité des nombreux voyageurs qui sillonnent le pays pendant l'été surtout, mais même pendant l'hiver, en l'enrichissant. Des chemins de fer de toute sorte, funiculaires, chemins de fer à crémaillère, escaladent

Photo Weh

LA VALLÉE DE PONTRÉSINA.

Pontrésina est l'une des principales stations de la Haute-Engadine, ou haute vallée de l'Inn. Elle est située à 1800 mètres d'altitude, au pied du massif de la Bernina. C'est un des principaux centres d'excursions des Alpes suisses. Des hôtels vastes et très confortablement aménagés ont transformé l'aspect primitif du village.

les pentes les plus abruptes pour déposer le voyageur sans fatigue au sommet. C'est le pays de montagne où l'on peut gravir les cimes le plus aisément, le plus économiquement.

Des raffinements font de l'industrie des hôtels l'une des ressources les plus considérables du pays. On peut dire qu'il n'est pas un site intéressant, même à plusieurs milliers de mètres d'altitude, qui n'ait parfois au détriment du paysage, au moins un hôtel, presque toujours arrangé avec confort, éclairé à l'électricité, pourvu de l'installation la plus moderne.

On compte qu'un capital de 600 millions de francs est engagé dans cette industrie et qu'il rapporte de 100 à 120 millions par an.

Le service des hôtels occupe 27 000 personnes environ. Il procure,
en outre, de l'occupation à 25 000 ou 30 000 autres, conducteurs,
guides, porteurs, sans parler des bénéfices qu'il offre aux villageois,
par la vente des denrées et des menus objets de l'industrie campa-
gnarde.

Les grandes voies internationales en Suisse. — En
raison de sa situation centrale, la Suisse est une région de passage
de première importance : c'est par son intermédiaire que communiquent

Phot. Wehrli.

LE CHEMIN DE FER DU RIFFELBERG.

*Type des voies ferrées de montagnes en Suisse. Le chemin de fer du Riffelberg
est à crémaillère; il mène du bourg bien connu de Zermatt, l'une des principales
stations de villégiature de Suisse, sur le plateau du Gornergrat, à 3020 mètres
d'altitude, au pied du Cervin. La ligne a 10 kilomètres de longueur, des
pentes de 16 à 20 pour 100; d'un bout à l'autre, à la montée, le trajet dure
1ʰ.30. La montagne qui domine au fond de la photographie est le Cervin dont
on a déjà donné plus haut une photographie (voir page 10).*

la France avec l'Autriche, d'une part, l'Europe rhénane et l'Allemagne
avec l'Italie, d'autre part.

Par suite, nombre d'expéditions armées l'ont traversée: de bonne
heure, les commerçants y ont passé pour emprunter les cols relativement bas et praticables qui traversent les Alpes. Quelques-unes
des routes les plus fréquentées de l'Europe franchissent les Alpes
Suisses, entre autres celles de la Maloggia et du Saint-Gothard,
celles du Simplon et du Grand Saint-Bernard qui ont été construites
au prix d'immenses difficultés par Napoléon Iᵉʳ.

Aujourd'hui la Suisse donne passage à quelques-unes des principales voies ferrées internationales de toute l'Europe. On en distingue surtout trois :

1° Allant de l'ouest à l'est, la *ligne de Paris à Vienne et à Constantinople*, par le Jura septentrional, Bâle, Zurich et le tunnel de l'Arlberg qui aboutit dans le Tyrol. Il existe une autre voie ferrée menant de Paris à Vienne par Strasbourg, Stuttgart et Munich ; cette dernière est la ligne la plus directe et la plus rapide. Mais la ligne de l'Arlberg présente cette particularité, qui à l'occasion serait un avantage, de mener de France en Autriche sans emprunter aucune part du territoire allemand ;

2° Allant du nord au sud, la *ligne du Saint-Gothard* qui mène de l'Europe du nord-ouest en Italie par Bâle, Lucerne et Milan. C'est

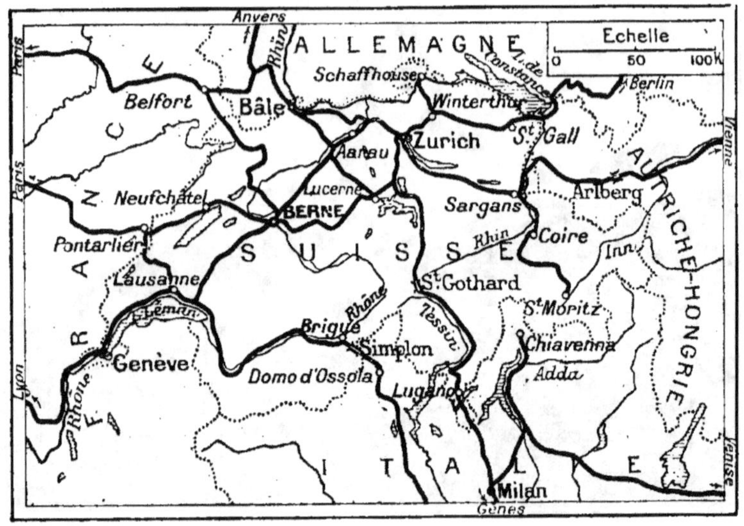

GRANDES VOIES FERRÉES DE LA SUISSE.

Il faut citer : 1° de l'ouest à l'est, la ligne Paris-Vienne par Belfort, Bâle, Zurich, Sargans, et le tunnel de l'Arlberg ; c'est l'une des deux grandes voies ferrées qui unissent directement Paris à Vienne ; 2° du nord au sud, la ligne Anvers-Milan-Gênes par Bâle, le tunnel du Saint-Gothard (15 kilomètres de longueur) et Lugano ; 3° du nord-ouest au sud-est, la ligne Paris-Gênes par Lausanne et le tunnel du Simplon (19 kilomètres). — La Suisse occupe une des régions de passage les plus importantes de l'Europe.

une ligne fort pittoresque. En Suisse, elle contourne le lac des Quatre-Cantons, remonte la vallée de la Reuss, et franchit l'arête centrale des Alpes sous un tunnel de 15 kilomètres ouvert en 1883. Il a fallu multiplier les travaux d'art de toute sorte sur cette ligne (on a vu plus haut, pag. 13, la double boucle qu'elle dessine près de Wassen) ; mais le commerce de la Suisse en a tiré un bénéfice considérable parce qu'elle a détourné une partie des transports qui se faisaient auparavant par le tunnel du Mont-Cenis ;

3° Allant aussi du nord au sud, la *ligne du Simplon* qui mène de

E. Gillault, Del.

L'EUROPE CENTRALE.

Deux grands pays l'occupent, de la mer du Nord et la Baltique à l'Adriatique : c'est l'Allemagne et l'Autriche-Hongrie. Trois États tampons, dont deux sont neutres, les limitent vers l'ouest, Hollande, Belgique, Suisse.

Calais ou de Paris à Gênes par Lausanne, le Valais et la rive occidentale du lac Majeur. Elle franchit les Alpes par un tunnel de 19 kilo-

Phot. Wehrli.
LE CHEMIN DE FER DU SIMPLON PRÈS DE VARZO.

Varzo est situé sur le versant italien du Simplon. Le col du Simplon était traversé depuis le commencement du dernier siècle par une belle route qu'avait fait construire Napoléon Ier. Une voie ferrée, menant de Brigue à Domo-d'Ossola, passe aujourd'hui sous le Simplon ; elle a nécessité un nombre considérable d'ouvrages d'art, et notamment un long tunnel qui mesure plus de 19 kilo-mètres.

mètres percé sous le col du Simplon et ouvert en 1908. C'est la voie
la plus courte pour aller de Paris à Milan.

§ 8. — L'AUTRICHE-HONGRIE.

L'Autriche-Hongrie a été constituée, au centre de l'Europe,
par des conquêtes, des héritages et des mariages. Elle occupe
une étendue très grande, équivalant aux quatre tiers de la superficie de la France, mais elle est presque entièrement continentale, ne touchant la mer Adriatique qu'un peu au sud, et elle
manque tout à fait d'unité physique comme d'unité ethnique et
politique.

Géographie physique. — On distingue en Autriche-Hongrie sept grandes régions naturelles qui diffèrent entre elles, non seulement par le relief, mais encore par le climat et les ressources : au sud, la *région des Alpes*, les *plateaux du Karst et de Bosnie*, la *région adriatique* ; au centre, les *plaines du Danube* ; au nord, la *Bohême*, les *Karpates* et les *plaines orientales*.

1° La **région des Alpes** comprend les Alpes Orientales, longs murs parallèles séparés par des vallées longitudinales. Les principaux massifs sont l'*Ortler*, les *Alpes Noriques*, les *Alpes de Salzbourg* et d'*Autriche*, les *Alpes Carniques* et *Juliennes*. Les principales vallées sont celles de l'Inn ou Engadine, celle de la Mür ou Styrie, celle de la Drave ou Carinthie, celle de la Save ou Carniole.

De climat rude, les Alpes Orientales sont boisées et surtout propres à l'élevage ; elles renferment en outre des richesses minières importantes, fer, plomb, mercure. Région peu favorisée en somme, elle est habitable seulement dans les vallées.

2° Les **plateaux du Karst et de Bosnie**, au sud des Alpes, sont de formation calcaire, percés de trous ou *dolines* où se perdent les eaux, par conséquent secs. Le climat en est excessif, brûlant en été, très froid en hiver. La vie y est difficile ; peu de cultures ; la principale ressource est l'élevage des chèvres.

3° La **région adriatique** ne comprend qu'une étroite bordure côtière au pied des plateaux du Karst et de Bosnie. La côte est rocheuse, découpée et riche en bons ports naturels, bordée au sud d'îles allongées parallèlement au rivage.

Le climat en est tout méditerranéen, chaud grâce à l'écran protecteur des montagnes ; des villes d'hiver ont pu ainsi s'établir le long de cette côte.

4° Les **plaines du Danube** forment une suite de bassins alluviaux plus ou moins étendus qui sont séparés les uns des autres par des étranglements rocheux, et que le Danube relie. Les principales sont la *plaine de Linz*, le *Marchfeld* ou *plaine d'Autriche* proprement dite, la *plaine des Schütt*, et la *plaine de Hongrie*.

La plaine de Hongrie est la plus étendue. C'est un ancien fond de mer couvert de riches limons, aux étés très chauds et aux hivers très rudes, assez sec, vrai pays continental. Des champs de céréales couvrent cette plaine dans ses parties les plus humides ; les parties sèches sont occupées par des steppes servant à l'élevage des chevaux et des moutons. Le pays est exclusivement agricole.

5° La **Bohême** est un massif de roches anciennes longuement érodé dans un encadrement de hauteurs, *Böhmerwald, Erz-Gebirge, Riesen-Gebirge, monts Sudètes*. L'Elbe et son affluent, la Moldau, en emmènent les eaux vers la mer du Nord.

De riches régions agricoles s'y rencontrent; mais la Bohême est surtout un pays qui abonde en mines; la houille, le fer et le cuivre y sont très répandus, et ont fait de la Bohême un pays de grande industrie.

6° La **région des Karpates** dessine, à l'est de la plaine de Hongrie, un long arc-de-cercle de 1450 kil. de développement. Elle comprend le *massif du Tatra*, le *Waldgebirge*, et le *plateau de Transylvanie* qui s'incline doucement vers la Hongrie, mais se termine en abrupt sur la plaine de Roumanie qu'il domine de sommets dont l'un dépasse 2500 mètres.

Le climat en est rude. L'absence de larges vallées n'y favorise pas la vie, comme dans les Alpes. Les ressources pourtant ne manquent pas; ce sont, avant tout, des forêts et des gisements miniers, lesquels sont particulièrement abondants dans le bassin de Transylvanie.

7° Les **plaines orientales** sont constituées par les terrasses qui flanquent les Karpates à l'est : ce sont la *Galicie*, la *Podolie* et la *Bukovine*. Leur climat est continental, excessif; c'est déjà le climat russe. Mais des limons fertiles en recouvrent le sol et favorisent la culture des céréales.

Population. — L'Autriche-Hongrie compte 49 900 000 hab., soit 73 en moyenne par kil. carré, juste autant que la France. Une émigration assez active depuis quelques années empêche cette population de s'accroître très rapidement.

Cette population est profondément divisée en un grand nombre de races. Formée de régions disparates et placée sur une des principales routes européennes de circulation, l'Autriche-Hongrie comprend des représentants de presque toutes les principales races européennes. La race blanche y est représentée par des *Germains* (Allemands), par des *Slaves* (Tchèques, Polonais, Ruthènes, au nord, Croates, Serbes et Slovènes, au sud), par des *Latins* (Roumains, Italiens), par des *Juifs*. La race jaune est représentée par les *Hongrois* ou *Magyars*.

L'élément ethnique le plus important est l'élément slave qui représente près de la moitié de la population totale; mais les Slaves sont divisés géographiquement et subdivisés en groupes distincts. Les Allemands forment un quart de la population; les Hongrois en forment un cinquième.

La différence entre ces peuples n'est pas moindre au point de vue religieux. Le catholicisme domine de beaucoup en Autriche-Hongrie; mais on y trouve aussi des protestants, des orthodoxes, des juifs, des musulmans. L'Autriche-Hongrie est sans doute la région d'Europe qui présente les populations les plus disparates.

Organisation politique et villes. — Chacune des nationalités qui constituent l'Autriche-Hongrie revendique, avec plus ou moins d'ardeur, son autonomie; par suite, la vie politique y est des plus troublées. Il semble que l'Autriche-Hongrie tende soit vers le fédéralisme, soit vers le séparatisme. Toutefois, jusqu'à présent, deux nationalités seulement ont fait aboutir leurs revendications, l'Autriche et la Hongrie.

Depuis 1867, l'empire austro-hongrois est gouverné, sous la suzeraineté d'un seul empereur, par un gouvernement double : un *gouvernement autrichien*, qui siège à Vienne et administre la Cisleithanie ou pays situés en deçà de la Leitha; un *gouvernement hongrois*, qui siège à Buda-Pest et administre la Transleithanie. Trois ministères sont communs aux deux pays, affaires étrangères, armée et marine, finances.

1° L'**Autriche** ou **Cisleithanie** a pour capitale **Vienne**, sur le Danube; cette ville doit son importance à sa situation au point de croisement des voies ferrées qui traversent l'Europe en diagonale, de Paris à Constantinople, de Pétersbourg ou de Moscou à Rome.

Les autres principales villes sont *Trente, Innsbrück, Laybach* et *Graz*, dans la région des Alpes; le grand port de *Trieste* et *Raguse*, dans la région adriatique; *Prague* et *Pilsen*, en Bohême; *Brünn*, en Moravie; *Cracovie, Lemberg* ou *Lwow*, et *Czernowitz* dans les plaines orientales.

2° La **Hongrie** ou **Transleithanie** a pour capitale **Buda-Pest**, formée de deux villes que sépare le Danube.

Les autres villes sont *Presbourg, Szegedin, Szabadka* et *Debreczen*, marchés agricoles dans la plaine de Hongrie; *Kolosvar*, dans la Transylvanie; *Agram* ou *Zagreb*, dans les pays slaves du sud.

Développement économique. — Au point de vue économique, il faut distinguer l'Autriche et la Hongrie.

L'Autriche, qui est en majeure partie couverte de montagnes, a des forêts, des pâturages, et relativement peu de cultures. C'est un pays agricole assez médiocre.

Par contre, elle a une activité industrielle assez développée. L'industrie métallurgique est florissante dans certaines parties des Alpes orientales, notamment en Styrie autour de Graz. Mais la grande région industrielle est la *Bohême* qui possède de la houille et des minerais, des industries métallurgiques, de très importantes raffineries qui assignent à l'Autriche-Hongrie le second rang parmi les principaux pays sucriers, des verreries dès longtemps réputées, et enfin des fabriques de textiles divers.

La **Hongrie**, au contraire, est surtout agricole. C'est une importante région d'élevage (chevaux et moutons); elle produit des vins renommés (vins de Tokaï); surtout, ses terres d'alluvions constituent un sol excellent pour la culture des céréales qui y donnent des produits supérieurs.

L'agriculture fournit ses principaux articles d'exportation à la Hongrie qui, par contre, est obligée d'importer une grande partie des articles industriels dont elle a besoin. Toutefois, une grande poussée industrielle commence à se produire en Hongrie, et les industries qui gravitent autour de l'agriculture y ont fait de réels progrès en ces dernières années.

L'Autriche-Hongrie, qui manque d'unité au point de vue physique et politique, n'a donc pas davantage d'unité économique. I semble que, par suite de la diversité des nationalités qui le composent, ce pays soit appelé à se morceler de plus en plus : C'est aujourd'hui un empire à deux têtes; si les revendications des Slaves et des Roumains l'emportent, le dualisme fera place à un morcellement bien plus grand.

Lectures et Développements.

L'Autriche-Hongrie manque d'unité physique et ethnique. — Le noyau de la monarchie austro-hongroise est l'ancienne marche d'Autriche, fondée par Charlemagne sur le Danube autour de Vienne, pour faire face aux populations slaves et magyares de l'Est. Devenu possession de la maison de Habsbourg au XIIIᵉ siècle, ce noyau primitif s'est étendu de toutes parts, au sud sur les Alpes orientales jusqu'à la mer Adriatique, au nord-ouest sur la Bohême, au nord-est sur une partie des plaines de l'ancienne Pologne, à l'est sur la Hongrie, tout récemment encore au sud-est sur la Bosnie-Herzégovine.

L'Autriche-Hongrie est ainsi un produit de la politique, non de la nature. Il en résulte une double conséquence :

1° *Elle manque d'unité physique.* En effet, sauf du côté de l'Adriatique et un peu du côté des Karpates, elle n'a pas de frontières naturelles. Elle se compose de pays tout différents d'aspects, de ressources, de mœurs, d'intérêts : la *Bohême*, d'une si belle unité géographique dans son losange de hauteurs, avec son centre naturel Prague et les deux grandes rivières, Elbe et Moldau, qui la sillonnent suivant les diagonales ; le monde fermé des *Karpates* et de la *Transylvanie*, montagneux et boisé ; la *Pologne* et la *Galicie*, fragment de

SALZBOURG.

Sur un promontoire très pittoresque, dominant une assez large vallée, Salzbourg est une des principales villes des Alpes autrichiennes : c'est un lieu de villégiature très fréquenté.

la grande plaine de l'Europe du nord ; le *Tyrol autrichien*, qui rappelle surtout la Suisse ; la *Bosnie-Herzégovine*, morceau des Balkans ; les *plaines du Danube*, qui forment presque autant de petits mondes séparés.

Le Danube établit, par lui-même et par ses principaux affluents, un certain lien entre ces pays si profondément divers. Mais les relations de l'un à l'autre n'en restent pas moins assez malaisées. Quelques régions naturelles résistent à l'attraction du Danube, comme la Bohême, comme la Pologne autrichienne, qui penchent vers d'autres centres naturels.

2° *Elle manque d'unité ethnique.* La grande voie du Danube a livré passage à nombre de migrations de peuples. Le manque d'unité géographique favorisait l'établissement de peuples différents dans les différents cadres naturels que le pays offrait. De là, parmi les habitants actuels de l'Autriche-Hongrie, une très grande variété de races dont aucune n'est vraiment dominante.

L'Autriche-Hongrie compte parmi ses habitants des *Roumains* au sud-est, des *Italiens* dans la région de Trieste et dans celle de Trente, des *Juifs* disséminés un peu dans tout l'empire et nombreux surtout dans les grandes villes comme Vienne, ainsi que dans les plaines situées par delà les Karpates.

Trois races sont prépondérantes : les *Slaves* sont les plus nom-

LES RACES HUMAINES EN AUTRICHE-HONGRIE.

L'antagonisme des races qui l'habitent forme le facteur principal du développement politique de l'Autriche-Hongrie. Les deux races qui ont le pouvoir n'occupent qu'une petite partie du pays : les Allemands à l'ouest, les Magyars ou Hongrois au centre. Tout le nord (Tchèques, Slovaques, Polonais, Ruthènes), et tout le sud (Slovènes, Croates, Serbes) sont occupés par les Slaves qui sont les plus nombreux mais sont, malheureusement pour leur influence, très divisés. Les Roumains forment un groupe compact sur le plateau de Transylvanie et dans les Karpates, à l'est. Le petit groupe d'Italiens du sud-ouest (Trieste et Trente) est peu nombreux, mais n'est pas négligeable.

breux, et représentent près de la moitié de la population totale de l'Autriche-Hongrie ; mais, d'une part, ils sont répartis géographiquement en deux groupes qui n'ont pas de point de contact, les Slaves du Nord en longue traînée sur les frontières russe et allemande, les Slaves du Sud à la lisière de la région des Balkans ; de l'autre, ils sont subdivisés en groupes secondaires qui n'ont ni les mêmes traditions ni les mêmes aspirations, Tchèques de Bohême, Polonais, Ruthènes de Galicie, Croates, Serbes, Slovènes ; — les *Allemands* forment un groupe bien plus compact sur les deux rives du Danube à l'ouest et dans les Alpes orientales; ils sont prépondérants au point de vue politique et intellectuel, puisque leur langue est celle du souverain, des classes éclairées, du haut commerce et de l'industrie, mais ils ne représentent qu'un quart seulement de la population totale; — les *Magyars* ou *Hongrois*, également bien groupés dans la plaine de Hongrie, sont moins nombreux encore et ne représentent qu'un cinquième de cette population.

La confusion des langues se joint à celle des races. On parle plus de vingt langues différentes en Autriche-Hongrie. « Un propriétaire de la région de Temesvar doit savoir parler le latin pour la lecture des anciennes pièces officielles qui sont ses titres de jouissance, l'allemand pour ses relations avec Vienne et l'acquisition de tout produit industriel, le hongrois pour la vie courante et pour pouvoir parler à la Diète de sa province, le roumain et le serbe pour pouvoir se faire comprendre de ses ouvriers. » Les villes hongroises portent en général deux noms, un nom magyar et un nom allemand (Pozony et Presbourg, Vacz et Waitzen, etc.).

Aucun pays d'Europe, la péninsule balkanique exceptée, ne présente une telle mosaïque de races et de langues, un tel chaos. Nulle part aussi, les revendications des diverses nationalités ne sont plus âpres, ni les habitudes nationales plus jalousement gardées. Tous les grands problèmes qui intéressent l'Autriche-Hongrie touchent à sa population.

Phot. Johannès.

PAYSANNE DU PUSTERTHAL.

Le Pusterthal, dans le Tyrol autrichien, est la haute vallée de la Drave, un des principaux affluents du Danube.

Le plateau de Bohême. — La Bohême forme la partie nord-ouest de l'Autriche-Hongrie. On dit généralement en parlant d'elle le *quadrilatère* de Bohême. Elle a en effet, la forme d'un quadrilatère encadré par des murs montagneux, *Bœhmerwald* au sud-ouest, *Erz-Gebirge* au nord-ouest, *Riesen-Gebirge* et *monts Sudètes* au nord-est. C'est seulement vers le sud-est, du côté de l'Autriche, que les hauteurs sont peu accentuées. Néanmoins les eaux de la Bohême ne s'écoulent pas dans cette direction qui les mènerait au Danube et à la mer Noire; par l'Elbe, elles s'écoulent dans la direction de l'Allemagne et de la mer du Nord.

La Bohême est formée de roches anciennes. Son sol n'est pas très favorable à l'agriculture, bien que celle-ci soit prospère dans quelques régions (betterave, houblon, orge, lin). Mais il abonde en houille et en minerais qui ont amené un développement industriel très important. La Bohême est la partie de l'Autriche-Hongrie qui possède l'industrie la plus active. Prague, Pilsen, Reichenberg en sont les centres principaux.

La Bohême est habitée par la nationalité tchèque. Les Tchèques forment le plus nombreux et en même temps le plus civilisé des différents groupes slaves de l'empire austro-hongrois. Ils sont très fiers de leurs souvenirs nationaux, de leur langue et de leur littérature, de leur Université dont Prague est le chef-lieu. Les Allemands se multipliaient naguère en Bohême et menaçaient d'y devenir l'élément prépondérant; mais les Tchèques se sont organisés pour maintenir leur nationalité; ils ont créé de nombreuses écoles. Il existe dans

DANS LA PUSZTA.

Le puszta hongroise est une grande plaine nue, une steppe aux horizons infinis sur lesquels se détachent seuls les grands bras de puits à potence autour desquels sont groupés des troupeaux de poulains ou de bœufs blancs aux cornes énormes.

le Parlement d'Autriche un parti tchèque qui réclame pour la Bohême des droits analogues à ceux que la Hongrie a déjà obtenus.

La plaine de Hongrie. — La Hongrie est la plaine la plus étendue de l'Europe centrale. Elle occupe l'emplacement d'un ancien lac. La surface en est formée de terrains de transport et de limons pouvant atteindre une épaisseur de plus de 100 mètres. Loin des routes, on y chercherait vainement un caillou. La platitude en est telle qu'il serait difficile d'y trouver un monticule dépassant de 30 mètres le Danube qui y coule dans la partie la plus basse.

Le climat en est continental, médiocrement humide, extrême. Les sécheresses et les pluies semblent se succéder par caprices; d'interminables déluges noient le sol qu'une longue sécheresse avait craquelé. Des vents violents soulèvent la poussière en tourbillons. Pendant les hivers, qui sont très rudes, la neige est souvent abondante.

La plaine de Hongrie est presque exclusivement agricole. La région de l'Alfœld, ou bas pays, comprise entre le Danube et la Tisza, donnerait, dit-on, le blé du monde le plus riche en gluten. Les parties orientales, moins arrosées, forment la *puszta*, sorte de steppe, analogue à la grande plaine russe, qui est surtout utilisée pour l'élevage, principalement pour l'élevage du cheval et du bœuf.

Les Hongrois ou Magyars sont un peuple de race asiatique venu en Europe lors des invasions, il y a environ un millier d'années. Ils conservent dans leurs habitudes de vie comme un souvenir de leurs anciennes mœurs nomades; les villes et les bourgs, à l'exception de

VIENNE.

La capitale allemande de l'Autriche-Hongrie. Vienne, située au point de croisement des grandes voies qui traversent l'Europe en diagonale, au centre du continent européen, est une très grande ville. C'est aussi une très belle ville, la plus belle capitale d'Europe après Paris.

la capitale, sont des agglomérations de maisons en bordure sur des rues sablées où des chevaux en troupeaux galopent à l'aise; il faut quelquefois plusieurs heures pour les traverser. Ils pratiquent le christianisme auquel ils sont convertis depuis longtemps. L'esprit chevaleresque est un des traits particuliers de leur nature.

Le dualisme austro-hongrois. — L'Autriche et la Hongrie forment en réalité, depuis 1867, deux États distincts. Ils ont un même

souverain qui porte les deux titres d'empereur d'Autriche et de roi de
Hongrie. Certaines affaires sont administrées en commun pour les
deux pays, affaires étrangères, armée et marine, finances. Tout le
reste est distinct. Chacune des deux moitiés de l'empire a sa constitution, son parlement, son ministère, son budget. Ce sont deux États
sous un seul chef. C'est ce qu'on nomme le dualisme austro-hongrois. L'empire d'Autriche-Hongrie est représenté par un aigle à deux
têtes, qui symbolise ainsi ce dualisme.

D'autres nationalités réclament à leur tour l'autonomie qui n'appartient jusqu'à présent qu'aux Allemands et aux Hongrois. Les
Tchèques et les Croates ont obtenu quelques concessions qu'ils

BUDAPEST.

*La capitale hongroise de l'Autriche-Hongrie. Elle se compose de deux villes que
le Danube sépare : une ville haute, Buda ou Ofen, groupée au pied d'une forteresse qui domine la rive droite du Danube ; une ville basse, Pest, qui est de
construction toute récente. Importante escale de navigation sur le Danube e
entrepôt des blés de la Hongrie, Buda-Pest s'est beaucoup accrue depuis un
quart de siècle.*

jugent insuffisantes. Leurs revendications incessantes et celles des
Roumains sont une cause de troubles constants dans la vie intérieure
de la monarchie austro-hongroise.

Enfin, il faut se rappeler qu'un parti italien réclame pour l'Italie la
possession du Trentin, du port de Trieste et de la province de
l'Istrie, qui sont habités par des populations de race et de langue
italiennes. Ce sont les *irrédentistes*, ainsi appelés parce que ces pays
italiens qui obéissent à un pouvoir étranger forment pour eux une
Italie non rachetée, *Italia irredenta*. Le parti irrédentiste a provoqué,
à diverses reprises, des troubles graves, notamment à Trieste. La
question irrédentiste nuit aux bons rapports de l'Autriche et de
l'Italie, bien qu'elles fassent actuellement partie l'une et l'autre de la
Triple-Alliance.

§ 9. — L'ALLEMAGNE

L'Allemagne n'a de frontières naturelles qu'au nord, du côté de la mer du Nord et de la mer Baltique. Cette absence de frontières naturelles a permis de déplacer maintes fois ses bornes réelles suivant les vicissitudes de la politique.

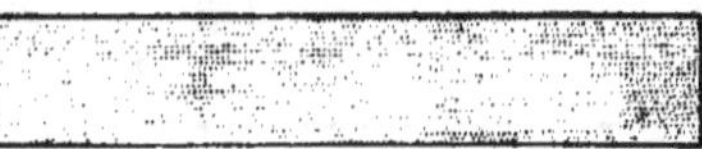

Allemagne, 540.000 k.c.   **France, 536.000 k.c.**

ÉTENDUES COMPARÉES DE LA FRANCE ET DE L'ALLEMAGNE.

Allemagne 60 641 000 Hab.   **France 39 337 000 Hab.**

POPULATIONS COMPARÉES DE LA FRANCE ET DE L'ALLEMAGNE.
La France est à peine inférieure en étendue à l'empire d'Allemagne, mais elle compte un tiers en moins d'habitants.

Ses limites actuelles datent des traités de 1864, 1866 et 1871 conclus avec le Danemark, l'Autriche et la France.

L'empire d'Allemagne va de la mer du Nord et de la Baltique à la Suisse et à l'Autriche-Hongrie, des Pays-Bas et de la France à la Russie. Il mesure 540 000 kilomètres carrés, soit un peu plus que la France (536 000 kil. carrés).

Géographie physique. — L'Allemagne se décompose en deux grandes régions : au sud, une région de montagnes et de plateaux; au nord, une région de plaines.

1° **L'Allemagne du Sud** fait partie de la région de montagnes moyennes et de plateaux qui, tout autour du soulèvement alpin, forme une sorte de transition entre ce soulèvement et la région des grandes plaines. Elle comprend du sud au nord : 1° le *plateau bavarois* couvert de lacs d'origine glaciaire et de graviers infertiles; — 2° le *massif Vosges-Forêt-Noire*, avec ses montagnes cristallines, qui n'atteignent nulle part 1500 mètres d'altitude et se font face des deux côtés de la plaine d'Alsace, et le *plateau souabe-franconien* avec le Rauhe-Alp et le Jura franconien; — 3° le *massif schisteux rhénan*, Hardt, Eifel, Hunsrück,

Taunus, que de nombreuses vallées découpent profondément, et la *Hesse-Thuringe*, formée de massifs volcaniques et primaires, Rhoen, Vogelsberg, Thüringerwald, Harz.

La plupart de ces massifs n'atteignent pas ou dépassent à peine 1000 mètres; mais ils sont pittoresques, boisés, et constituent un obstacle aux relations. A cause de cela, presque toutes les plaines qu'ils encadrent ont donné naissance à une région particulière, à un État qui resta longtemps distinct.

Deux grands fleuves concentrent la presque totalité des eaux de cette partie de l'Allemagne : 1° le *Danube*, qui naît dans la Forêt-Noire et coule au nord du plateau bavarois où il reçoit l'Iller, le Lech et l'Isar; — 2° le *Rhin*, qui arrive de Suisse, traverse la plaine d'Alsace, puis le massif schisteux rhénan par une suite de gorges encaissées avant d'arriver dans son cours inférieur; il reçoit en Allemagne l'Ill, qui arrose l'Alsace, le Neckar et le Main qui lui apportent les eaux du plateau souabe-franconien, et la Moselle qui descend du plateau lorrain.

2° L'Allemagne du Nord est une des parties de la grande plaine qui couvre toute l'Europe septentrionale. De relief très uniforme, elle comprend, du sud au nord : d'abord des régions de limons fertiles (*Saxe* et *Silésie*) qui constituent d'excellentes terres agricoles; une sorte de dépression centrale, en partie marécageuse, constituée par des sables et couverte de landes stériles (*Brandebourg, landes de Lünebourg*); enfin, les plateaux baltiques couverts de dépôts glaciaires et de lacs.

Toute cette plaine est soumise à un climat continental dont les caractères excessifs s'accusent à mesure qu'on s'éloigne des Pays-Bas vers la Russie.

De nombreux fleuves à peu près parallèles, orientés du sud-est vers le nord-ouest, arrosent l'Allemagne du Nord : le *Weser*, grossi de l'Aller; l'*Elbe*, grossie de la Saale et de la Havel-Spree; l'*Oder*, grossi de la Wartha-Netze; la *Vistule*, grossie du Boug. Par l'effet de la pente faible et du climat continental, ils ont naturellement un cours tortueux et un régime irrégulier; mais par des procédés multiples, dragages, construction d'épis noyés, établissement de digues, on les a améliorés, transformés.

L'Allemagne du Nord se termine sur la mer du Nord et sur la Baltique par des côtes inhospitalières dont les meilleurs abris sont offerts par les estuaires fluviaux. La côte de la mer du Nord, basse et incertaine, exposée à la menace des flots contre lesquels on a dû la défendre à l'aide de digues, est bordée par les *îles Frisonnes*. La côte de la mer Baltique est plate, échancrée seulement par des baies peu profondes, ou *haffe*, entièrement ou partiellement isolées de la mer par des lignes de dunes.

3° En résumé, l'Allemagne du Sud, qui est couverte de bois ou de landes sur ses parties montagneuses, a de riches terres à cultures dans ses plaines et dépressions (Alsace, plateau souabe-franconien, dépressions de la Hesse-Thuringe); elle possède de riches mines de houille et de fer qui ont favorisé l'industrie. L'Allemagne du Nord est absolument déshéritée au point de vue minier; quant au point de vue agricole, si l'on excepte la région des limons de Saxe et de Silésie, qui convient aux cultures riches (betteraves, blé, etc.), elle est très pauvre, couverte de tourbières et de plantes; elle se prête surtout à la culture de la pomme de terre qui est la grande ressource vivrière.

Dans l'ensemble, l'Allemagne est bien fournie de mines; elle est médiocrement favorisée du côté agricole.

Population. — Faute de frontières naturelles vers l'est et vers l'ouest, l'Allemagne n'a pas une unité ethnique complète. Toutefois, le fond essentiel de sa population est formé par la race germanique. Les traits caractéristiques de cette race sont une haute taille, des cheveux blonds, des yeux bleus. On distingue d'ailleurs les Allemands du sud, qui parlent le *hochdeutsch* et sont en majorité catholiques, et les Allemands du nord, qui parlent le *plattdeutsch* et sont en majorité protestants.

Il faut noter les deux points suivants : 1° il y a des Germains hors d'Allemagne, en Autriche, en Suisse, en Russie, sans parler de ceux qui ont émigré vers les États-Unis, le Brésil ou l'Argentine; — 2° il y a en Allemagne des populations non germaniques, des *Polonais* dans la partie annexée de l'ancienne Pologne, des *Français* en Lorraine, des *Danois* dans la presqu'île du Jutland, etc.

La population totale de l'Allemagne s'élève à 60 641 000 habitants; l'Allemagne est l'État le plus peuplé de l'Europe après la Russie. Cette population s'accroît vite parce que la natalité est forte, la mortalité et l'émigration beaucoup plus faibles. L'Allemagne gagne, année moyenne, environ 800 000 habitants.

Ce chiffre de population correspond à une densité moyenne de 112 habitants par kilomètre carré. Mais la densité véritable varie beaucoup d'une région à l'autre. Les régions les plus peuplées sont les plaines limoneuses de Saxe et de Silésie,

ainsi que les principales régions minières de l'Allemagne du
Sud : depuis trente ou quarante ans en particulier, ces régions
se sont couvertes d'agglomérations industrielles qui ont eu un
accroissement rapide et considérable. Les régions les moins
peuplées sont celles qui avoisinent la mer Baltique; la densité y
tombe au-dessous de 50, habitants par kilomètre carré.

Organisation politique. — Par suite du morcellement naturel de son sol, du moins dans l'Allemagne du Sud, l'Allemagne
fut longtemps morcelée politiquement en un grand nombre
d'États : on disait *les Allemagnes* et non l'Allemagne. L'unité
allemande est un fait moderne. Elle date seulement de 1871.

L'Allemagne forme un empire fédéral constitutionnel qui
comprend 26 États, savoir : 4 royaumes (Prusse, Bavière, Saxe,
Wurtemberg), 6 grands-duchés (principaux : Bade, Hesse),
5 duchés, 7 principautés, 3 villes libres (Hambourg, Brême,
Lübeck), et une Terre d'Empire (Alsace-Lorraine).

Le pouvoir exécutif appartient à un empereur allemand héréditaire, assisté d'un chancelier qu'il nomme : la fonction d'empereur revient héréditairement au roi de Prusse.

Le pouvoir législatif appartient : 1° à un *Bundesrath*, composé de 58 plénipotentiaires nommés par les chefs des États
fédérés en nombre proportionnel à l'importance de chacun;
2° à un *Reichstag*, composé de députés élus pour cinq ans au
suffrage universel.

C'est l'empire qui règle toutes les questions relatives à
l'armée et à la marine, aux relations diplomatiques et commerciales, aux chemins de fer, aux postes et télégraphes. Il a un
budget distinct alimenté par les revenus des douanes, par les
revenus des postes et télégraphes, par les impôts perçus sur
certains objets de consommation (sucre, sel, tabac, eau-de-vie,
bière).

L'unité allemande a contribué puissamment au développement
de toute l'Allemagne : en abaissant les barrières douanières qui
séparaient auparavant les États confédérés, — en permettant de
compléter et d'unifier le réseau des voies de communication de
terre et d'eau, — en excitant et en protégeant l'industrie, — en
créant des débouchés commerciaux par des traités de commerce,
— en proclamant les principes de la politique mondiale ou *Welt-
politik*, en vertu de laquelle les Allemands se sont créé des
intérêts dans tous les pays de la terre.

Principaux États allemands et villes. — Les États allemands sont d'étendue et de population très différentes. Ce qui frappe dans tous depuis quelques années, c'est l'accroissement des villes ; l'Allemagne compte aujourd'hui 39 villes de plus de 100 000 habitants.

1° Le **royaume de Prusse** est de beaucoup le plus important de tous les États allemands ; il occupe les deux tiers de l'étendue de toute l'Allemagne. Au reste, ce n'est pas, tant s'en faut, la partie la plus riche de l'empire ; son climat est rude, son sol souvent ingrat. Le Prussien est moins sentimental, moins poétique que l'Allemand du Sud ; par contre, il a plus d'énergie et de persévérance, et ce sont ces qualités qui lui ont permis d'imposer son hégémonie au reste de l'Allemagne où sa raideur n'est pas toujours sympathique.

La capitale de la Prusse est **Berlin,** sur la Sprée, dans le Brandebourg, elle occupe, entre l'Elbe et l'Oder, le centre de l'Allemagne ; de là vient son importance.

Les autres villes principales sont : à l'est, *Koenigsberg* et le port de *Danzig,* en Prusse ; *Breslau,* en Silésie ; — au centre, *Francfort-sur-l'Oder, Stettin,* le port fédéral de *Kiel, Hanovre* et *Magdebourg* ; — à l'ouest, *Francfort-sur le-Mein,* et les villes industrielles de *Cologne, Barmen, Essen, Düsseldorf, Crefeld* et *Aix-la-Chapelle,* dans la région rhénane.

2° Le **royaume de Bavière,** au sud-ouest de l'Allemagne, est de tous les États allemands celui qui se plie le plus malaisément à l'hégémonie prussienne.

Il a pour capitale **Munich,** sur l'Isar ; pour autres villes notables, *Ratisbonne* sur le Danube, la pittoresque et industrielle ville de *Nuremberg* en Franconie, le port de *Ludvigshafen* sur le Rhin.

3° Le **royaume de Saxe,** sur l'Elbe, au sud du Brandebourg, est extrêmement riche par sa fertilité comme par ses mines ; c'est la partie la plus peuplée de l'Allemagne.

Il a pour capitale **Dresde,** sur l'Elbe ; pour autres grandes villes, la ville universitaire de *Leipzig,* les villes industrielles de *Chemnitz* et de *Zwickau.*

4° Le **royaume de Wurtemberg,** sur le Neckar, a pour capitale *Stuttgart,* et pour autres villes *Ulm,* sur le Danube, *Heilbronn* et *Tübingen.*

5° Dans les États secondaires on peut citer comme villes importantes : *Carlsruhe* et *Mannheim,* dans le Grand-Duché de

Bade; *Strasbourg*, *Mulhouse* et *Metz*, en Alsace-Lorraine; *Mayence*, dans la Hesse; *Weimar* et *Gotha*, villes d'étude et d'établissements scientifiques, dans les duchés de Saxe.

On doit faire une place à part aux trois villes libres : *Lübeck*, ancienne capitale de la Hanse, aujourd'hui en décadence; *Brême*, grand port sur le Weser; *Hambourg*, sur l'Elbe, port de premier ordre qui est devenu le plus important de l'Europe entière après celui de Londres.

Développement économique de l'Allemagne. — L'essor économique de l'Allemagne ne date réellement que de l'unité allemande, mais il a été merveilleusement rapide.

1° **L'agriculture** allemande a réalisé des progrès qui font honneur à l'esprit méthodique et scientifique des habitants. Des aménagements variés, irrigations, desséchements, amendements, engrais, ont gagné à la culture une partie des terrains jadis incultes. Les céréales, la pomme de terre, la betterave, le houblon, le tabac, prospèrent notamment dans les plaines fertiles de l'Alsace et de l'Allemagne rhénane, ainsi qu'en Saxe et en Silésie. Les vignobles d'Alsace et du Taunus donnent des vins renommés. L'élevage, qu'on pratique surtout dans les régions littorales de la mer du Nord et de la Baltique, est florissant.

Mais, malgré ses progrès, l'agriculture allemande est loin de pouvoir satisfaire aux besoins du pays qui doit importer la majeure partie de son alimentation.

2° **L'industrie** est, au contraire, tout à fait remarquable. Riche en charbon et en fer, l'Allemagne est devenue une puissance métallurgique inférieure seulement aux États-Unis; les industries textiles (principalement l'industrie des laines et celle du coton) sont les plus importantes après celles de l'Angleterre et des États-Unis; l'industrie sucrière a pris une extension dont celle des autres pays n'approche pas.

Les trois grands centres industriels sont les trois principales régions minières : la *région rhénane* et particulièrement la partie qui avoisine le bassin houiller de la Ruhr (Essen, Barmen, Elberfeld, Cologne, Düsseldorf, Crefeld, Aix-la-Chapelle); la *Saxe*, avec Zwickau et Chemnitz; la *Silésie*, avec Koenigshutte, Beuthen, Goerlitz, Schweidnitz. — D'autres groupes secondaires existent en Alsace (Mulhouse), etc.

3° Le **commerce** s'est élevé de 5 à 6 milliards de francs vers

1875 à 17 milliards de francs aujourd'hui. La Grande-Bretagne, sans rivale jadis comme pays industriel, commence à être envahie par les produits allemands. L'Allemagne occupe une place importante sur la plupart des marchés du monde; il n'est aucun pays où elle ne se soit créé des intérêts plus ou moins grands.

4° Un grand besoin d'expansion a été la conséquence immédiate de tous ces progrès économiques.

L'Allemagne est devenue puissance coloniale. Elle occupe : en Afrique, le *Togoland* et le *Cameroun*, sur le golfe de Guinée; le *Sud-Ouest africain allemand*, au nord-ouest du Cap; l'*Est africain allemand*, sur l'océan Indien, près de Zanzibar; — en Océanie, une partie de la *Nouvelle-Guinée*, quelques petits archipels, *Bismarck, Salomon, Carolines, Mariannes*. Terres médiocrement peuplées, en somme, et peu avantageuses. Dernière venue dans le domaine colonial, l'Allemagne a dû se contenter des morceaux dont personne, d'abord, n'avait voulu.

Au reste, l'expansion de l'Allemagne se fait peu du côté des colonies allemandes. L'émigration qui part d'Allemagne, et qui certaines années a été très importante, se dirige principalement vers trois pays américains, les États-Unis, le Brésil méridional et les États de la Plata. Ces émigrés allemands restent généralement en relations suivies avec leur pays d'origine; ils constituent d'excellents courtiers pour les produits industriels de la métropole.

Lectures et Développements.

Les plateaux du Sud et la plaine du Nord. — Rien de plus différent que les deux moitiés de l'Allemagne, le Sud et le Nord.

Le Sud est une région pittoresque, variée. Les plaines n'y manquent pas, mais elles sont toujours de peu d'étendue. Elles sont encadrées par des soulèvements montagneux, dont aucun n'atteint à 1700 mètres, et qui sont orientés suivant deux directions se coupant à angles droits, les uns du sud-ouest au nord-est, les autres du sud-est au nord-ouest. Ces soulèvements montagneux, et surtout les vastes étendues de forêts qu'ils portent, forment aux plaines de l'Allemagne du Sud des cadres isolants qui ont déterminé la constitution de petits États. L'Allemagne du Sud n'a été longtemps qu'une collection de petites individualités géographiques groupées autour d'un fleuve et encadrées par une ceinture de montagnes boisées.

La Bavière, c'est le bassin supérieur du Danube; la Souabe, celui du Neckar; la Franconie, celui du Main, etc.

Le Nord ne forme, au contraire, qu'une grande plaine pauvre et monotone. Le sol y est constitué de terrains de transport, de sables maigres. Les pierres y sont si rares par endroits, qu'un géologue de Brandebourg note comme un des évenements de sa vie la première visite qu'il fit dans une carrière. Des bois de pins, des landes, des

LE KÖNIGSSEE.

Vers le sud, l'Allemagne se prolonge jusqu'aux grandes Alpes. Les Alpes bava-
roises sont fort pittoresques, non seulement à cause de leurs hauts sommets
mais encore à cause des lac qui s'y trouvent et dont le plus fameux e t le
Königssee.

mares, donnent au pays un aspect analogue à celui de notre Sologne. Il a fallu un travail acharné, les efforts inlassables de ceux qu'on a appelés les princes colonisateurs de la Prusse, pour mettre un peu ce sol en valeur. La plaine du Nord est aussi monotone que les plateaux du Sud sont variés : elle est aussi pauvre généralement qu'ils sont riches. Mais, alors qu'ils favorisent le morcellement territorial, elle se prête à la formation d'une grande domination. Le royaume de Prusse s'étend aujourd'hui sur presque toute l'étendue de la plaine allemande du Nord.

Les cours d'eau d'Allemagne. — Les cours d'eau de l'Allemagne ont une importance considérable en ce qui concerne les communications et le développement économique. Ils appellent les observations suivantes :

1° Considérés individuellement, ce sont des fleuves de plaine à pente généralement assez faible, et par suite accessibles à la marée dans tout leur cours inférieur jusqu'à une assez grande distance de la mer. Mais, à l'exception du Rhin qui est alimenté par les glaciers

LE TITISEE.

C'est le lac le plus beau de la Forêt-Noire. Ce massif de vieilles montagnes qui fait face aux Vosges, à l'est du Rhin, rappelle tout à fait les Vosges par la forme de ses sommets arrondis, par ses prés et par ses forêts de sapins. Il s'abaisse brusquement sur le Rhin, à l'ouest, et en longues pentes vers le Wurtemberg, à l'est.

et les neiges des Alpes, ce sont des fleuves au débit assez pauvre, parce qu'ils prennent leurs sources dans des montagnes moyennes trop peu élevées pour porter des glaciers et des neiges persistantes.

En somme, à l'état naturel, ils se prêtent médiocrement à la navigation ; pour les utiliser, il a fallu multiplier les travaux d'aménagement et de correction. Ces travaux ont varié d'un fleuve à l'autre ; ici, on a fixé le tracé des rives par la construction de digues ; là, on a augmenté le tirant d'eau par la construction d'épis noyés, on a dragué, canalisé.

Aujourd'hui, sur les principaux de ces fleuves, notamment sur l'Elbe, l'Oder et leurs plus gros affluents, circulent des bateaux d'un tirant de 70 à 80 centimètres seulement, mais larges et longs, pouvant porter jusqu'à 400 tonnes de marchandises, c'est-à-dire autant et plus que les péniches qui circulent sur les canaux français : c'est que, si celles-ci ont une profondeur de 2 mètres, elles ont, par suite de la nécessité de passer par les écluses, une longueur limitée strictement à 38 mètres et une largeur limitée de même à 5 mètres.

2° Considérés dans l'ensemble, les fleuves allemands offrent une remarquable disposition générale.

De Thorn, aux limites orientales de l'Allemagne, jusqu'à Hambourg, le pied méridional des hauteurs baltiques est marqué par des lignes de rivières presque ininterrompues. La Netze, la basse Wartha, la

Phot. Levy.

UN BRAS DE L'ELBE A HAMBOURG.

Grâce à la disposition des cours d'eau allemands et à quelques canaux qui ont permis de les unir sans peine, Hambourg sur l'estuaire de l'Elbe, est devenu le principal port de toute l'Allemagne. Il concentre presque tout le commerce des régions de l'Elbe, de l'Oder et même d'une partie de la Vistule avec les pays d'outre-mer. Les bras de l'Elbe sont encombrés, les uns de steamers ou de grands voiliers de mer, les autres — comme celui-ci — de bateaux fluviaux qui distribuent dans l'intérieur de l'Allemagne les matières premières venues du dehors ou qui amènent pour l'exportation les objets fabriqués dans les centres industriels allemands.

Sprée, la Havel et l'Elbe inférieure semblent se prolonger en un même sillon. Entre la Sprée, sous-affluent de l'Elbe, et l'Oder, de même qu'entre la Netze, sous-affluent de l'Oder, et la Vistule, il n'existe que des isthmes étroits et peu élevés : 50 à 60 kilomètres au maximum séparent ainsi les bassins de l'Elbe, de l'Oder et de la Vistule.

Cette disposition a facilité l'établissement de communications fluviales ininterrompues à travers toute l'Allemagne centrale et orientale. Il a suffi de creuser deux canaux très courts pour relier la Vistule, l'Oder et l'Elbe. C'est cette disposition qui explique le grand développement du port de Hambourg, devenu ainsi le port de tout le bassin de l'Elbe, de l'Oder et même d'une partie de celui de la Vistule.

Le peuple allemand. — Tous les habitants de l'Allemagne ne sont pas des Allemands, et l'Allemagne ne comprend pas toutes les populations germaniques de l'Europe.

D'une part, parmi les sujets de l'empire allemand se trouvent des populations annexées qui n'ont rien de germanique ou qui voulaient rester attachées à d'autres pays : ce sont, à l'est, des Polonais, au nord des Danois, à l'ouest des Alsaciens et des Lorrains. Depuis qu'il les a vaincus, le gouvernement allemand a multiplié ses efforts pour les germaniser ; mais ces pays ne cessent de protester contre leur incorporation à l'Allemagne, et restent fidèles à leur nationalité.

D'autre part, on trouve en dehors de l'empire allemand un assez grand nombre d'Allemands en Europe. On peut citer 11 millions d'Autrichiens, 2 300 000 Suisses, 1 500 000 Allemands dispersés en Russie. Il existe, en outre, un élément germanique important dans plusieurs pays de l'Amérique, notamment aux États-Unis et au Brésil.

ALLEMANDES DU SUD.

Les Allemands d'Allemagne sont souvent fort dissemblables d'une province à l'autre, en particulier du nord au sud. L'Allemand du Nord est triste, rude et sévère, peu artiste : tel le Prussien raide, gourmé, automatique, soldat ou fonctionnaire. L'Allemand du Sud, Bavarois par exemple, a bien plus de gaieté et d'abandon expansif. Le dialecte du Nord, ou _plattdeutsch_, diffère sensiblement du dialecte du Sud, ou _hochdeutsch_, devenu la langue de la littérature.

En dépit de ces différences, il existe un type allemand. Au physique, l'Allemand est grand, fort, un peu épais : il a les cheveux blonds et les yeux bleus. Au moral, il est caractérisé par la ténacité, l'ardeur au travail, le respect de la discipline et de l'autorité : ce sont ces qualités qui ont fait du peuple allemand un peuple de soldats qui manœuvrent avec la précision de machines, et aussi un peuple de savants, de chercheurs acharnés, méticuleux, jamais las, auxquels manquent trop souvent la proportion, la mesure et le goût, mais qui ont en partage des qualités peu communes, la profondeur de l'esprit d'analyse et l'aptitude consciencieuse aux patientes investigations.

Pourquoi ce peuple, digne d'estime à tant d'égards, mérite-t-il plus que tout autre le reproche de nourrir pour tout ce qui vient de lui une préférence exagérée, une haine arrogante pour le reste du monde, et d'avoir, par orgueil de la domination, faussé l'histoire, en mettant la force brutale au-dessus du droit et de la justice ?

L'industrie allemande et les grandes régions industrielles. — Trois causes

favorisent spécialement le développement de l'industrie allemande : 1° la richesse de l'Allemagne en houille et en minerais divers ; 2° l'abondance de la main-d'œuvre et, par suite, son bon marché ; 3° le grand nombre de fleuves qui mettent tout le pays en relations faciles avec le dehors.

Longtemps le développement industriel de l'Allemagne fut entravé par le manque d'unité politique, par les rivalités

PAYSAN DE PARTENKIRCHEN.
Allemand du Sud. Partenkirchen est situé dans la Bavière méridionale au pied de la Zugspitze, point culminant des Alpes bavaroises.

intestines qui en résultaient, par les guerres dont l'Allemagne fut le théâtre. Au moment de la formation de l'unité allemande en 1871, l'industrie allemande était presque nulle ; elle ne produisait que des objets de médiocre qualité et de minime valeur. L'unification de l'Allemagne a mis fin aux causes qui contrariaient l'industrie. Au contraire, les victoires de l'Allemagne et son développement politique ont été un stimulant puissant. Méthodiques et tenaces, les Allemands ont traité l'industrie comme une science qui s'apprend. L'Allemagne figure aujourd'hui, avec les Etats-Unis et l'Angleterre, parmi les trois premières puissances industrielles du globe.

La principale région industrielle comprend la Prusse rhénane et la Westphalie. Elle renferme le bassin houiller le plus important de l'Allemagne, celui de la Ruhr, qui donne à lui seul les deux cinquièmes de la houille produite dans tout le pays : il marque l'extrémité orientale de la grande bande houillère qui traverse l'Europe occidentale et dont font partie notre bassin houiller du Nord et du Pas-de-Calais, ainsi que celui de Mons et de Charleroi, en Belgique. Toutes les industries s'y sont développées. C'est à Essen que s'élèvent les fameuses usines Krupp d'où sortent l'artillerie de l'armée allemande, la majeure partie du matériel de chemin de fer, etc. De nombreux tissages de coton et des fabriques de lainages s'y sont

CARTE INDUSTRIELLE DE L'ALLEMAGNE.

L'Allemagne contemporaine est avant tout industrielle; les deux tiers de ses habitants vivent de l'industrie. La région rhénane (acier, soieries, drap), la Saxe (cotonnades et lainages), la Silésie (sucre, drap et toiles) sont les centres industriels les plus actifs.

établis, ainsi que les seules manufactures de soieries prospères en Allemagne. Les matières premières arrivent par le Rhin aménagé pour recevoir de gros bateaux. Les grandes villes se touchent dans cette région qui est une sorte de ruche industrielle constamment active.

La Saxe et la Silésie sont les deux autres régions industrielles principales. Elles ont aussi des industries métallurgiques. Mais elles ont surtout des industries textiles (cotonnades, lainages) et des raffineries pour la production du sucre de betterave. La betterave, qui a besoin d'un sol riche, croît à merveille sur les terres limoneuses de la Saxe. Les cotons et les laines sont amenés des États-Unis, d'Australie ou de l'Argentine à Hambourg, d'où on les transporte par l'Elbe et par l'Oder jusqu'aux centres de transformation. La production des alcools de pomme de terre est considérable également dans ces deux pays où la culture de la pomme de terre, développée scientifiquement, est arrivée à donner des rendements énormes.

L'émigration et la colonisation allemandes. — L'émigration et la colonisation allemandes sont principalement la conséquence de deux faits : 1° l'accroissement rapide de la population allemande qui est d'environ 800.000 individus par an : de 1871 à 1905, la population de l'Allemagne a passé de 40 millions à plus de 60 millions d'habitants ; 2° la nécessité d'écouler les produits d'une activité industrielle d'année en année grandissante.

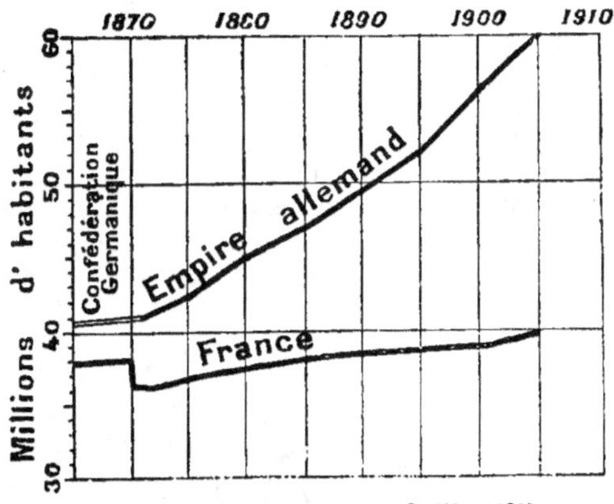

ACCROISSEMENT DE LA POPULATION
DE L'ALLEMAGNE.

La population de l'Allemagne s'accroît très rapidement : ainsi, tandis que de 1871 à 1901, la France n'a gagné que 2 millions d'habitants, l'Allemagne en a gagné 15 millions. Actuellement l'accroissement moyen annuel est d'environ 800 000 habitants.

L'émigration a subi des fluctuations importantes. A partir de 1871, elle augmenta jusqu'à atteindre en 1880 le chiffre de 200 000 départs. Le progrès de l'industrie, en fournissant du travail en abondance, amena un ralentissement très marqué surtout à partir de 1890 : le nombre des émigrants tomba à 20 000, ce qui était insignifiant. Depuis quelques années, il remonte légèrement ; il atteint 30 000 ; mais c'est encore relativement fort peu à proportion de ce qui se passe en Angleterre et surtout en Italie.

L'ÉMIGRATION ALLEMANDE.

Elle fut considérable vers 1880 et resta très importante jusque vers 1892. L'essor industriel de l'Allemagne provoqua alors un ralentissement très marqué dans l'émigration. Celle-ci est actuellement peu importante.

L'émigration se porte peu vers les colonies allemandes qui peuvent être des postes utiles pour servir d'étapes aux navires de l'Allemagne, mais qui ne peuvent former ni des colonies de peuplement, ni des colonies d'exploitation. Les émigrants allemands se portent principalement : 1° vers les États-Unis, où on les trouve en grand nombre dans la région de Saint-Louis et du Mississippi supérieur; 2° au Brésil, où ils forment une importante partie de la population dans les provinces méridionales, notamment dans la province de São Paulo; 3° au Guatemala et dans les pays du Rio de la Plata. En général, ces émigrés allemands restent groupés et forment, dans les pays où ils s'établissent, des communautés ayant leurs administrateurs, leurs

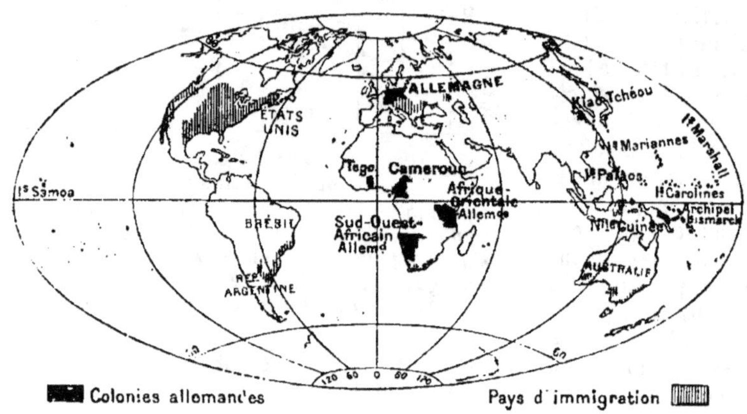

COLONIES ALLEMANDES ET PAYS D'IMMIGRATION ALLEMANDE.

A l'exception de Kiao-Tchéou, en Chine, les Allemands n'ont de colonies qu'en Afrique et en Océanie; ces colonies sont assez étendues, mais généralement peu prospères et peu peuplées. Les Allemands n'émigrent pas dans ces colonies qui sont pour la plupart situées dans la zone chaude et humide dont le climat convient mal aux Européens: ils émigrent principalement dans les États-Unis (90 pour 100 environ), dans le Brésil et les États du Rio de la Plata, dans l'Afrique australe, dans l'Australie du sud-est.

sociétés, leurs écoles. Ils gardent mieux ainsi leur langue natale et leurs usages.

L'Allemagne moderne. — L'Allemagne est aujourd'hui l'une des plus grandes puissances du globe. Ses victoires lui ont donné une des premières places parmi les nations. Elle possède une organisation militaire de premier ordre, et une importante force navale. Elle a consolidé sa puissance jadis exclusivement militaire par un développement économique dont l'essor est remarquable. Enfin par la création de colonies comme par les courants d'émigrants qu'elle envoie de tous côtés, elle s'est donné des intérêts dans toutes les parties du globe. Ainsi, de même qu'une Allemagne belliqueuse et conquérante, celle qui fit l'unité allemande (1850-1870), avait succédé à l'ancienne Allemagne rêveuse et mystique; de même, à l'Allemagne de 1870 s'est substituée une Allemagne nouvelle, industrielle et marchande, préoccupée avant tout, de produire et d'écouler ses produits au mieux.

Cette transformation a modifié à la fois la politique extérieure et les conditions de vie intérieure du pays.

1° La politique extérieure de l'Allemagne a été modifiée. En effet l'industrie et le commerce ont besoin de paix : une guerre jette le trouble dans la production et dans les échanges : il n'est plus aujourd'hui un peuple européen qui ne soit convaincu qu'une guerre serait désastreuse, même pour le vainqueur. Cette assurance s'est imposée à l'Allemagne comme au reste de l'Europe.

À l'heure actuelle, les préoccupations économiques de l'Allemagne

LE CHATEAU DE LA WARTBURG.

Il est situé en Thuringe, au sommet d'une des montagnes boisées du Thüringer Wald. C'est là que le duc de Saxe Frédéric le Sage, cacha Luther, après sa rupture avec le pape, pour le soustraire aux menaces de ses ennemis. Luther a traduit, à la Wartburg, la Bible en langue populaire; il y a précisé sa réforme. On y montre encore des souvenirs de son séjour.

dirigent toute sa politique, ses amitiés comme antipathies. Elle est sans haine pour les puissances dont elle ne redoute point la concurrence commerciale; elle multiplie les prévenances envers celles qui peuvent lui fournir des clients; elle ne se montre prête à la lutte que contre celles qui sont ses rivales sur les marchés mondiaux. Sa politique, jadis dirigée exclusivement contre la France, semble l'être aujourd'hui, et pour cette raison surtout, contre l'Angleterre.

2° L'essor industriel a diminué l'émigration en fournissant aux populations allemandes un travail suffisant; les usines ont attiré les populations rurales, en sorte que les campagnes se dépeuplent au profit des villes. Il en est résulté la formation d'une classe ouvrière nouvelle, qui est nombreuse, agissante, gagnée en partie aux idées socialistes. On calculait en 1873 que l'Allemagne entière ne renfermait pas plus de 60 000 socialistes. Le socialisme a recueilli en 1905 plus de 3 millions de suffrages.

Ainsi l'unification de l'Allemagne lui a permis de se développer, mais elle a en même temps déterminé par contre-coup la croissance rapide du socialisme qui est une menace pour l'organisation politique de l'Allemagne. De plus, la production manufacturière qui s'est développée trop brusquement commence à dépasser la consommation des marchés étrangers que l'industrie allemande doit disputer à ses rivales, Angleterre, États-Unis, France. Peut-être de ce fait, quelques mécomptes attendent-ils l'Allemagne au xx° siècle.

§ 10. — LES ÉTATS SCANDINAVES

Il y a trois États scandinaves, le Danemark, la Norvège et la Suède. Tous trois sont habités par des hommes de même race; pendant plusieurs siècles au moyen âge, ils ont fait partie d'une même domination politique. Ils sont aujourd'hui complètement séparés.

Le Danemark. — C'est le moins étendu et le moins peuplé des trois. Il comprend une partie de la péninsule du Jutland et les îles, *Fionie, Laaland, Falster, Moën, Seeland, Bornholm*, qui barrent l'entrée de la mer Baltique.

Péninsule et îles sont des terres basses, formées de terrains de transport, semées de tourbières, de fonds vaseux et d'étangs. Le point culminant du pays ne dépasse pas 180 mètres. Favorisé par un climat humide, le pâturage recouvre toute la campagne. L'élevage est extrêmement florissant; les industries laitières, qui ont été l'objet de perfectionnements attentifs, constituent une grosse source de revenus pour le Danemark devenu un des fournisseurs principaux des marchés anglais.

Presque exclusivement agricole, le Danemark renferme 2 600 000 habitants. Il ne renferme qu'une seule très grande ville, **Copenhague**, la capitale, qui occupe sur le détroit du Sund une situation stratégique et commerciale de premier ordre; *Odensée* dans Fionie, *Aalborg* et *Aarhuus* dans le Jutland, n'ont qu'une faible importance.

Du Danemark dépendent les îles *Faerœer*, d'origine volcanique, au nord de l'Écosse; l'*Islande*, vaste plateau rocheux et neigeux que domine le volcan Hékla, et qui a pour capitale

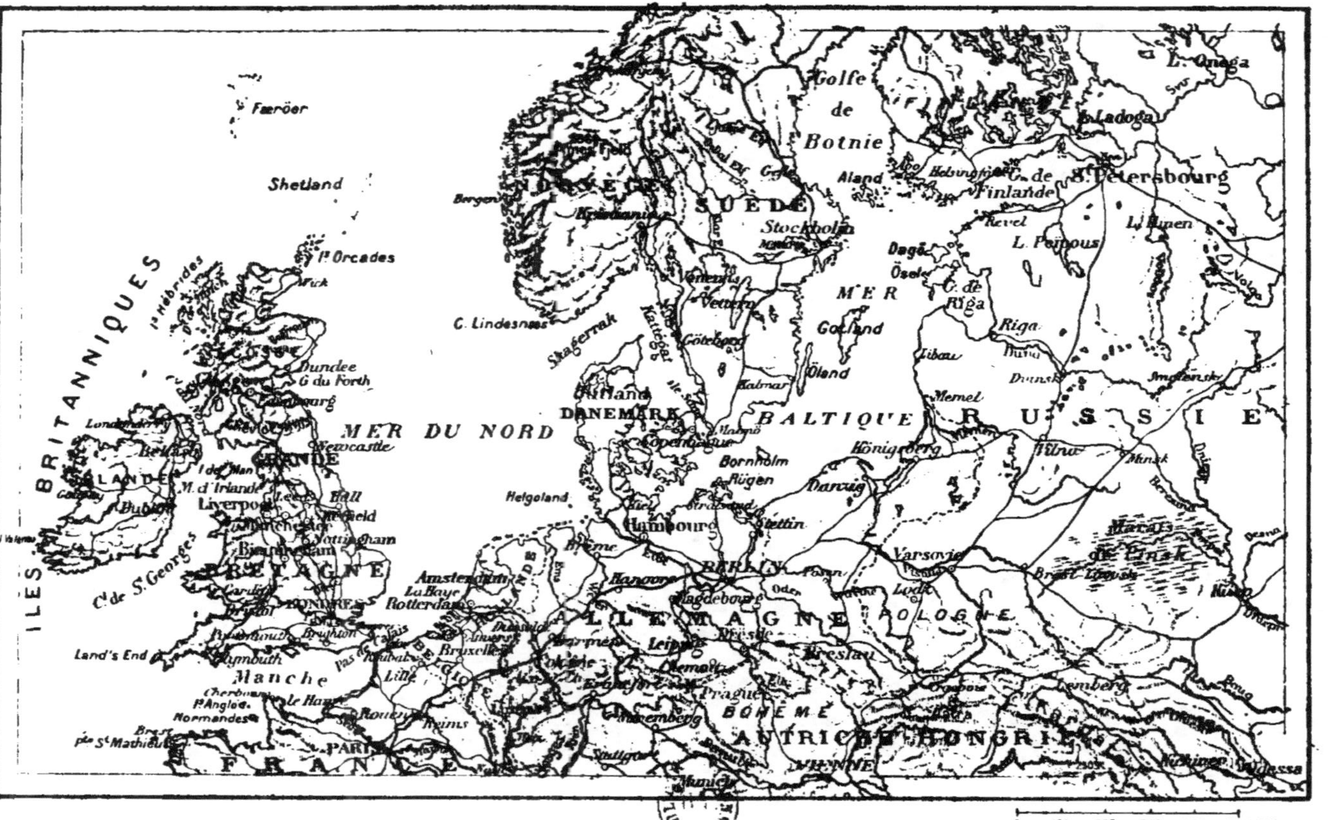

EUROPE SEPTENTRIONALE.

Elle comprend surtout les Etats scandinaves, Danemark, Norvège, Suède, pays trop excentriques pour avoir pu jouer un rôle important continu dans les affaires européennes.

Reykjavik, pauvre bourgade au sud ; le *Groenland,* au nord de l'Amérique, et trois petites Antilles, *Sainte-Croix, Saint-Thomas* et *Saint-Jean.* Le Danemark n'en est pas moins un des plus petits États de l'Europe.

La Norvège. — La Norvège occupe le versant occidental de la péninsule scandinave. Cette péninsule est traversée du sud au nord par le soulèvement montagneux des *Alpes scandinaves,* soulèvement qui n'atteint nulle part une très grande hauteur puisque l'Ymes-field, point culminant, ne va qu'à 2560 mètres. Mais la latitude est déjà septentrionale ; le climat est rude ; de vastes champs de neige et des glaciers recouvrent les Alpes scandinaves et en font une rude barrière entre deux versants très inégalement étendus.

Le versant norvégien est étroit, rugueux. Bien que le climat y soit relativement doux, grâce aux influences marines, son sol offre peu de ressources agricoles, de vastes forêts, des pâturages et quelques champs d'orge ; les trois quarts du pays sont absolument improductifs. C'est la mer qui fait vivre la Norvège. La côte norvégienne, toute découpée de fiords bien abrités et bordée d'innombrables îles ou archipels, se prête bien au développement de la vie maritime ; en outre, les poissons de toute sorte abondent le long des côtes. La Norvège vit presque exclusivement de la pêche et du commerce par mer : sa flotte de commerce est l'une des plus importantes qu'il y ait en Europe.

La Norvège a 2 330 000 habitants 7 seulement par kilomètre carré. Elle a pour capitale **Kristiania**, sur un fiord au sud, au milieu des terres les plus fertiles de la Norvège. Les autres villes notables sont les deux ports de *Bergen* et de *Trondjhem,* qui vivent surtout de la pêche et de l'industrie des salaisons ; *Tromsö* et *Hammerfest,* stations d'armement pour la pêche dans les mers polaires.

La Suède. — La Suède occupe le versant oriental des Alpes scandinaves. Elle est beaucoup plus étendue que la Norvège et comprend plus de pays plats, surtout au sud dans la région des lacs Venern et Vettern.

La Suède se termine sur la mer Baltique par une côte alluviale, indécise et vague, peu favorable à la vie maritime : la Suède n'est pas un pays maritime comme la Norvège. Ses ressources sont autres : 1° elles sont agricoles : bien que le climat y soit plus rude qu'en Norvège, la Suède, à côté de forêts étendues et de pâturages, se prête à la culture des céréales et même dans sa partie méridionale à celle des arbres fruitiers; favorisés par des étés aux jours longs et chauds, l'abricot, la pêche, le raisin même y mûrissent; — 2° elles sont minières : la houille manque presque complètement : mais le cuivre et le fer, un fer d'excellente qualité et presque pur, se trouvent en abondance sur plusieurs points du pays.

La Suède a 5 380 000 habitants, 12 en moyenne par kilomètre carré. Elle a pour capitale **Stockholm**, bâtie à l'entrée du lac Malären, à la hauteur de la Baltique centrale, en face du golfe de Finlande, et au débouché de la route qui, par les lacs, mène vers la mer du Nord. Les autres villes principales sont : au sud, le port de *Göteborg*, les villes industrielles de *Norrköping* et de *Jönköping*, les villes universitaires de *Lund* et de *Upsala*; au centre, *Falun*, principal centre d'extraction du cuivre, et le port de *Gèfle*; au nord, *Gellivara* dans une importante région minière, et le port de *Sundswall*.

Lectures et Développements.

Les détroits du Danemark. — Ce qui fait l'importance du Danemark, c'est sa situation à l'entrée de la mer Baltique. On a dit avec raison que le Danemark était le portier de la Baltique.

Cinq détroits mènent de la mer du Nord dans la mer Baltique : le *Skagerrak*, entre la péninsule du Jutland et la Norvège; le *Kattégat*, entre le Jutland et la Suède; le *Sund*, entre la Suède et l'île de Seeland; le *Grand-Belt*, entre Seeland et Fionie · le *Petit-Belt*, entre Fionie et le Jutland.

De ces trois derniers détroits, le Sund est le seul qui soit navigable, bien que des bancs de sable y rendent la circulation assez difficile par endroits. Sa longueur est de 105 kilomètres; sa largeur varie de 46 kilomètres à 4 kilomètres seulement entre le fort danois de Kronborg et la ville suédoise de Helsingborg. C'est près de cet endroit rétréci que se trouve la ville d'Elseneur où l'on percevait jadis un droit de péage sur les bateaux entrant dans la Baltique; en 1857, le gouvernement danois a renoncé à prélever ce péage moyennant une indemnité de 96 millions de francs.

Le Sund est le théâtre d'un mouvement commercial très actif, et Copenhague doit sa fortune à ce qu'il est le meilleur port du Sund. La navigation du Sund est à peu près ininterrompue, car, malgré sa latitude élevée, le Sund ne gèle que très rarement; même pendant des hivers très rudes, il y reste toujours un passage libre. L'histoire n'a conservé le souvenir que de quatre ou cinq hivers pendant lesquels le détroit fut fermé par les glaces d'une façon durable.

Pour faire communiquer directement ses côtes de la mer Baltique avec celles de la mer du Nord, sans avoir à subir l'obligation de passer par le Sund qu'on aurait pu facilement lui fermer, l'Allemagne a fait construire un canal de grande navigation à travers la presqu'ile du Jutland. Ce canal, ouvert en 1895 et long d'un peu plus de 100 kilomètres, relie l'embouchure de l'Elbe avec le port fédéral de

LE CANAL MARITIME ALLEMAND.

L'entrée de la Baltique est ouverte par cinq détroits que garde le Danemark, et dont le plus resserré est le Sund, sur lequel se trouve la ville de Copenhague. Afin de pouvoir faire passer leurs navires de la mer du Nord dans la Baltique, ou inversement, sans avoir à emprunter la voie du Sund, les Allemands ont construit un canal maritime entre l'estuaire de l'Elbe et le port de Kiel, à travers le sud de la péninsule du Jutland.

Kiel: il donne accès aux plus forts navires de commerce ou de guerre.

Le Danemark contemporain. — Le Danemark tire une très grande importance de sa situation à l'entrée de la mer Baltique, sur une voie commerciale de première importance. Il fut au moyen âge le premier des États scandinaves; l'union de Kalmar, en 1397, le mit en possession de l'ensemble des pays scandinaves, et sa puissance déborda même en Allemagne jusqu'au jour où celle-ci commença à constituer son unité nationale.

Dans les temps modernes, la création de l'unité allemande et l'isolement du Danemark à une extrémité du monde scandinave ont été pour ce pays des causes de décadence. Depuis le XVIᵉ siècle, il n'a cessé de déchoir. En 1523, il perdit la Suède centrale soulevée par

Gustave Wasa qui la rendit indépendante. La Suède méridionale lui fut enlevée au siècle suivant par Gustave-Adolphe. En 1815, on lui ôta la Norvège po ir le punir d'avoir trop fidèlement servi la France de Napoléon. Enfin, en 1864, à la suite d'une courte guerre, l'Allemagne lui a enlevé le Slesvig-Holstein, partie méridionale du Jutland.

Actuellement, le Danemark est l'un des plus petits États de l'Europe. et il serait bien incapable de lutter contre se ; puissants voisins, si sa faiblesse même et l'importance de sa situation géographique n'étaient une garantie de son indépen lance. L'Allemagne, la Russie, l'Angleterre, sont trop jalouses de leurs intérêts commerciaux respectifs pour laisser l'une d'entre elles confisquer le Sund à son profit

LE HIMMELSBERG.

Le Danemark n'a presque pas de relief marqué. Le Himmelsberg, qui a 153 mètres d'altitude, et qui est surmonté d'une tour-signal, est l'un de ses points culminants ; il est situé dans la péninsule du Jutland.

exclusif. Leur rivalité sur ce point constitue la meilleure sauvegarde du Danemark.

Les fiords norvégiens. — La côte de la Norvège est déchiquetée, presque sur tout son développement, par des golfes très longs, très étroits et très profonds, généralement encaissés entre deux hautes murailles à pic. Ces golfes, ce sont des fiords. On en trouve de semblables sur la côte occidentale de l'Écosse, sur la côte occidentale du Canada, et en Nouvelle-Zélande.

Les fiords seraient d'anciennes vallées glaciaires que la mer. après affaissement, aurait envahies. De là, leur forme de couloirs; ils sont une des curiosités de la Norvège. Le Sogne-Fiord ne mesure pas moins de 170 kilomètres de la mer jusqu'au fond.

Sur ce littoral rugueux de la Norvège, qui est couvert de grands

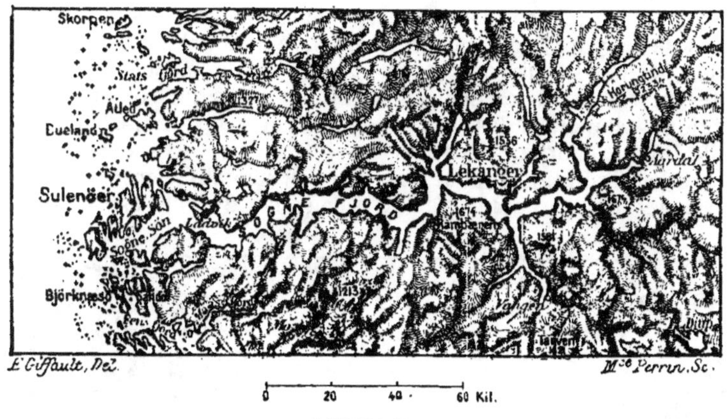

SOGNE-FIORD.

Représentation en plan d'un fiord. Situé au nord de Bergen, le Sogne-Fiord s'enfonce dans le continent sur une longueur de plus de 170 kilomètres, étroit et encaissé entre deux hautes murailles de roches.

glaciers dominant la mer et exposé aux vents violents de l'ouest,

LE TROLDFIORD.

Un fiord n'est qu'une sorte de rainure entre les roches par laquelle la mer s'insinue dans l'intérieur du pays.

les fiords norvégiens forment des abris sûrs. Sur les parties plates de leurs rives, on trouve quelques champs où l'orge mûrit grâce à la protection des montagnes et à l'influence bienfaisante de la mer. Mais, en outre, de nombreux havres de pêcheurs et des ports se succèdent dans les anfractuosités de leurs côtes. Les quatre cinquièmes de la population norvégienne vivent auprès des fiords. Ce sont des pêcheurs qui vont pêcher la baleine, la morue, le hareng, dans les mers septentrionales; ce sont des marins qui exportent dans les régions tempérées les produits de leur pays, bois, goudron, huile de foie de morue, salaisons.

Bergen et Trondhjem sont les deux principaux centres de ces pêcheries et de ce commerce de salaisons. Bergen est le dépôt

Phot. G. Reynaud.

LE NÆRÖDAL.

Type de vallée norvégienne, creusée par les glaciers et profondément encaissée entre des versants abrupts.

presque exclusif des pêcheries des îles Lofoten. C'est une ville curieuse. Comme toutes les villes norvégiennes elle a toutes ses maisons construites en bois; mais au lieu d'être peintes en rouge et en brun comme celles de Christiania et de Trondhjem, elles sont peintes en blanc avec un pignon façonné. Les incendies y sont fréquents : quand le vent de mer les active, ils consument des quartiers entiers. En prévision d'un incendie possible, il y a devant chaque maison une grande cuve toujours pleine d'eau.

La Suède septentrionale. — Au nord du 60° de latitude, la

Suède ne compte plus qu'un très petit nombre d'habitants vivant

BERGEN.   Phot. G. Reynaud.

*Seconde ville de la Norvége, Bergen est un grand centre pour la pêche
et l'industrie des salaisons.*

surtout de l'élevage ainsi que de la pêche du saumon et de la truite,

UN GAARD SUÉDOIS.

*Un gaard c'est une ferme suédoise, ou plutôt l'ensemble des constructions qui
constituent une ferme suédoise — chalets d'habitation, magasins, hangars,
étables — et qui permettent à une famille de se suffire à elle-même.*

qui abondent dans les lacs et les rivières. Chaque famille vit isolée
dans son *gaard*, ensemble de constructions, chalets d'habitation,

magasins, hangars, étables, permettant à la colonie de se suffire, sorte d'État en miniature dont le père de famille est chef absolu.

L'extrême Nord, au delà du cercle polaire, forme la Laponie. L'hiver y est long et rude, mais l'été y est chaud. Chaque année, des touristes viennent y contempler sur le mont Avasaxa le soleil de minuit, un jour succédant à un autre jour sans que le soleil descende au-dessous de l'horizon. Grâce à la longueur des jours et à la permanence des rayons solaires, le pays n'est point déshérité. On y trouve des champs de pommes de terre, mais surtout des pâturages qui servent à l'élevage du renne, l'animal domestique de cette région, à la fois bête de trait et animal propre à l'alimentation.

Cette région septentrionale est habitée par une race spéciale, les Lapons, que les Scandinaves y ont refoulée comme une race inférieure. Ils sont au nombre de 50 000 environ. Petits et trapus, avec leurs yeux obliques, leurs pommettes saillantes, leurs genoux arqués, ils semblent appartenir à la race jaune. Dans tous les cas, ils représentent un des groupes humains les moins civilisés. Ils n'ont point de villes, seulement des campements où ils disposent des outils, des provisions et des fourrures. Ils répugnent à la vie sédentaire, vivent de la pêche et de la chasse, et vont de place en place en poussant devant eux leurs troupeaux de rennes.

§ 11. — LA RUSSIE D'EUROPE.

La Russie d'Europe et l'Empire russe. — L'empire russe occupe l'Europe orientale, le Nord et une partie de l'Asie. Il s'étend d'une seule tenue, de la Baltique au Pacifique, de l'océan Glacial à la mer Noire et au grand plateau central de l'Asie, et couvre 23 millions de kilomètres carrés, soit 42 fois la France. Mais cet empire si vaste est peu peuplé; il n'a que 153 millions d'habitants, soit une moyenne de 6 à 7 par kilomètre carré.

La Russie d'Europe, bien qu'elle occupe à elle seule plus de la moitié du continent européen, n'est que la moindre partie de l'étendue de l'empire russe; elle ne représente qu'un quart environ de sa superficie totale. Mais cette partie est la plus peuplée; elle renferme 125 millions d'habitants, soit les cinq sixièmes de la population de l'empire russe.

Géographie physique. — La Russie est très compacte, plate et uniforme; elle ne présente que les différences de climat et de végétation qui résultent de la grande étendue du pays en latitude.

Très compacte, elle n'est baignée que par des mers fermées

L'EUROPE ORIENTALE.

L'Europe orientale diffère de l'Europe occidentale en deux grands points : elle est continentale et non maritime ; elle n'est qu'une plaine au lieu d'avoir un relief varié. Elle forme un cadre pour une grande unité politique.

ou presque fermées (mer Blanche, Baltique, mer Noire, mer d'Azov, Caspienne) qui mordent peu profondément ses contours. Entre ces mers, hors les massifs extérieurs de *Crimée*, du *Caucase* et de l'*Oural*, elle forme une vaste plaine, tout à fait horizontale au sud, rabotée au nord par d'anciens glaciers qui y ont déterminé des cavités lacustres en Finlande et laissé les hauteurs de Valdaï (351 m.). Cette plaine se termine sur les mers du pourtour par des côtes alluviales et plates, aux indentations rares et larges (golfes de Botnie, de Finlande et de Riga) dans la mer Baltique, bordées de lagunes le long de la mer Noire.

Cette uniformité de relief détermine l'uniformité du climat. Sans doute, étendue sur plus de 20 degrés de latitude, la Russie ne peut avoir partout le même climat; les hivers y sont de moins en moins froids du nord au sud, les pluies y sont de plus en plus rares du nord-ouest au sud-est. Mais partout les traits généraux sont les mêmes : climat continental, sec avec pluies d'été, excessif avec hivers rudes et étés très chauds.

Les fleuves sont les plus longs de toute l'Europe; de grands bassins fluviaux ont pu se former dans cette vaste plaine au relief uniforme. Les principaux sont la *Petchora* et la *Drina*, qui coulent vers l'océan Glacial; la *Néva*, la *Duna*, le *Niémen* et la *Vistule*, qui coulent vers la Baltique; le *Dniestr*, le *Dniepr* et le *Don*, tributaires de la mer Noire; la *Volga* et l'*Oural*, tributaires de la Caspiennne. — Fleuves de plaines, tous ont un cours généralement lent, un débit assez modéré, un régime régulier. Mais tous présentent un double défaut : 1° ils se terminent dans des mers fermées ou presque fermées, ce qui réduit leur importance commerciale; 2° ils ne sont pas navigables plus de six mois par an par l'effet des glaces d'hiver et des débâcles de printemps.

La même uniformité se constate enfin dans la végétation qui présente plusieurs grandes zones se succédant du nord au sud en fonction du climat et de l'humidité : 1° *zone des toundras*, composée surtout de marais glacés; 2° *zone des forêts*, comprenant au nord une forêt de conifères résineux, au sud une forêt d'arbres à feuilles caduques (trembles, tilleuls, chênes, frênes, érables); 3° *zone des steppes*, où le sol peu tenace et le climat trop sec interdisent la forêt, mais qui, du nord-ouest au sud-est, à mesure que l'humidité se raréfie, passe de la steppe noire propre aux céréales, à la steppe purement pastorale et à la steppe désertique.

Population. — La Russie a une population assez composite mais où domine pourtant très sensiblement l'élément slave, et parmi les slaves l'élément russien. Celui-ci, qui est subdivisé il est vrai en Grands-Russiens, Petits-Russiens et Blancs-Russiens, comprend plus des trois quarts de la population totale du pays. Les autres habitants du pays sont d'autres *Slaves* (Polonais et Lithuaniens), des *Germains* (habitants des provinces baltiques), des *Scandinaves* (Finlandais), des *Jaunes* (Finnois et Turco-Mongols), des *Juifs*, etc.

La plupart des religions sont de même pratiquées en Russie, le catholicisme (Pologne), le protestantisme (provinces baltiques et Finlande), le mahométisme (région de la Caspienne), le judaïsme. Mais la religion dominante est la religion orthodoxe grecque qui est pratiquée par les trois quarts de la population.

Le nombre total des habitants de la Russie d'Europe s'élève à 106 millions; la Russie est le pays d'Europe qui compte la population absolue la plus nombreuse. L'émigration a beaucoup augmenté depuis quelques années, elle porte surtout sur les Finlandais, les Polonais, les Lithuaniens et les Petits Russiens: les États-Unis et l'Amérique du Sud reçoivent maintenant un assez grand nombre d'émigrés russes. Mais la natalité est si forte que l'accroissement de la population est quand même considérable. La Russie gagnerait plus d'un million et demi d'habitants chaque année.

La population totale de la Russie représente une densité moyenne de 19 habitants par kilomètre carré. Mais, en réalité, elle est très inégalement répartie. Il n'y a guère que deux régions qui soient bien peuplées, les provinces baltiques et la zone des steppes noires propres à la culture des céréales.

Gouvernement et villes. — L'Empire russe est demeuré soumis, jusqu'au début du xxᵉ siècle, à l'autorité absolue d'un seul homme, le *Isar*, autocrate sans contrôle, source unique de tout pouvoir législatif, administratif et judiciaire. Depuis octobre 1905, la partie éclairée du peuple russe a réussi à obtenir pour l'empire une constitution et un parlement, qui porte le nom de *Douma* : ce parlement ne fonctionne pas sans résistances.

La Russie d'Europe a pour capitale **Saint-Pétersbourg**, ville toute moderne, fondée en 1703 sur la Néva par Pierre le Grand pour tourner la Russie vers l'Europe; ses abords sur le golfe de Finlande sont défendus par la forteresse de Kronstadt.

Le pays se divise en cinq régions principales en ce qui concerne la densité de la population, le genre de vie des habitants et les villes : 1° les **toundras**, qui sont peu peuplées de Finnois nomades, vivant de la pêche et de l'élevage du renne; 2° les **forêts**, à peine plus peuplées, où les hommes sont comme perdus au milieu des arbres, n'ayant de villes que sur le pourtour, marchés où s'échangent les produits de la forêt et des régions

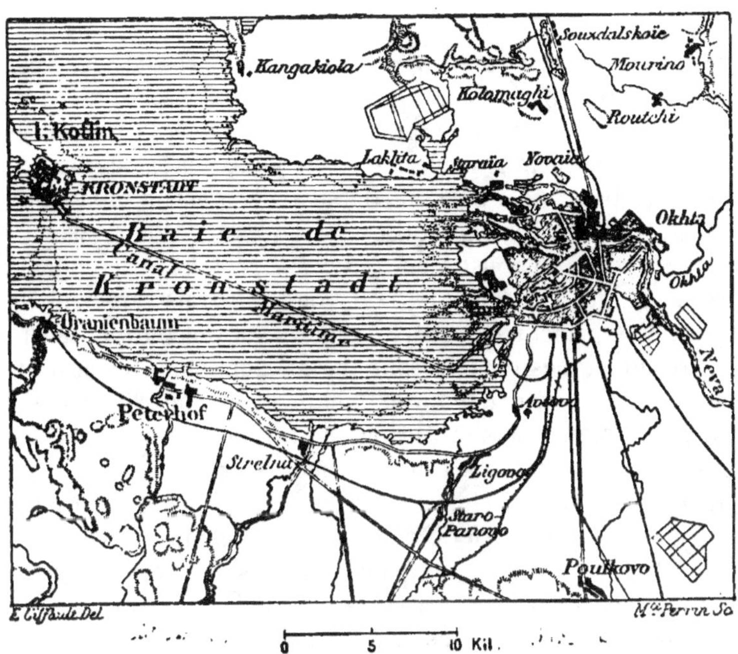

SITE DE SAINT-PÉTERSBOURG.

Pierre le Grand a bâti Saint-Pétersbourg à l'embouchure de la Neva, dans une région de marécages qu'il fallut d'abord assécher. La forteresse de Kronstadt, dans un îlot, en défend les abords. On voit sur la rive méridionale de la baie de Kronstadt la résidence impériale de Péterhof.

limitrophes, *Arkhangelsk*, sur la mer Blanche; *Moscou, Vitepsk, Toula, Nijni-Novgorod, Kazan, Perm*, sur le bord de la région agricole; — 3° la **terre noire** (tchernoziom), région de céréales, ayant une population assez dense de cultivateurs, ou moujiks, groupés en villages, ou mirs, et dans des villes qui sont à la fois des centres d'industrie ou de grands marchés, *Samara* et *Saratov, Kharkov, Kiev, Kichinev*, et le port d'*Odessa*, qui exporte à l'étranger les produits de toute la région; — 4° les **steppes** pastorales et désertiques, peuplées de pasteurs nomades et n'ayant qu'une ville notable, *Astrakhan*, centre des pêcheries de la Basse-Volga et de la Caspienne ; — 5° la **région baltique,** région essentielle de la Russie, grâce à ses mines, à ses cultures riches (betterave, pomme de terre), à ses industries, à sa proximité avec l'Europe centrale et occidentale : c'est la région la plus peuplée ; outre Pétersbourg, elle renferme *Varsovie* et *Lodz*, en Pologne ; *Riga*, dans les provinces baltiques ; *Helsingfors*, en Finlande.

Développement économique. — La Russie est restée longtemps un État plus asiatique qu'européen. Il n'y a guère plus de deux siècles qu'elle a commencé à se mêler à la vie de l'Europe et à ressentir les effets de la civilisation moderne. Elle est encore, pour ainsi dire, au début de son essor économique.

1° Les **mines** sont nombreuses en Russie. Elle possède en abondance des combustibles (*houille*, *pétrole*), des minerais utiles à l'industrie (*fer, cuivre*), des minerais précieux (*or, platine*). Les principaux centres miniers se rencontrent surtout dans les montagnes du pourtour, notamment dans l'Oural et le Caucase ; mais il en existe aussi quelques-uns dans l'intérieur du pays, en Pologne, dans la région de Moscou et de Toula, dans le bassin du Donetz non loin de la mer Noire.

Malgré ces mines riches et variées, la Russie en est encore pour l'industrie à la période embryonnaire ; comme tous les pays neufs, elle s'est consacrée d'abord à la mise en valeur et à l'exploitation des ressources agricoles ; la grande industrie n'y date que de 1890. Les industries textiles (coton et lin) se sont développées principalement en Pologne, dans les provinces baltiques et aux environs de Moscou. Les industries métallurgiques et l'industrie sucrière, devenue très prospère, se sont développées surtout dans la région de la Terre-Noire. Ce qui prouve que l'industrie russe est encore loin d'avoir atteint son importance normale, c'est que la Russie exporte la majeure partie des matières premières qu'elle produit en abondance (lin, chanvre), et qu'elle importe la majeure partie des produits fabriqués qu'elle consomme.

2° L'**agriculture** forme encore la principale richesse de la Russie, qui se trouve toujours à la période où les hommes, insuffisamment développés, vivent seulement des produits naturels du sol, soit animaux (pêche, chasse, animaux à fourrures, élevage), soit végétaux (forêts, cultures).

En Russie, les principaux produits sont : les *forêts*, qui couvrent deux cinquièmes du pays, mais sont encore très peu exploitées; l'*élevage*, qui comprend l'élevage des bêtes à cornes dans la région baltique, et l'élevage des chevaux et des moutons dans les steppes du sud-est et en Pologne; les *cultures alimentaires*, seigle et blé, qui sont pratiquées dans la région du tchernoziom pour l'alimentation des Russes (seigle) ou pour l'exportation (blé); les *cultures industrielles*, betterave, lin et chanvre, qui sont concentrées presque exclusivement dans la région du tchernoziom et en Pologne.

3° Le jour où la Russie, plus civilisée, mettra en valeur toutes les richesses de son sol et de son sous-sol, elle pourra devenir une des premières puissances économiques de l'Europe et du monde entier. Elle n'en est encore qu'à la période des essais et du début.

Lectures et Développements.

La plaine russe et les fleuves. — La Russie est une plaine uniformément plate. Il y a des montagnes russes, Oural, Caucase, monts de Crimée; mais elles ne forment que le cadre de la plaine et ne l'interrompent pas. Nulle hauteur ne s'élève au centre, sauf le plateau de Valdaï, de très médiocre altitude, et le plateau faiblement élevé qui se termine en abrupt sur la rive droite de la Volga. La plaine russe est presque horizontale; la vue s'y étend au loin sans obstacle.

Il résulte de cette disposition quelques conséquences importantes au point de vue de l'hydrographie :

1° La plupart des grands fleuves russes prennent naissance sur le plateau de Valdaï. Ils sont rapprochés par leurs sources; ils divergent par leurs cours et leurs embouchures; toutes les mers russes, moins la mer Blanche, reçoivent des eaux du Valdaï. Les fleuves russes mettent donc en rapport des régions très distantes. Il a suffi d'un petit nombre de canaux pour établir un réseau navigable continu reliant les mers opposées à travers la largeur du continent russe.

2° Les fleuves russes, prenant naissance à une faible altitude et traversant une grande plaine, sont des fleuves longs, lents, réguliers. Tous sont navigables, sauf le Dniepr qui est coupé de rapides dans son cours inférieur. Aussi, aucun pays d'Europe ne possède un réseau navigable comparable à celui de la Russie; on en évalue la longueur à 80 000 kilomètres, dont 28 000 accessibles à des vapeurs d'un certain tonnage.

Malheureusement deux raisons diminuent l'importance de ce réseau fluvial. D'une part, tous ces fleuves se terminent dans des mers glacées (Océan Glacial), dans des mers presque fermées (mer Blanche,

Baltique, mer Noire, mer d'Azov), dans des mers intérieures (Caspienne). D'autre part, en raison du climat, ils sont inutilisables pendant une moitié de l'année : de novembre à avril parce qu'ils sont gelés, en avril et au début de mai parce qu'ils sont encombrés par les glaces de débâcle.

Le climat russe. — Le nord de la Russie est situé au delà du cercle polaire ; le sud touche au 45° degré de latitude. Le climat russe varie donc nécessairement beaucoup du nord au sud. Toutefois ce

FALAISES DE LA VOLGA.

La Volga coule entre deux rives fort différentes. La rive gauche est basse, d'un niveau à peine supérieur à celui du fleuve qui la recouvre en ses débordements. La rive droite, ici représentée, est une rive haute se terminant en plaines abruptes au-dessus du fleuve.

climat est relativement uniforme, et partout de caractère nettement continental et excessif.

L'hiver y est partout rude. Sur les bords de la mer Blanche, la période des gelées dure six à huit mois. A Pétersbourg, la neige commence à tomber vers novembre et ne fond guère qu'en avril. Dans le sud, sur les bords de la mer Noire et de la Caspienne septentrionale, les fleuves et la mer sont encore gelés de un à trois mois. Pendant tout ce temps, on ne circule plus qu'en traîneaux. L'hiver n'est du reste point désagréable en Russie. Comme ses rigueurs sont habituelles, tout est prévu pour s'en garantir; les maisons ont doubles fenêtres; de même les voitures et les wagons de chemins de fer. Le meuble principal de chaque demeure est un vaste poêle toujours allumé; comme le bois est en abondance, on peut combattre facilement le froid. Seul le dégel est redouté parce qu'il transforme les rues en cloaques boueux; dès qu'il commence, on ne peut plus aller en traîneaux et, dès lors, on a grand'peine à circuler.

Les vents contribuent à accentuer le caractère excessif du climat russe. Sur la surface unie de la Russie, leur force est p'us considérable que dans l'Europe occidentale où de hautes chaînes montagneuses la coupent en divers sens. Les vents du nord-est et du nord, en hiver, deviennent de terribles tempêtes de neige, accompagnées de froids intenses. Il n'est pas rare de les voir sévir sur une grande partie du pays pendant plusieurs jours de suite, transformant le jour en une sorte de nuit blanchâtre et sinistre, amoncelant des amas de neiges sur la campagne, et les agglomérations suspendant la marche des transports. Dans ces désastres, les hommes et les troupeaux périssent par centaines.

Si l'hiver est rigoureux, l'été est très

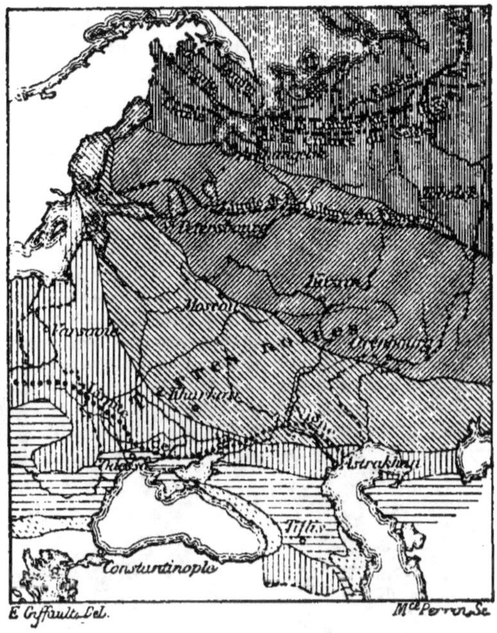

DURÉE DE LA PÉRIODE DES GELÉES EN RUSSIE.

de 6 à 8 mois   de 4 à 5 mois   de 1 à 3 mois
de 5 à 6 mois   de 3 à 4 mois   moins de 1 mois

La Russie a, dans toute son étendue, des hivers relativement rigoureux. Mais il va de soi que les hivers sont plus longs au nord, où la période des gelées dure de six à huit mois, qu'au sud, sur les bords de la mer Noire, où elle ne dure que de un à trois mois.

chaud. Même au nord, sous le cercle polaire il a des ardeurs qui rachètent les froids hivernaux. Dans l'Ingrie et la Finlande, il suffit de quarante-deux de ces jours longs, où le soleil brille dix-huit ou vingt heures au-dessus de l'horizon, pour faire les semailles, permettre au blé de pousser et de mûrir, et pour le récolter.

Il faut noter la répartition des pluies en Russie. C'est de l'Atlantique et de la Baltique qu'elles viennent. Par suite, elles vont en diminuant d'importance vers l'intérieur du pays dans la direction du sud-est. Les provinces baltiques sont bien arrosées; la région centrale l'est suffisamment; la région de la Caspienne manque de pluie et est désertique.

Les grandes zones russes de végétation. — On trouve en Russie, se succédant du nord au sud ou mieux du nord-ouest au sud-est, en raison de la distribution des pluies, de grandes zones végétales.

1° Au nord, au delà du cercle polaire, s'étend la *zone des toundras* : l'hiver dure neuf mois, de la mi-septembre à la mi-juin, avec des températures rigoureuses. L'été est court, mais le soleil s'y couche à peine, faisant, dit l'écrivain Tourguenef, ressembler la nuit

LA NÉVA A SAINT-PÉTERSBOURG EN HIVER.

*La Néva est glacée à Saint-Pétersbourg de novembre à avril ;
on y circule en traîneaux ; on établit même sur la glace des lignes de tramways.*

d'été à un jour malade.... La rigueur du climat arrête les arbres à 200 kilomètres du rivage et borde l'Océan glacial d'une zone déserte où ne verdissent pendant l'été que des mousses et des lichens parmi des marécages. « Des marais, toujours des marais, dit un voyageur, un sol de mousse, élastique et spongieux qui trompe le regard, se dérobe sous le pied. »

2° Au-dessous de cette zone, toute la moitié septentrionale de la Russie n'est qu'une immense *forêt*, marécageuse, avec de rares lacunes et une grande variété d'essences où dominent au nord, les résineux, mélèzes, pins, sapins, conifères variés; au sud, les arbres aux feuilles caduques, trembles, tilleuls, chênes, frênes, érables. La forêt des résineux est monotone, pauvre, déserte; la forêt du sud est plus gaie, plus vivante, non seulement parce qu'elle est située dans un climat moins froid, et parce que les frondaisons y sont plus variées, moins sombres, mais surtout parce que la forêt est plus clairsemée. A l'abri des grands chênes et des grands tilleuls, l'homme a pu établir sa hutte, abriter sa famille, et avec elle, rayonnant tout autour, conquérir de petits enclos à la culture : des champs de seigle, de chanvre, de lin, forment ainsi des clairières parmi les arbres. A l'orée méridionale de la forêt, les pays de Moscou et de Vladimir forment une transition entre la zone purement forestière et la zone nue purement agricole.

Ces forêts ont joué un grand rôle dans l'histoire de la Russie. Quand se produisit l'invasion mongole au xIII^e siècle, elles servirent de refuge aux Grands-Russiens, et les Tatars n'osèrent les y poursuivre, craignant, eux les fils de la steppe, les embûches de ces régions boisées. Tandis qu'ils ruinèrent Kiev, ils laissèrent Moscou et Vladimir indépendantes, et ces villes devinrent le centre de petites républiques qui devinrent les centres de la reconquête.

3° La moitié méridionale de la Russie n'est qu'une immense plaine nue. « Au milieu de la plaine, les mamelons labourés l'accidentent de leurs vagues. Des ravins tapissés d'herbes verdissent dans les intervalles : quelques blancs rochers se montrent dans le lointain ; une petite rivière serpente agréablement : son cours est interrompu de temps à autre par des digues ; quelques outardes restent craintivement dans un champ éloigné ; une vieille habitation seigneuriale reflète ses tourelles dans

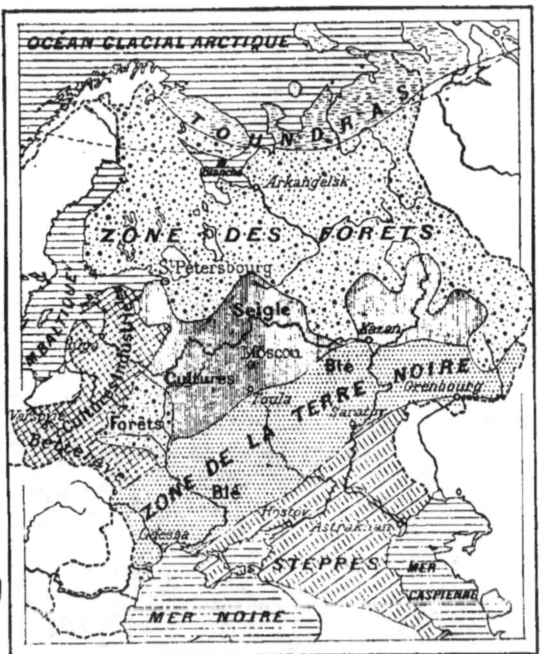

ZONES AGRICOLES DE LA RUSSIE.

Les zones végétales de la Russie se succèdent régulièrement du nord au sud. On trouve dans ce pays : 1° à l'extrême nord, sur les bords de l'océan Glacial, une zone de toundras ; 2° au sud de cette zone, une zone d'immenses forêts qui, vers Moscou, sont coupées de champs de seigle et de chanvre ; 3° en Pologne et le long de la mer Baltique, une zone de cultures industrielles, lin, pomme de terre, betterave ; 4° la zone de la Terre-Noire, zone par excellence du blé et des riches cultures ; 5° au sud-est, vers la mer d'Azov et la mer Caspienne, une zone de steppes.

un petit étang. Vous avancez toujours. Enfin voilà la steppe, la vraie,
la steppe immense, infinie. »

Toutefois à travers cette grande plaine, le climat crée des différences : on distingue trois steppes aux propriétés fort diverses : *la
steppe noire, la steppe grise, la steppe blanche*, c'est-à-dire la steppe
de culture, la steppe de pâture, la steppe de déserts.

La steppe noire borde la forêt sur une largeur moyenne de 300 à
400 kilomètres, et sur une longueur de 2000 kilomètres entre les Karpates et l'Oural; elle mesure 95 millions d'hectares, près de deux fois
la surface de la France. Sur cette étendue, la décomposition des
herbes et des gazons, durant des milliers de siècles, a accumulé sur

Phot. Martel.

LA STEPPE RUSSE.

*Photographie prise par M. Martel dans la Russie du sud-ouest en Podolie.
C'est la steppe noire, le tchernoziom. « La moisson est faite et l'on est privé
de la contemplation de l'océan doré des épis. Mais le panorama a conservé la
grandeur de tous les espaces illimités, et la sève de la terre est éclatante. Des
moulins carrés, tout en bois y compris les ailes, piquent çà et là cette plaine
sans bornes .» (*MARTEL, la Côte d'Azur russe.*)*

place d'immenses couches de détritus : d'où une épaisseur, qui
atteint jusqu'à 1^{m},50 ou 2 mètres, de terreau, de terre noire, de
« tchernoziom ». C'est une terre d'une extrême fécondité qui s'imbibe
naturellement très vite sans devenir marécageuse; elle porte des
céréales et des cultures industrielles qui y prospèrent sans engrais
elle fait de ces steppes l'un des greniers à blé du monde.

La steppe grise, au sud, borde la mer Noire. La terre végétale.
quoique mince, n'y manque pas : irriguée et fumée, amendée et
soignée par l'homme, elle est susceptible de pauvres récoltes. Elle se
défriche lentement; les houillères du Donetz, en amenant la création
d'usines et en attirant la colonisation, hâtent sa transformation. Mais
le climat est trop rude; les étés sont trop secs. A l'état naturel, la

steppe grise est avant tout un terrain de pâture et de transhumance, où l'on élève des troupeaux de moutons et des chevaux demi-sauvages. C'est l'Ukraine fleurie du libre Cosaque.

La steppe blanche s'étend au sud-est près de la Caspienne, dans la dépression que recouvrirent jadis les flots de cette mer lentement évaporée. C'est la steppe aride, sablonneuse, brûlée, au sol poudreux. Plus de terre végétale, seulement des alternatives de pierres, de sables, de lacs salins, restes non évaporés encore de l'antique Cas-

UNE FERME RUSSE.

La ferme russe est bâtie en bois (le bois abonde), couverte en chaume. L'aspect en est assez misérable, et néanmoins elle abrite des familles extrêmement nombreuses.

pienne. Point d'arbres, ni d'arbustes, rien qu'une végétation d'euphorbes et de salicornes, d'herbes que l'été flétrit, dessèche, et que le vent roule en boules. C'est déjà l'Asie et la vie asiatique; plus de sédentaires, rien que des nomades, pasteurs qui élèvent des moutons et des chameaux : on peut y parcourir des centaines de kilomètres sans y trouver d'autres traces du passage des hommes que quelques ornières de chariots; sans les troupeaux et sans les poissons qui pullulent dans la Caspienne et la Volga, l'homme n'y pourrait vivre.

Le peuple russe. — Considéré dans l'ensemble, le peuple russe se fait remarquer par l'aptitude à l'assimilation, par une vive intelligence, par une générosité native. Mais, comme l'organisation politique de son pays rend impossible pour le Russe toute action sur ses compatriotes, il se réfugie surtout dans le domaine de la théorie, pense plus qu'il n'agit, et semble encore peu capable d'une action continue et opiniâtre. Par contre, dans l'observation et dans l'analyse, il déploie une merveilleuse finesse : témoin les romans des grands écrivains russes où l'action est relativement nulle et où tout le dessin consiste en une étude des caractères souvent poussée à l'extrême.

La nation comprend quatre classes principales : le *clergé*, vivant presque en caste et se mariant dans son milieu; la *noblesse*, dépendante en majeure partie du gouvernement qui récompense ses officiers et ses fonctionnaires par des titres de noblesse héréditaire ou personnelle; les *bourgeois* et les *marchands*; enfin, les *paysans*, dont la très grande majorité sont des cultivateurs. A part, sont l'armée et les étrangers. La proportion de chacune des classes est la suivante : chergé, 0.9 pour 100 de la population totale ; noblesse, 1,2; bourgeois et marchands, 9,2 ; paysans, 81,5.

En somme, la classe moyenne est réduite. En haut de l'échelle sociale se trouve une aristocratie très brillante, très civilisée. En bas, il n'existe qu'une masse profondément ignorante, superstitieuse, arriérée. En maint endroit, le régime patriarcal subsiste; le père de famille, tout-puissant, ordonne et commande à son gré, même à son fils marié. La misère est grande dans les campagnes russes : peu de viande en général, rien que du pain noir et de la morue sèche; l'ivrognerie est un mal presque universel. Quant au fatalisme du paysan russe, il es proverbial : « Ne nous inquiétons pas, répète-t-il; il ne nous arrivera pas de mal, si ce n'est la volonté de Dieu. » La superstition n'est pas moins forte; des révoltes terribles ont ensanglanté la Russie pour des prescriptions sans importance, comme le

UN RUSSE.
Portier d'une grande maison en costume d'hiver.

port de la barbe, l'usage du tabac, le droit de sucrer son thé. Cette demi-barbarie du peuple russe a pu faire dire qu'il n'avait qu'un vernis de civilisation plaqué sur un fond primitif de sauvagerie. Toutefois, de l'aveu de ceux qui l'ont fréquenté, le fond primitif du paysan russe est une bonté profonde et naïve.

La Russie contemporaine. — Longtemps arriérée, la Russie a réalisé d'immenses progrès depuis deux siècles, et elle compte maintenant parmi les grandes puissances européennes.

Sa puissance est d'abord territoriale et numérique. Avec ses annexes asiatiques, Sibérie, Turkestan. Transcaucasie, elle domine sur un empire deux fois et demi plus étendu que l'Europe. Elle renferme plus d'un quart des habitants de l'Europe, et chaque année, sa population s'accroît considérablement : On a dit que la France gagnait chaque année un régiment et l'Allemagne un corps d'armée, mais que la Russie gagnait une armée entière. Elle a une force militaire presque illimitée.

Cette puissance commence à reposer sur un développement économique sérieux. Sans doute la Russie a dû faire appel au crédit étranger pour entretenir ses armées, créer ses flottes et ses armements, pour construire ses voies ferrées, pour mettre son sol en valeur et fonder des industries. Elle n'a pas emprunté, rien qu'à la France, moins de 10 milliards de francs. Mais c'est là une nécessité transitoire. La Russie possède d'assez grandes ressources naturelles pour être capable de se suffire à elle-même dans un avenir peu éloigné.

Toutefois la Russie doit compter, compte déjà avec deux sources d'importantes difficultés :

1° A l'extérieur, très étendue, elle touche à l'Allemagne et à l'Autriche-

FIANCÉE RUSSE.
Costume de cérémonie de la fiancée russe ; c'est celui que portaient les contemporaines de Catherine II, long manteau sans manches et bonnet à deux pointes orné de perles.

Hongrie dans l'Europe centrale, à l'Angleterre dans l'Asie centrale, à la Chine et au Japon dans l'Extrême-Orient. Elle se trouve obligée à disséminer ses forces pour faire face à ces puissances dont les intérêts ne sont pas les siens. Son échec dans la guerre russo-japonaise prouve que cette extension territoriale et la dissémination de ses forces sont une source de faiblesse.

2° A l'intérieur, son régime aristocratique est démodé, ne répond plus aux aspirations de la partie cultivée de la nation qui réclame des réformes. Après les défaites de la guerre contre le Japon, le tsar a dû concéder à son peuple une constitution organisant une chambre des députés, la *Douma*; c'est le premier succès des libéraux russes. Mais il est encore précaire. Des résistances se sont produites. Entre les partisans des réformes et l'opposition qui résiste,

L'ÉGLISE SAINT-BASILE A MOSCOU.

Spécimen caractéristique de l'architecture religieuse russe. Autour du clocher principal d'une forme pyramidale, que couronne une espèce de grande lanterne, se presse une ronde de clochetons surmontés de coupoles en bulbes que des croix d'or surmontent. L'église de Saint Basile-Blagennyi, ou le Bienheureux, est située à Moscou, sur la place Rouge, l'une des plus fameuses par les souvenirs historiques qui s'y rattachent.

des tiraillements ont lieu; ils peuvent provoquer des troubles, des révolutions, qui pèseraient gravement sur le développement général de la Russie et sur son influence dans le monde.

§ 12. — LES GRANDES VOIES DE COMMUNICATION TRANSEUROPÉENNES

Les différents États de l'Europe se sont développés chacun séparément. Toutefois, par suite du progrès dans les communications et les échanges, ils sont unis de plus en plus par des rapports commerciaux et industriels qui font naître peu à peu une sorte de civilisation commune.

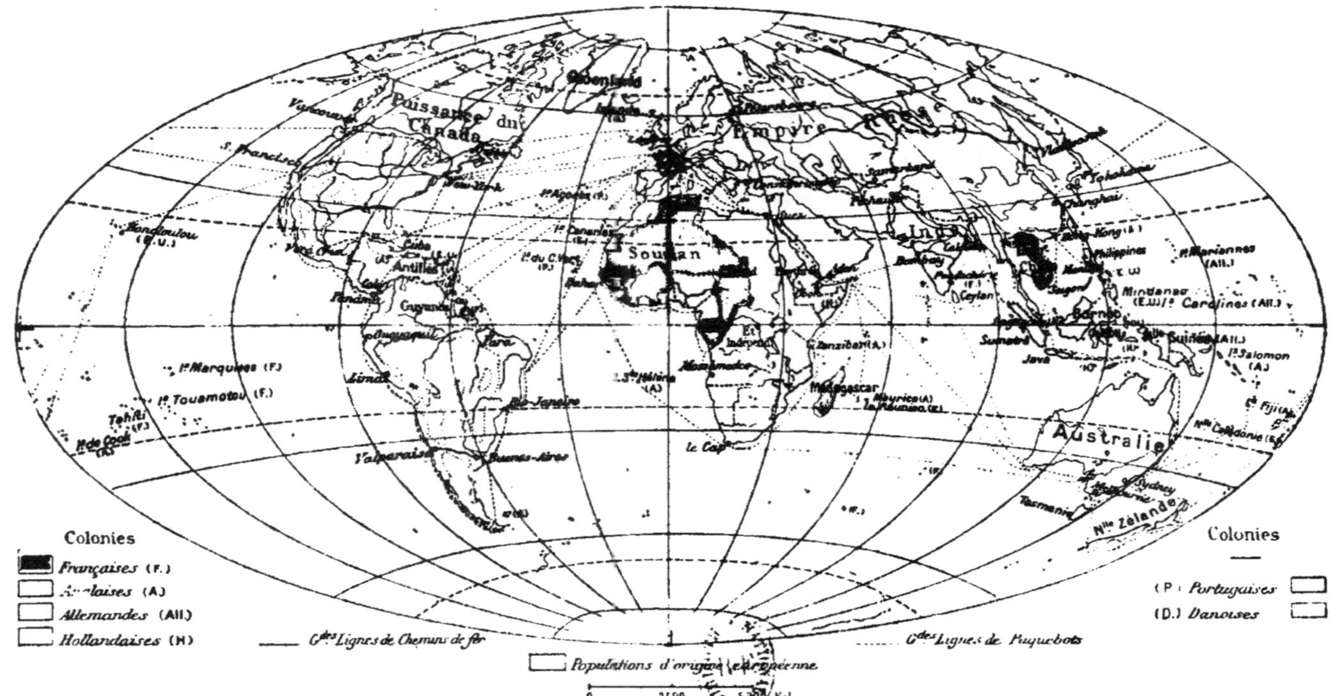

EXPANSION COLONIALE DE L'EUROPE.

L'Europe rayonne sur le monde entier par ses colonies, par ses langues et ses idées partout répandues. par son influence économique prépondérante.

Communications par mer. — Les différents pays de l'Europe sont unis entre eux et avec le reste du monde par de grandes lignes de navigation.

Les principaux centres sont :

1° **La mer Baltique** et la **mer du Nord**, dont les grands ports sont *Stockholm*, en Suède ; *Saint-Pétersbourg*, en Russie ; *Copenhague*, en Danemark ; *Hambourg* et *Brême*, en Allemagne ; *Amsterdam* et *Rotterdam*, dans les Pays-Bas ; *Anvers*, en Belgique ; *Londres*, en Angleterre ;

2° **L'Océan Atlantique**, avec *Glasgow*, *Liverpool* et *Southampton*, dans les Iles Britanniques ; *Le Havre* et *Bordeaux*, en France ; *Lisbonne*, en Portugal ;

3° **La Méditerranée**, avec *Barcelone*, en Espagne ; *Marseille*, en France ; *Gênes* et *Naples*, en Italie ; *Trieste*, en Autriche ; *Constantinople*, en Turquie ; *Odessa*, en Russie.

Communications fluviales. — Deux fleuves jouent un rôle prépondérant au point de vue des communications internationales, le Rhin et le Danube.

Le *Rhin* unit la Suisse, l'Allemagne occidentale, les Pays-Bas, et débouche en face de l'Angleterre. Des travaux importants l'ont rendu accessible à des navires de fort tonnage jusqu'à Strasbourg, et on travaille à l'améliorer jusqu'à Bâle.

Le *Danube* traverse l'Allemagne du Sud, l'Autriche-Hongrie et la péninsule des Balkans. Une commission internationale, instituée en 1856, préside à son entretien et à son amélioration. Grâce à ses travaux, et notamment à la régularisation du cours du Danube dans la traversée du défilé des Portes-de-Fer, le Danube est accessible à la navigation sur la majeure partie de sa longueur.

Communications par chemins de fer. — Ce sont les voies ferrées internationales qui rendent les plus grands services pour les communications générales. On ne saurait nommer toutes les lignes importantes. Les principales sont :

1° Du nord au sud :

La ligne qui unit les Iles Britanniques et Londres à Paris et Marseille ; — la ligne qui unit Amsterdam et Anvers à Bâle, Milan, Gênes et Brindisi, par le *Saint-Gothard* ; — la ligne de Berlin à Rome ou Brindisi, par Munich et *le Brenner* ; — la ligne de Pétersbourg à Varsovie, Vienne, Trieste et l'Italie, par le *col de Tarvis* ; — la ligne d'Arkhangelsk à Sébastopol.

2° De l'ouest à l'est :

La ligne de Lisbonne et Madrid à Stockholm par Cologne, Hambourg et Copenhague ; — celle de Paris à Saint-Pétersbourg par Liége, Cologne et Berlin ; — celle de Paris à Constantinople par Munich, Vienne, Budapest et Belgrade, avec embranchements de Budapest sur Odessa, de Belgrade sur Salonique.

Lectures et Développements.

Les grands express européens. — Les communications sont plus faciles et plus rapides aujourd'hui d'une extrémité de l'Europe à l'autre qu'elles ne l'étaient, il y a cent ans, d'une extrémité à l'autre de la France. De grands express composés de voitures de luxe, wagons-salons, wagons-restaurants, wagons-lits, relient les principales capitales entre elles à une vitesse moyenne de 50 et parfois de 70 kilomètres à l'heure.

Le *Sud-Express* mène en 30 heures de Paris à Madrid (1.452 kilomètres), en 43 heures de Paris à Lisbonne (2110 kilomètres).

La *Malle des Indes* mène en 32 heures de Paris à Rome (1452 kilomètres) par le Mont-Cenis, malgré la longueur de la traversée des Alpes.

L'*Express-Orient* mène en 26 heures de Paris à Vienne (1.402 kilomètres) par Strasbourg, Carlsruhe, Stuttgart et Munich ; en 65 heures de Paris à Constantinople.

Le *Nord-Express* mène en 23 heures de Paris à Berlin (1090 kilomètres) par Maubeuge, Liège et Cologne ; en 58 heures de Paris à Saint-Pétersbourg (2720 kilomètres).

Malheureusement les formalités de la douane, qui sont minutieuses, causent de longs retards et des dérangements à chaque traversée de frontière. En outre, des préoccupations de défense nationale ont conduit certains États à adopter pour leurs voies ferrées un écartement entre rails différent de celui que leurs voisins avaient choisi : par exemple, en Espagne et en Russie les voies ferrées sont plus larges qu'en France ou qu'en Allemagne. Ces différences obligent à des transbordements et occasionnent de nouvelles pertes de temps.

L'Europe dans le monde. — L'Europe préside au mouvement des idées, des arts et de la littérature dans le monde.

L'Europe a vu naître presque toutes les grandes inventions modernes ; elle est le premier centre industriel et commercial.

L'Europe a colonisé l'Inde, l'Indo-Chine et la Sibérie, en Asie ; l'Algérie, la Tunisie et la plus grande partie de l'Afrique ; l'Australie, les États-Unis et le Canada. Elle impose peu à peu au reste du monde ses langues, ses idées, ses croyances, sa civilisation.

Grâce à sa situation, aux ressources de son sol, à la densité et à l'activité de sa population, à son développement économique, à sa civilisation, l'Europe est la première de toutes les parties du monde.

L'avenir de l'Europe. — Quelques prophètes signalent en Europe des marques de décadence. Ils font remarquer que :

1° La natalité décroît à peu près dans tous les pays européens à mesure que la civilisation s'y développe ; le fait est très sensible en

France où déjà les naissances compensent à peine les décès ; il se manifeste moins sensiblement, mais réellement toutefois, en Angleterre, en Allemagne, en Belgique, dans les Pays-Bas, etc. ; seule la Russie, nation neuve encore et, on l'a vu, assez arriérée, continue à voir sa population croître d'une manière remarquable.

2° Quelques-uns des pays situés dans les autres parties du monde ont appris, à notre école, les secrets de la science et de l'industrie, et, devenus majeurs, ils aspirent graduellement à s'affranchir de notre tutelle politique et économique. Ainsi ont déjà fait les

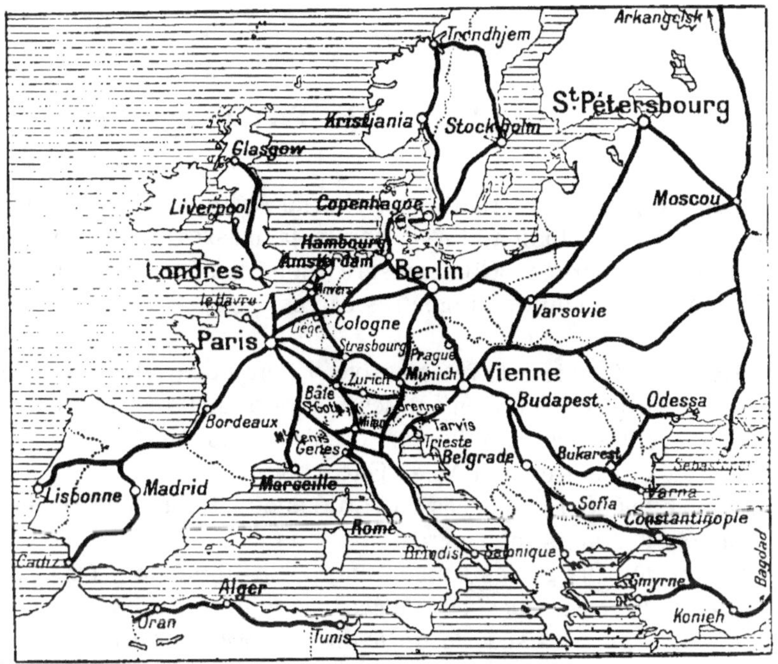

GRANDES VOIES FERRÉES INTERNATIONALES EUROPÉENNES.

Remarquer principalement : 1° du nord au sud, les lignes de Londres et Amsterdam, à Marseille, Rome et Brindisi ; celle de Berlin en Italie ; celle de Pétersbourg à Vienne et en Italie ; — 2° de l'ouest à l'est, celles de Lisbonne et Madrid à Stockholm, celle de Paris à Pétersbourg par Berlin, celle de Paris à Constantinople, Odessa ou Salonique par Vienne.

États-Unis d'Amérique ; ainsi commencent à faire les Hindous, les Japonais, les Australiens ; ainsi feront sans doute les Chinois dans un avenir peu éloigné. Après s'être soustraits à notre influence, ces pays ne deviendront-ils pas nos rivaux, ne nous feront-ils pas concurrence dans le reste du monde et peut-être même sur nos propres marchés ?

Quoi qu'il en soit de ces pronostics et de ces craintes qui ne sont pas toutes imaginaires, l'Europe reste encore aujourd'hui incontestablement le pays le plus avancé dans la voie de la science et du progrès. Sur leurs cartes, les géographes de la Renaissance représentaient l'Europe couronnée comme une reine ; l'Europe est encore vraiment la reine du monde.

TROISIÈME PARTIE

L'ASIE

---

§ 1. — GÉNÉRALITÉS PHYSIQUES

Baignée par trois mers, l'océan Glacial Arctique, l'océan Pacifique et l'océan Indien, l'Asie forme la masse principale des continents émergés. Elle mesure (non compris l'Insulinde) 42 millions et demi de kilomètres carrés.

Mers. — L'Asie est très massive. Elle a des golfes, mais ils ne mordent pas profondément ses contours qu'ils échancrent le plus souvent à peine : nulle part on n'est plus éloigné de tout océan qu'au centre de l'Asie. Elle compte peu d'îles, sauf à l'est, où elles sont disposées en cordons et enferment entre elles et la côte des mers intérieures.

Les principaux golfes sont: au nord, le golfe de l'*Ob* et du *Iéniséi*; à l'est, le *golfe de Petchili*, le *golfe du Tonkin* et le *golfe de Siam*; au sud, le *golfe du Bengale*, le *golfe d'Oman*, le *golfe Persique* et le *golfe d'Aden*; à l'ouest, le *golfe d'Alexandrette*.

Les principales îles sont : *Sakhalin*, *l'archipel japonais*, *Formose* et *Haï-Nan*, à l'est; *Ceylan*, au sud; *Chypre* et *Rhodes*, à l'ouest.

Les principales mers intérieures situées à l'est sont la *mer de Béring*, fermée par l'archipel des îles Aléoutiennes; la *mer d'Okhotsk*, fermée par les îles Kouriles; la *mer du Japon*, fermée par l'archipel japonais; la *mer Jaune* et la *mer de Chine orientale*, fermée par les îles Riou-Kiou; la *mer de Chine méridionale*, fermée par les Philippines et les îles de la Sonde.

Relief. — L'Asie est un pays de hautes terres. Les deux tiers en sont couverts de montagnes très élevées et de vastes

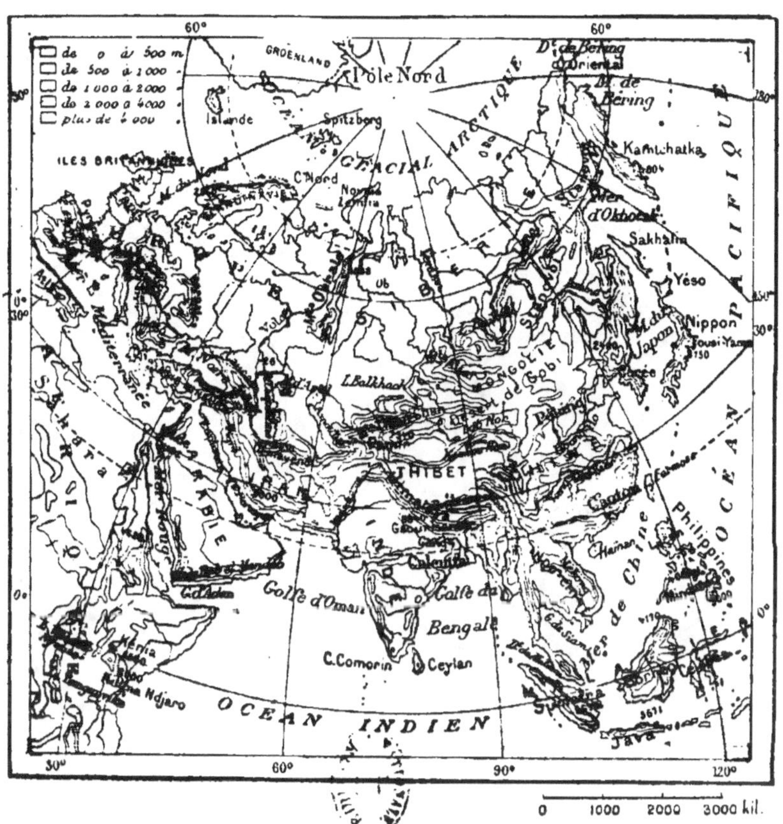

RELIEF DU SOL DE L'ASIE.

Beaucoup de montagnes et de plateaux, peu de plaines : tel est le relief général de l'Asie, pays des hautes terres par excellence. Notez que ces hautes terres occupent tout le centre et forment barrière entre les plaines du pourtour, Sibérie, Chine, Inde, Mésopotamie (entre Tigre et Euphrate). Conséquence, chacune de ces plaines s'est développée à l'écart ; la Chine, l'Inde et la Mésopotamie ont des civilisations très distinctes.

plateaux; ils occupent tout le centre. Les plaines sont disposées sur le pourtour et communiquent assez malaisément entre elles.

Les principaux plateaux et les montagnes sont: le *plateau de Pamir*, peu étendu mais d'une altitude moyenne de 4000 mètres, qu'on a surnommé le « toit du monde »; plus à l'est, le *plateau du Thibet*, les massifs de l'*Himalaya*, du *Kouen-Lun* et des *Thian-Chan*; plus au sud, le *plateau du Dekkan*; plus à l'ouest, l'*Hindou-Kouch* et le *plateau de l'Iran*, le *Caucase*, le *plateau d'Asie Mineure* et le *plateau d'Arabie*.

Les principales plaines sont: l'immense plaine de *Sibérie*, au nord, inclinée vers l'océan Glacial; la *plaine de Chine*, à l'est, inclinée vers l'océan Pacifique; la *plaine indo-gangétique*, c'est-à-dire la plaine de l'Indus et du Gange, au sud, inclinée vers l'océan Indien; la *plaine de Mésopotamie*, à l'ouest.

Climat. — Étendue sur plus de 60 degrés de latitude, voisine de l'équateur au sud et dépassant le cercle polaire au nord, l'Asie possède une grande variété de climats. Mais nulle part le climat n'est vraiment tempéré. Il est équatorial au sud, c'est-à-dire excessivement humide et chaud; le nord au contraire est exceptionnellement froid. Dans la partie moyenne, correspondant par sa latitude à nos régions tempérées, l'altitude du relief ou l'éloignement de la mer font également prédominer presque partout les influences continentales, étés chauds et hivers froids.

Les pluies sont très inégalement réparties. Les régions du sud-est (Inde, Indo-Chine, Chine) sont exposées pendant la saison chaude aux vents du sud, à la *mousson*, qui leur apporte des ondées abondantes. Au contraire, les vastes plateaux de l'intérieur et de l'ouest, qui sont séparés de la mer par de très hautes montagnes, ne reçoivent presque aucune humidité.

Fleuves. — Il faut distinguer en Asie les versants intérieurs et les versants extérieurs. Les premiers restent sans écoulement vers la mer; leurs eaux se perdent dans le sable ou aboutissent à des lacs, à des mers intérieures. Les seconds envoient leurs eaux aux grands océans du pourtour.

Aux versants intérieurs appartiennent le *Syr Daria* et l'*Amou Daria*, qui se jettent dans la mer d'Aral; le *Tarim*, qui se perd dans la dépression du Lob Nor, au nord du plateau du Thibet.

Aux versants extérieurs appartiennent des fleuves immenses: l'*Ob* ou *Obi*, le *Iénisséï* et la *Léna*, qui coulent à l'océan Glacial par la plaine de Sibérie ; le fleuve sibérien l'*Amour*, les fleuves chinois *Hoang-Ho* ou Fleuve Jaune et *Yang-tsé-Kiang* ou Fleuve Bleu, les fleuves indo-chinois *Song-Koï* ou Fleuve Rouge et *Mekong* ou Cambodge, qui coulent au Pacifique ; enfin le *Salouen*, l'*Irraouaddi*, le *Brahmapoutra*, le *Gange*, l'*Indus* et le *Chat-el-Arab* (Tigre et Euphrate réunis), qui coulent à l'océan Indien.

La plupart de ces fleuves mesurent plusieurs milliers de kilomètres de longueur, roulent d'importants volumes d'eau, et ont joué un grand rôle dans l'histoire de la formation des grands États de l'Asie. Dans l'antiquité, l'Assyrie et la Chaldée durent leur fortune au Tigre et à l'Euphrate ; la Chine doit la sienne au Fleuve Bleu et au Fleuve Jaune ; l'Inde la doit de même au Gange et à l'Indus.

Grandes zones végétales. — Malgré l'immensité de son étendue, on peut distinguer en Asie trois grandes zones de végétation caractéristique :

1° *L'Asie septentrionale*, dont tout le nord est glacé, est riche surtout en forêts habitées par un grand nombre d'animaux aux fourrures très recherchées, ours, renne, renard bleu, etc.

2° *L'Asie occidentale et centrale* est une région sèche, couverte d'immenses déserts (Thibet, Gobi) ou de steppes qui ne se prêtent qu'à la vie nomade. Toutefois, les côtes voisines de la Méditerranée et les vallées bien arrosées de quelques grands fleuves (Amou-Daria, Syr-Daria, Tigre, Euphrate) produisent des fruits et des récoltes abondantes ;

3° *L'Asie du sud-est*, abondamment arrosée par la mousson d'été, est couverte d'une végétation opulente qui rappelle celle de l'Afrique équatoriale, forêts, savanes d'herbes très hautes et très dures qu'on appelle *jungles*. De riches cultures y prospèrent, céréales, riz, thé, canne à sucre, coton, indigo, en un mot celles qui demandent à la fois chaleur et humidité.

Lectures et Développements.

L'Asie est un continent massif. — Ce qui frappe, quand on voit l'Asie sur une carte, c'est l'énormité de ses dimensions et la lourdeur de ses formes.

Elle occupe presque le tiers des terres émergées ; elle est plus vaste que l'Europe et l'Afrique réunies. Mais surtout elle est compacte ; ses contours sont épais, grossiers, ses côtes échancrent faiblement la masse continentale; il lui manque des mers intérieures analogues à la mer Baltique pénétrant très avant dans les terres et y faisant arriver les influences marines et la vie.

Nulle part, on n'est plus éloigné des océans qu'au centre de l'Asie. De certains points il n'y a pas moins de 2400 ou 2500 kilomètres pour atteindre la mer extérieure. Comme le relief est très accidenté et comme les fleuves ne forment pas un réseau bien organisé pour les communications, il en résulte que le centre de l'Asie est difficilement accessible.

L'ASIE DANS LE MONDE

Elle est située entièrement dans l'hémisphère boréal, à l'est de l'Europe. Ses contours ne sont pas rectilignes, mais ils sont relativement peu découpés (comparer avec l'Europe). L'Asie est un continent massif. Nulle part on n'est plus qu'au centre de l'Asie éloigné de toute mer.

Il est, en outre, privé de l'influence bienfaisante du climat maritime. La masse de l'Asie centrale contribue à faire de son centre un désert.

Montagnes et plateaux. — L'Asie possède les massifs montagneux et les plateaux les plus hauts et les plus épais qui existent sur le globe.

Le plateau de Pamir, qu'on appelle le *Toit du Monde*, n'est pas très étendu, mais il est désolé; des vents furieux le balaient incessamment. Le Thibet, qui est très vaste, est moins un haut plateau qu'une région plissée de chaines divergentes qui vont en s'écartant du nœud du Pamir; quelques-unes de ces chaines mesurent de 6000 à 8000 mètres, et, quant au plateau lui-même, on peut y circuler pendant plusieurs semaines consécutives sans descendre au-dessous de 4000 mètres d'altitude. Le Gobi est beaucoup moins élevé; on évalue son altitude moyenne à 1200 mètres; mais il est sec, désert, et son aridité n'oppose pas un obstacle moindre aux relations. L'Iran à l'ouest du Pamir, l'Arménie à l'ouest de l'Iran, l'Asie Mineure à l'ouest de l'Arménie, forment également de hauts plateaux plissés de chaines montagneuses, semés de lacs sans écoulement et par conséquent salés, où la vie est difficile et que l'on a peine à traverser.

Parmi les montagnes, on peut citer le *Caucase* qui dépasse 5600 mètres, l'*Hindou-Kouch* qui monte à 7500 mètres, les *Thian-Chan* ou Monts Célestès qui atteignent 7340 mètres, le *Kouen-Lun* et le *Karakoroum* qui vont au delà de 8000 mètres. Toute la partie moyenne de l'Asie est sillonnée de chaines considérables à travers lesquelles les cols ne s'ouvrent qu'à 3500 et 4000 mètres, c'est-à-dire presque à la hauteur du sommet du Mont-Blanc, la montagne la plus élevée de l'Europe.

La principale de ces chaines est celle de l'**Himalaya** qui porte le sommet le plus haut du globe entier, le *pic Everest* ou *Gaourisankar* (8840 m.). Elle se développe en forme d'arc de cercle entre

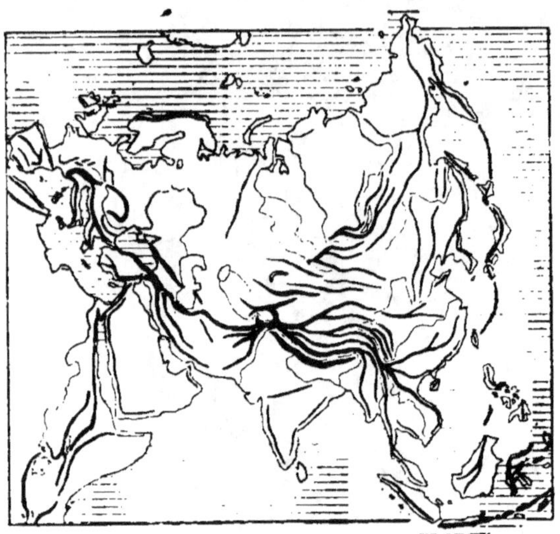

CHAINES DE MONTAGNES DE L'ASIE.

Cette carte montre les principaux plissements de l'Asie. Ils sont généralement orientés de l'ouest à l'est et prolongent d'une manière remarquable les grandes chaines montagneuses de l'Europe, entre autres les Alpes.

le Brahmapoutra et l'Indus, sur une longueur de 2200 kilomètres. De vastes glaciers la recouvrent, principalement sur le versant méridional qui, s'il est tourné vers le soleil, est aussi le plus exposé aux vents humides de l'océan Indien. L'Himalaya est très difficile à franchir en raison de sa largeur, de son altitude, de la rareté et de l'élévation de ses cols.

Ces plateaux et ces montagnes forment entre les diverses plaines de l'Asie une barrière qui fut longtemps infranchissable. Encore aujourd'hui, les communications entre la plaine indo-gangétique et la plaine chinoise par les hauts plateaux du Thibet sont très difficiles. Quelques explorateurs ont seuls traversé le Thibet, entre autres l'expédition française de Bonvalot qui le franchit du Lob-Nor au Tonkin. Il y a seulement quelques années qu'une expédition partie de l'Inde a réussi à étendre l'influence britannique sur ces régions. Conséquence : les plaines de l'Asie se sont développées chacune de son côté, donnant naissance à deux civilisations profondément différentes, la civilisation hindoue et la civilisation chinoise.

Les déserts de l'Asie. — Une large bande de déserts traverse toute l'Asie de l'ouest à l'est, à peu près dans le prolongement du Sahara africain. Elle comprend les hauts plateaux de l'Asie Mineure et l'Arabie, le cœur de l'Iran et la région caspienne, la région de l'Indus et le Turkestan, le Thibet et le désert de Gobi ou Chamo. Toutes ces régions ont même aspect, mêmes lagunes salées sans écoulement, mêmes rivières sans issues, vers les mers extérieures.

Ces déserts s'expliquent comme ceux de l'Afrique. Ils occupent une zone balayée par des vents desséchants, les alizés. L'humidité y est plus rare même qu'en Afrique, en raison des hautes murailles de montagnes qui les encadrent et les ferment tout à fait aux vents marins. Le climat y est caractérisé par des variations extrêmes. La végétation est rare, sinon absente ; elle est formée d'arbrisseaux noirs à demi-enfouis dans le sable, aux feuilles rares et coriaces, aux branches peu étendues, aux longues racines traçantes : ce sont des saxaouls à l'ouest, des soulkir, plantes salines, à l'est, des pugionium dont les fruits ont le goût de notre radis.

Un explorateur russe, Prjévalski, décrit ainsi l'un de ces déserts, celui d'Ala-Chan, en Mongolie. « On s'avance peu à peu à travers les sables mouvants et les salines incultes, et l'on rencontre toujours les mêmes paysages, le même silence, le même dénûment. Des heures se passent sans qu'aucun bruit vienne troubler le silence solennel, sans qu'un seul être en égaie l'uniformité, excepté toutefois les innombrables lézards. Cependant le soleil darde ses plus chauds rayons, et pas un arbre, pas un arbuste ne vous offre un abri protecteur, ne fût-ce que pour quelques minutes. Aucun souffle ne vient rafraîchir le front du voyageur. Si tout à coup un ouragan s'élève, loin de vous soulager il ne fait que soulever des tourbillons de sable et de poussière salée qui vous suffoquent.... En hiver, l'aspect général est le même, il n'y a de changé que les conditions climatiques. L'insupportable chaleur fait place à des froids insupportables, auxquels il est impossible de se soustraire sans abri ni combustible. Il faut que chez les plantes qu'on rencontre la force vitale soit bien grande pour qu'elles puissent résister à toutes les rigueurs de cette nature marâtre. » Le voyageur Bonvalot dit que, pendant toute la traversée du Thibet, il lui fut impossible d'ouvrir jamais les deux yeux à la fois. Il les fermait alternativement pour les empêcher d'être gelés. Le vent congelait les larmes sur les joues.

Dans ces déserts, il n'y a de végétation que le long des cours d'eau provenant de la fusion des neiges et des glaces qui couvrent les montagnes voisines.

L'Asie centrale se dessèche de plus en plus. — Non seulement l'Asie centrale est sèche, mais elle devient de plus en plus sèche. Le nombre et le volume des lacs diminue ; les fleuves s'amaigrissent et tendent à disparaître.

Le Lob-Nor, jadis lac important, n'est plus qu'un marécage. Depuis 1860, plus de trois cents petits lacs se sont évaporés dans la région caspienne, laissant des lagunes salines et des amas de sel à leur place. La mer d'Aral a perdu deux des golfes qui la prolongeaient sur une superficie de 5000 kilomètres carrés, l'étendue d'un de nos départements moyens. C'est cet assèchement progressif qui explique que le niveau de la mer Caspienne s'est abaissé de 26 mètres au-dessous de celui des océans.

D'autre part, les rivières, assez abondantes au sortir des montagnes d'où elles sortent, dépérissent à mesure qu'elles s'en éloignent, par

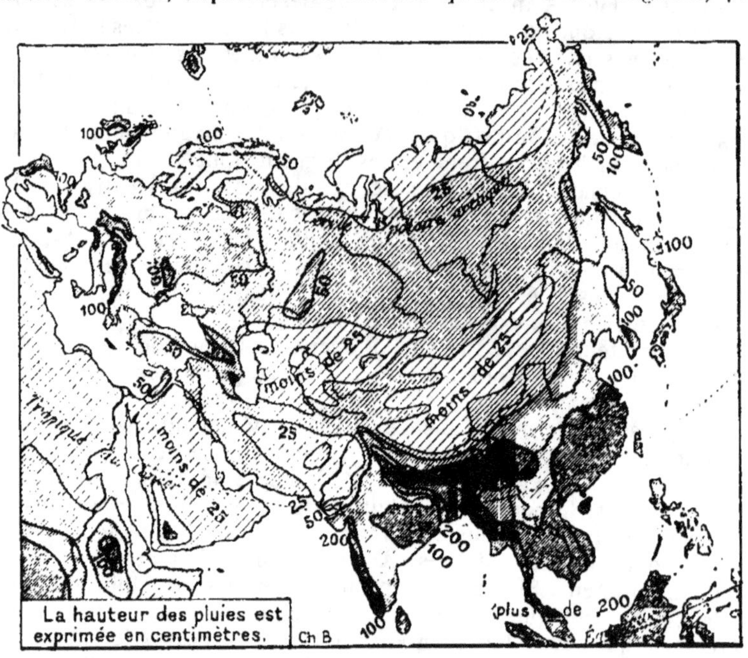

PLUIES DE L'ASIE.

Les régions à grisé clair (moins de 25 centimètres par an) sont des déserts ; les régions à grisé serré (1 mètre et plus) sont les régions bien arrosées. On voit que celles-ci sont situées exclusivement au sud-est dans la région des moussons ; on voit, d'autre part, que tout le reste de l'Asie, et notamment le centre, sont déserts faute d'une humidité suffisante.

suite du manque de pluie, de l'intensité de l'évaporation, et aussi des saignées que pratiquent les riverains pour irriguer leurs terres. L'Oural n'arrive plus qu'exceptionnellement jusqu'à la mer Caspienne. Le Syr-Daria et l'Amou-Daria arrivent encore à la mer d'Aral ; mais déjà leurs lits inférieurs sont obstrués de boues, de bancs de sable et de roseaux ; on peut prévoir que, dans un avenir qui n'est plus éloigné, ils s'arrêteront avant de l'atteindre.

La mousson. — Il y a deux moussons, la mousson sèche qui souffle en hiver du continent vers la mer, et la mousson humide qui souffle en été de la mer vers le continent. La vraie mousson est la mousson humide. Elle est provoquée par la faible pression qui existe pendant tout l'été sur le centre du continent asiatique, et qui détermine un appel d'air des mers voisines.

C'est en mai que la mousson commence à souffler sur la côte occidentale de l'Inde. Dès lors presque chaque après-midi est marqué par un orage. Des nuages de plus en plus noirs sont charriés par le vent sur la côte où ils jettent d'immenses quantités de pluie. Ces déluges sont si abondants qu'une heure après le commencement de la pluie, les navires mouillés au large voient arriver une large nappe d'eau vaseuse qui recouvre la mer sur toute son étendue. A Tcherra Poundji, au nord-est du golfe du Bengale, la hauteur des pluies tombées

Yang-tsé-Kiang	5080 kilomètres
Iéniséi	4750 Kil.
Amour	4400 K.
Mékong	4240 K.
Ob	4230 K.
Hoang-Ho	4200 K.
Indus	3200 K.
Gange	2700 K.
Euphrate	2600 K.
Song-koï	900 K.
Loire	1000 kil.

LONGUEURS COMPARÉES DES PRINCIPAUX FLEUVES DE L'ASIE.

L'Asie, pays très vaste, a des fleuves très longs, entre autres les deux grands fleuves de Chine (Yang-tsé-Kiang et Hoang-Ho), les rivières sibériennes (Iéniséi, Amour, Ob ou Obi), les fleuves de l'Indo-Chine (Mékong) et de l'Inde (Indus, Gange). Notre Loire est cinq fois moins longue que le Yang-tsé-Kiang.

annuellement s'élèverait à 14 mètres, la hauteur d'une maison de quatre étages. C'est l'endroit le plus arrosé de la terre.

Quand la mousson change de direction, au printemps et à l'automne, le renversement des vents occasionne souvent des ouragans circulaires, ou cyclones, qui soulèvent la mer et ravagent les terres. En 1875, un cyclone ravagea le Bengale et 200 000 personnes furent noyées par le flot de mer qui remonta dans le delta du Gange. On retrouva de grands navires au milieu des champs.

C'est aux moussons humides que l'Inde, l'Indo-Chine, la Chine et même une partie du Japon, doivent leur merveilleuse fécondité. En Asie, les pays de moussons sont remarquablement fertiles et nourrissent des millions d'hommes; ceux où la mousson ne se fait pas sentir sont stériles, déserts ou à demi-déserts.

Les deltas. — Les principaux fleuves de l'Asie se terminent par de grands deltas : tels le *Hoang-Ho* et le *Yang-tsé-Kiang*, en Chine;

le *Song-Koï*, le *Mékong*, le *Salouen* et l'*Irraouaddi*, en Indo-Chine;
le *Brahmapoutra*, le *Gange* et l'*Indus*, dans l'Inde; le *Chat-el-Arab*,
en Mésopotamie.

Ces régions deltaïques, basses et marécageuses, sont généralement
malsaines et, pour les Européens en particulier, le séjour en est des
plus dangereux. En outre, elles sont exposées, soit à des inondations
terribles soit à des invasions marines. On a vu, dans la lecture précé-
dente, qu'en 1875 un flot de mer noya 200 000 personnes dans le delta
du Gange. En 1887, dans un changement brusque de son embouchure,
au cours d'une crue, le Hoang-Ho coûta la vie à deux millions de
personnes noyées ou réduites à la famine.

Par contre, ces régions humides, placées sous un climat très chaud,
ont une fécondité remarquable. Ce sont sans contredit les plus fertiles
régions de l'Asie. Par suite, elles sont aussi les plus peuplées, dans
la delta du Song-Koï, par exemple, la densité de la population n'est
pas inférieure à 400 habitants par kilomètre carré.

§ 2. LA POPULATION DE L'ASIE.

Population de l'Asie. — L'Asie, non compris l'Insulinde,
compte 865 millions d'habitants, soit 20 en moyenne par kilomètre carré. C'est celle des parties du monde qui a la population
totale la plus forte; elle renferme, en effet, plus de la moitié des
habitants du globe. Après l'Europe, c'est celle qui a la densité
de population la plus élevée (Europe 40, Afrique 5, Amérique 4).

Au reste, la population de l'Asie est très inégalement répartie.
L'Asie des moussons renferme plus des neuf dixièmes de cette
population. L'Asie occidentale est médiocrement peuplée. Les
vastes plateaux de l'Asie centrale et les régions glacées de
l'Asie septentrionale n'ont que de rares nomades et sont presque
déserts.

Races. — Les habitants de l'Asie appartiennent partie à la
race blanche, partie à la race jaune.

1° A la **race blanche** : ainsi les *Hindous* qui occupent
l'Inde, les *Persans* du plateau de l'Iran, les *Arméniens* et les
Caucasiens, les *Grecs* de la côte d'Asie Mineure, les *Juifs* et les
Arabes. Toutes ces populations vivent dans la moitié occidentale de l'Asie et la peuplent à peu près exclusivement.

2° A la **race jaune** : ainsi les *Japonais*, les *Chinois*, les
Annamites de l'Indo-Chine, les *Thibétains*, les rares populations
indigènes de la Sibérie, les *Turcs* de l'Asie Mineure. Ces peuples,

sauf les Turcs, vivent dans la moitié orientale de l'Asie; ils l'occupent exclusivement.

Religions. — Trois religions sont principalement professées en Asie, le *mahométisme*, le *brahmanisme* et le *bouddhisme*.

1° Le **mahométisme**, qui compte en Asie environ 80 millions de fidèles, est pratiqué dans la zone chaude et sèche qui traverse l'Asie par l'Arabie et l'Asie Mineure, le plateau de l'Iran et le Turkestan, l'Inde du nord-ouest et une partie de la Chine méridionale. La capitale du mahométisme est *La Mecque*, en Arabie.

2° Le **brahmanisme**, ou religion de Brahma, domine principalement dans l'Inde du nord-est, sur le Gange, le fleuve sacré; sa métropole est la ville de *Bénarès*; le brahmanisme compte en Asie 200 millions environ de sectateurs.

3° Le **bouddhisme**, ou religion de Bouddha, dérivation du brahmanisme, règne dans toute l'Asie orientale, notamment en Chine, au Japon et dans le Thibet, où se trouve sa métropole, *Lhassa*; il compte en Asie 560 millions environ de fidèles.

4° Outre ces trois religions principales, on trouve en Asie environ un demi-million de *Juifs*, et 8 à 10 millions de chrétiens (Grecs, Arméniens, Russes de Sibérie, colons européens, quelques Chinois).

Partage politique. — L'Asie ne compte qu'un petit nombre d'États, presque tous très étendus. Quelques-uns seulement sont restés indépendants. Les autres ont été soumis par trois pays européens, par la Russie qui domine au nord, par l'Angleterre qui domine au sud, par la France qui possède un petit empire asiatique au sud-est.

Les principaux États de l'Asie sont :

1° Dans l'Asie septentrionale ou russe :

La Sibérie	7 500 000 hab.	Cap. Irkoutsk.
Le Turkestan caspien	10 000 000 —	— Tachkent.
La Caucasie	9 500 000 —	— Tiflis.

2° Dans l'Asie occidentale :

La Turquie d'Asie	18 000 000 hab.	
La Perse	9 000 000 —	Cap. Téhéran.
L'Afghanistan	5 000 000 —	
Le Baloutchistan	847 000 —	— Kalat.

3° Dans l'Asie méridionale :

L'Inde. . . . . 290 000 000 hab.   Cap. Calcutta.
L'Indo-Chine anglaise. .   11 300 000   —
Le Siam. . . . .   6 320 000   —   — Bangkok.
L'Indo-Chine française .   18 925 000   —   — Saïgon.

4° Dans l'Asie orientale :

L'Empire chinois . . . . 426 000 000 hab.   Cap. Péking.
L'Empire japonais . . .   52 000 000   —   — Tokio.

Lectures et Développements.

L'Asie peuplée et l'Asie désertique. — Une carte de la densité de la population en Asie montre que cette partie du monde

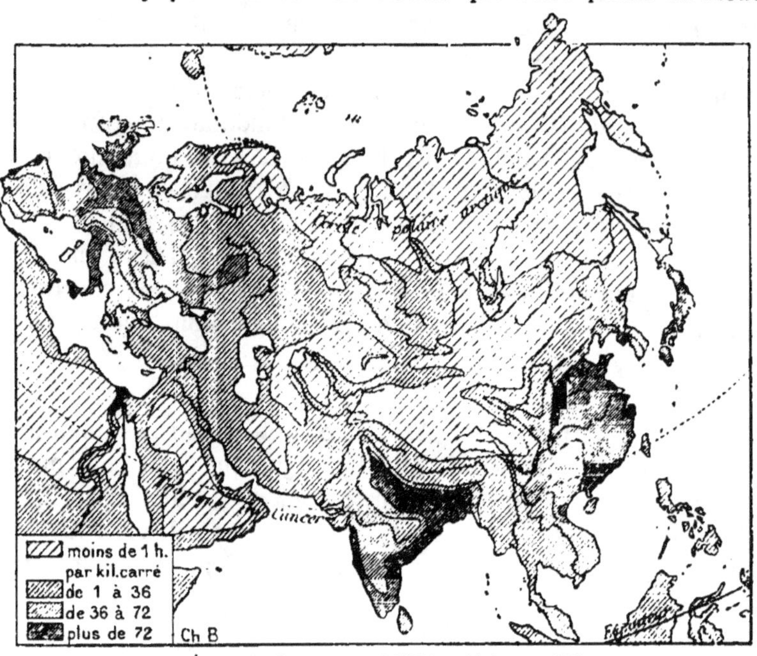

RÉPARTITION DE LA POPULATION EN ASIE.

Une seule partie de l'Asie est très peuplée, celle du sud-est, l'Asie des moussons ; l'ouest, le centre et le nord ont très peu d'habitants ; sur plus d'un tiers de l'étendue de l'Asie, on ne compte qu'une moyenne de 1 habitant par kilomètre carré (Comparer avec la carte des Pluies de l'Asie, p. 194).

renferme trois centres principaux de peuplement, l'Inde, la Chine, le Japon. Le reste est très peu peuplé. D'immenses étendues ne renferment pas en moyenne 1 habitant par kilomètre carré.

Les régions peu peuplées sont la Sibérie, le plateau d'Asie Mineure, l'Arabie, l'intérieur du plateau de l'Iran, les immenses plateaux du Centre (Turkestan, Mongolie, Thibet). Deux raisons physiques y

expliquent la rareté ou l'absence presque complète des habitants :
1° le caractère du relief qui est âpre, d'accès difficile, peu favorable
aux relations; — 2° le caractère du climat qui est trop froid dans la
Sibérie septentrionale, excessif et trop sec sur les plateaux de l'Asie
occidentale et centrale : la sécheresse, qui rend toute végétation

presque impossi-
ble, condamne ce
pays à la solitude.

Les régions très
peuplées sont deux
plaines, Inde et
Chine, et un archi-
pel, le Japon. Leur
caractère de plaines
ou d'archipel les
rend facilement ac-
cessibles. Leur cli-
mat, à la fois chaud
et humide, en fait
des pays d'agricul-
ture riche. Ce sont
trois des fourmi-
lières les plus vi-
vantes et les plus
actives du globe.

Il y a ainsi une
double Asie : une
Asie pauvre et pres-
que vide d'hommes,
une Asie riche et
surpeuplée.

La première, long-
temps mal connue,
compte à peine dans
l'histoire générale;
dans l'étendue de
ses steppes, dans
les hauteurs de ses
montagnes, l'homme
n'a pas encore tout
parcouru ni tout
vu; il reste encore
à explorer sur les

NOMADES DU TURKESTAN.

*C'est la vie nomade qui domine dans presque toute
l'Asie centrale, pays de steppes et d'élevage. Telle
est la vie que mènent les Tatars, les Kalmouks, les
Kirghis, les Turkmènes, etc.*

hauts plateaux de l'Asie centrale, et c'est depuis peu seulement que,
grâce au transsibérien, l'Asie russe s'est ouverte à la civilisation.

La seconde, au contraire, fut connue dès l'antiquité; de vieilles et
originales civilisations s'y sont développées; les anciens Grecs étaient
en relations avec cette Asie méridionale et orientale: avec elle
trafiquèrent aussi les Occidentaux du moyen âge et de l'époque de
la Renaissance: si pendant quelques siècles, elle a paru décliner et
tomber en sommeil, de nos jours elle prend un essor nouveau, et,

au contact de notre civilisation, se développe au point d'inquiéter l'Europe qu'elle menace d'une concurrence économique sérieuse.

Avec ses peuplades misérables de la région glacée, qui vivent de la chasse ou de la pêche, et ses bandes nomades des déserts du Centre, d'une part, et, d'un autre côté, avec le Chinois, agriculteur consommé, et le Japonais, cultivé, artiste, instruit des méthodes scientifiques et industrielles, le continent asiatique offre sur son étendue le contraste absolu de la vie sauvage primitive, et de la vie moderne, civilisée.

L'Asie dans l'histoire générale. — L'Asie semble avoir été le point de départ des migrations du genre humain. Il est probable que les populations actuelles de l'Europe sont issues des plateaux occidentaux de l'Asie, et spécialement de l'Iran. De même les populations sémitiques qui peuplent le nord de l'Afrique (Abyssins, Arabes, etc.), sont originaires de l'Asie.

Nos civilisations occidentales sont des civilisations asiatiques anciennes, civilisations assyrienne, chaldéenne, persane, juive, qui ont été répandues en Europe par les Phéniciens et les Grecs, et qui se sont transformées avec le temps, perfectionnées.

Enfin, c'est en Asie que sont nées la plupart des religions : le brahmanisme et le bouddhisme, qui n'en sont pas sortis mais y comptent des centaines de millions d'adhérents: le judaïsme, le christianisme et le mahométisme, qui se sont répandus dans les autres parties du monde, en particulier le christianisme devenu la religion des peuples les plus civilisés.

Aujourd'hui, c'est l'Europe qui reflue sur l'Asie. Des relations commerciales existaient dès l'antiquité entre l'Europe, l'Inde et l'Extrême-Orient; elles se prolongèrent pendant le moyen âge. Au xiiiᵉ siècle, un vénitien, Marco Polo, exécuta un voyage célèbre à travers l'Iran, le Pamir et les déserts de l'Asie centrale jusqu'en Chine. Toutefois les relations ne devinrent fréquentes entre l'Europe et l'Asie qu'après le voyage du Portugais Vasco de Gama qui, en 1498, découvrit la route maritime des Indes par le sud de l'Afrique et le cap de Bonne-Espérance.

Depuis cette époque, les Européens se sont répandus de plus en plus en Asie. Ils y ont fondé des comptoirs de commerce, des colonies d'exploitation ou même de peuplement. Certaines parties du continent asiatique, par exemple la Sibérie, sont en majorité européennes par leur population. Dans les régions où le nombre des habitants indigènes rendait impossible l'établissement d'Européens nombreux, la civilisation européenne a du moins pénétré; elle s'y étend de jour en jour et y amène d'importantes transformations.

Les relations entre l'Asie et l'Europe. — Jusque vers 1880, les relations entre l'Asie et l'Europe se firent presque exclusivement par mer; elles devinrent particulièrement fréquentes à partir de l'ouverture du canal du Suez à la navigation en 1869. Depuis 1880, des voies ferrées ont créé des relations directes par terre de plus en plus fréquentes entre les deux parties du monde limitrophes.

Par mer, les principales escales sont Aden, Bombay, Colombo (île

de Ceylan), Madras, Calcutta, Singapour, Saïgon, Hong-Kong, Chang-
Haï et Yokohama. Cette voie maritime mène de l'Europe occidentale
au Japon en 34 ou 36 jours. Des paquebots réguliers relient, en
outre, le Japon au Canada et aux États-Unis en 13 ou 14 jours.

Du côté de la terre, l'Europe et l'Extrême-Orient sont unis directement par le *transsibérien* qui atteint le Pacifique et se greffe sur le
réseau en voie d'extension rapide des chemins de fer chinois : par là,
on va maintenant en 12 jours de Paris au Pacifique, en 13 ou 14 jours

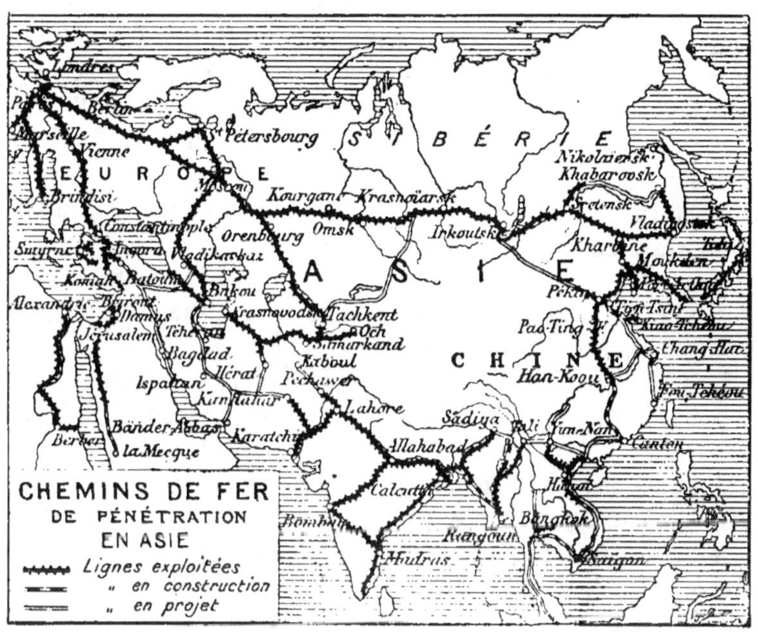

CHEMINS DE FER DE L'ASIE.

*Chaque année voit se créer en Asie de nouvelles voies ferrées. Déjà, grâce au
transsibérien, tout le réseau de la Chine se trouve relié directement à celui de
l'Europe. Dans la région de la Caspienne, les chemins de fer russes ne sont
plus très distants des chemins de fer de l'Inde. Des lignes sont en construction
pour unir l'Inde et l'Indo-Chine à la Chine. Un vaste réseau s'établit ainsi peu
à peu tout autour de la région désertique des hauts plateaux de l'Asie centrale.*

de Paris à Péking; — aucune voie continue ne relie encore les chemins de fer européens au réseau ferré très développé de l'Inde;
mais deux lignes russes, le *transcaucasien* et le *transcaspien* arrivent
jusqu'au pied septentrional de l'Iran dont les lignes ferrées de l'Inde
ont escaladé déjà les pentes méridionales; une voie qui traverse
déjà presque tout le plateau de l'Asie Mineure, doit être prolongée
jusqu'à l'Inde par la Mésopotamie; — enfin une voie ferrée, plus
qu'aux trois quarts construite, mènera prochainement de Constantinople à la Mecque par Damas et la Syrie.

Le contact entre l'Europe et l'Asie devient ainsi de jour en jour
plus intime.

§ 3. — LA RUSSIE D'ASIE

La Russie est une puissance asiatique autant qu'européenne. Elle occupe toute l'Asie septentrionale depuis l'Oural jusqu'à l'océan Pacifique, et depuis l'océan Glacial jusqu'aux grands plateaux du Centre.

L'Asie russe a une étendue considérable; elle couvre environ 16 millions et demi de kil. carrés, soit plus du tiers de toute l'Asie. Mais, composée principalement de régions glacées, de forêts, de steppes ou de déserts de sable, elle est relativement très peu peuplée; elle n'a que 27 millions d'hab., soit 1/32° seulement de la population totale de l'Asie.

L'Asie russe se compose de trois pays, la *Sibérie*, le *Turkestan caspien* et la *Caucasie*.

Sibérie. — La Sibérie est plus étendue que l'Europe et a 23 fois la superficie de la France.

1° C'est une immense plaine qui part de la bordure montagneuse des plateaux de l'Asie centrale pour aboutir à l'océan Glacial en s'inclinant doucement du sud-est au nord-ouest. Elle est donc ouverte aux vents glacés du nord et privée des vents tièdes du Pacifique. Son climat, tout continental, est caractérisé par des hivers très longs et rudes, par des étés courts mais chauds.

De très longs fleuves arrosent la Sibérie, l'*Ob* ou *Obi* grossi de l'Irtych, le *Iéniséi*, la *Léna* et l'*Amour*. Les trois premiers, fleuves de plaine, sont longs, lents, de régime assez régulier; ils pourraient rendre de très grands services à la navigation s'ils n'étaient encombrés par les glaces en hiver, surtout vers leurs embouchures, et s'ils n'étaient sujets, au printemps, à de terribles débâcles. L'Amour, qui coule dans une région montagneuse, a un cours plus tourmenté, moins facile à utiliser.

2° La Sibérie a des ressources abondantes et variées qui en font un pays d'avenir.

Au point de vue végétal, elle comporte, du nord au sud, les mêmes zones de végétation que la Russie : 1° des toundras alternativement glacées ou marécageuses; 2° une immense forêt composée de conifères au nord, et d'arbres à feuilles caduques au sud; 3° une zone de terre noire qui est propre à la culture partout où elle est suffisamment arrosée, c'est-à-dire au nord, mais qui n'admet guère que des steppes, bonnes tout au plus à un élevage extensif, vers le sud où l'humidité devient précaire.

Au point de vue minéral, la Sibérie est remarquablement douée. Ses régions montagneuses, l'Oural à l'ouest, les monts Altaï et Saïan au sud, abondent en combustibles et en minerais. L'or en est le principal produit.

3° Avant l'arrivée des Russes, la Sibérie, froide et pauvre, était peu peuplée. Les indigènes appartenaient à la race jaune : c'était des *Samoyèdes*, des *Koriaks* et des *Bouriates*, vivant de chasse et de pêche, au nord et a l'est; des *Tatars* et des *Ostiaks* nomades au sud-ouest. Leur nombre total ne paraît pas dépasser 600 000.

Les Russes forment l'élément dominant de la population. Il ne vint d'abord que des déportés, condamnés politiques ou opposants religieux, et des exilés volontaires accompagnant les déportés : une loi de 1899 a interdit la déportation en Sibérie. Aujourd'hui, il vient en Sibérie de nombreux colons libres, qu'attirent des concessions gratuites de terres; ils se groupent comme dans la Russie d'Europe en *mirs,* surtout dans la zone des cultures et des mines. Le nombre total des Russes établis en Sibérie est d'environ 7 millions. Il s'accroît assez rapidement depuis l'achèvement du chemin de fer transsibérien.

La population de la Sibérie s'élève donc, en somme, à 7 500 000 hab. environ, ce qui ne représente qu'une moyenne de 1 hab. pour 2 kil. carrés d'étendue. Les neuf dixièmes sont groupés dans la zone des cultures et des mines que dessert le transsibérien. Toutes les villes sont situées dans cette zone, au contact de l'ancienne route des caravanes ou de la voie ferrée actuelle avec les principaux cours d'eau. Ce sont : à l'ouest, *Tobolsk, Omsk* et *Tomsk*; au centre, *Krasnoiarsk* et *Irkoutsk*; à l'est, *Blagovechtchensk* et le port de *Vladivostok,* sur le Pacifique.

4° La Sibérie a des ressources nombreuses, mais deux grandes causes en rendent l'exploitation difficile : le petit nombre des habitants, et la rareté des voies de communication dans ce pays immense. On n'exploite qu'une minime partie des forêts; les cultures (blé, orge, avoine, seigle), limitées à la région suffisamment arrosée de la terre noire, sont peu soignées et de rendement faible. Sauf pour l'or, l'exploitation des ressources minières est dans l'enfance, et l'industrie naît à peine.

L'instrument du développement de la Sibérie est le *transsibé-*

rien qui est en exploitation complète depuis 1903; il excite l'immigration, et il fournit à toute la zone qu'il traverse, celle des cultures et des mines, une voie importante de circulation et d'échange. Le transsibérien est, en outre, une grande voie de transit entre la Russie et l'Europe, d'une part, le Pacifique et l'Extrême-Orient d'autre part; raccordé aux chemins de fer chi-

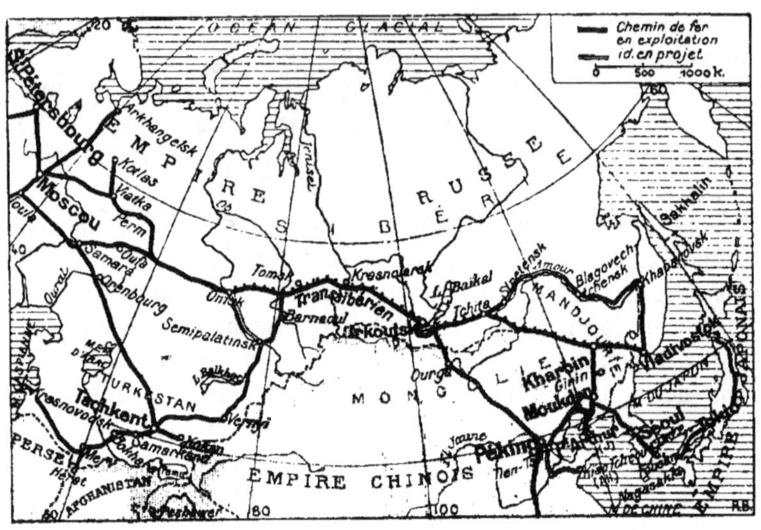

LE TRANSSIBÉRIEN.

Le transsibérien traverse toute la Sibérie méridionale, depuis l'Oural où il se greffe au réseau européen, jusqu'au Pacifique où son terminus est Vladivostok. Il a 7500 kilomètres de long.

nois par la Mandchourie, il forme une voie mondiale de premier ordre.

Turkestan russe. — Le Turkestan russe est compris entre la mer Caspienne, et les hauts massifs de l'Iran et des Thian-Chan.

1° C'est surtout une plaine uniforme, ancien fond d'une mer desséchée, dont elle contient encore des restes, la *mer Caspienne*, la *mer d'Aral*, le *lac Balkhach*, qui s'évaporent peu à peu. Le sol, formé de limons, en est riche; mais le climat est très sec, excessif. Les cours d'eau, venus des montagnes et progressivement appauvris, se traînent péniblement vers la mer d'Aral (*Amou Daria*, *Syr Daria*) ou se perdent en route parmi les sables (*Zaravchan*, *Mourghab*). Sauf le long des rivières où l'eau entretient quelque verdure, la végétation est des plus pauvres. Toute la plaine transcaspienne n'est qu'une suite de steppes arides, de déserts de sable ou de pierres, domaine de la vie pastorale et nomade.

Au sud-est, quelques hautes vallées, encadrées par les saillies de la région montagneuse, ont un climat plus doux et surtout plus d'humidité. Elles se prêtent aux cultures (céréales, riz, vignes, mûrier, coton); la vie agricole et sédentaire s'y est établie.

2° Le Turkestan russe compte 10 millions d'hab., soit 3 seulement par kilomètre carré. Pour la race de ces habitants comme pour le mode de peuplement, il faut distinguer deux zones d'habitat correspondant aux deux zones physiques entre lesquelles le pays se partage.

La région de la steppe n'a qu'une population très faible. Ses habitants sont des *Touraniens*, c'est-à-dire des jaunes, menant la vie pastorale (chevaux et moutons), nomades, formant des clans plus ou moins groupés sous la suzeraineté de *khans* qui siègent dans des oasis. Les oasis de *Khiva* et de *Bokhara* sont les deux principales d'entre elles.

Les hautes vallées cultivables ont une population relativement dense et des villes populeuses. Elles sont habitées par des *Iraniens*, c'est-à-dire des blancs, agriculteurs et sédentaires. Les villes principales sont *Tachkent*, qui est devenue la capitale politique en même temps que la plus grande ville du pays, *Namangan*, *Kokan* et *Samarkand*, dont les bazars sont parmi les plus célèbres de toute la région.

3° Les Russes possèdent directement les quatre cinquièmes du Turkestan ; ils ont établi seulement leur protectorat suzerain sur les khans de Khiva et de Bokhara.

Ils occupent et exploitent surtout les hautes vallées, partie riche du pays. Ils y ont attiré des colons. Par l'irrigation, ils y ont étendu les cultures existantes et ils en ont introduit d'autres, notamment celle du riz et celle du coton qui se développe très rapidement. Ils y ont favorisé la création de quelques industries, et en particulier des industries textiles (cotonnades, soieries). Sous leur domination, le Turkestan se transforme; le progrès est déjà très sensible.

Le *chemin de fer transcaspien*, inauguré en 1888, est le principal instrument de ces progrès accomplis ou futurs. Il quitte la mer Caspienne à Krasnovodsk, dessert Bokhara et Samarkand, et doit être prolongé jusqu'au transsibérien. Une ligne directe l'unit aux chemins de fer européens par Orenbourg. Un embranchement vers Hérat est l'amorce d'une autre ligne qui unira avant longtemps la Caspienne à l'Afghanistan et à l'Inde.

Caucasie. — La Caucasie occupe l'isthme compris entre la mer Noire et la Caspienne, isthme qui mesure de 500 à 600 kil. dans sa partie la plus resserrée.

1° La Caucasie présente une grande variété de structure et de ressources. On y distingue quatre bandes parallèles principales qui sont, du nord au sud : au pied du versant septentrional du Caucase, la *kabarda*, fin de la plaine russe, de climat sec, mais arrosée par les nombreuses rivières (Kouban, Terek) qui descendent du Caucase : c'est une région de steppes riches; — le massif allongé du *Caucase*, qui est très élevé (Elbrous, 5630 m.) et traversé par de rares passages dont le principal est le col du Darial, au centre : de climat très rude et bien arrosé, le Caucase est surtout couvert de forêts; — au pied du versant méridional du Caucase, la *Géorgie*, arrosée par deux fleuves principaux, le Rion et la Koura : la vallée du Rion, tournée vers la mer Noire, bien abritée, chaude et humide, est propre aux cultures subtropicales, riz, coton, mûrier, tabac, maïs, vigne; plus sèche, la vallée de la Koura, tournée vers la Caspienne, comporte surtout des pâturages; — au sud de la Géorgie, l'*Arménie*, plateau volcanique dominé par l'Ararat, de climat rude et sec, de végétation pauvre, cultivé et habité seulement dans la vallée de l'Araxe.

Outre les ressources agricoles qui ne manquent pas, la Caucasie possède de nombreuses mines, houille, fer, cuivre, or. Au premier rang, il faut sans conteste placer le *pétrole*, qui forme d'abondants gisements au pied et sur les deux versants du Caucase, notamment dans la péninsule d'Apchéron, sur les bords de la mer Caspienne.

2° La Caucasie comprend des populations extrêmement variées, savoir des Russes, des *populations jaunes*, Tatars et Turcs (musulmans), des *populations blanches*, Géorgiens et Arméniens (chrétiens), Tcherkesses et Lezghiens (musulmans). Des dissensions fréquentes et graves entre ces diverses races, et notamment entre Tatars et Arméniens, entretiennent dans cette région un état d'agitation presque perpétuelle.

La population totale s'élève à 9 500 000 hab. environ, ce qui représente une densité moyenne de 19 hab. par kil. carré. Deux

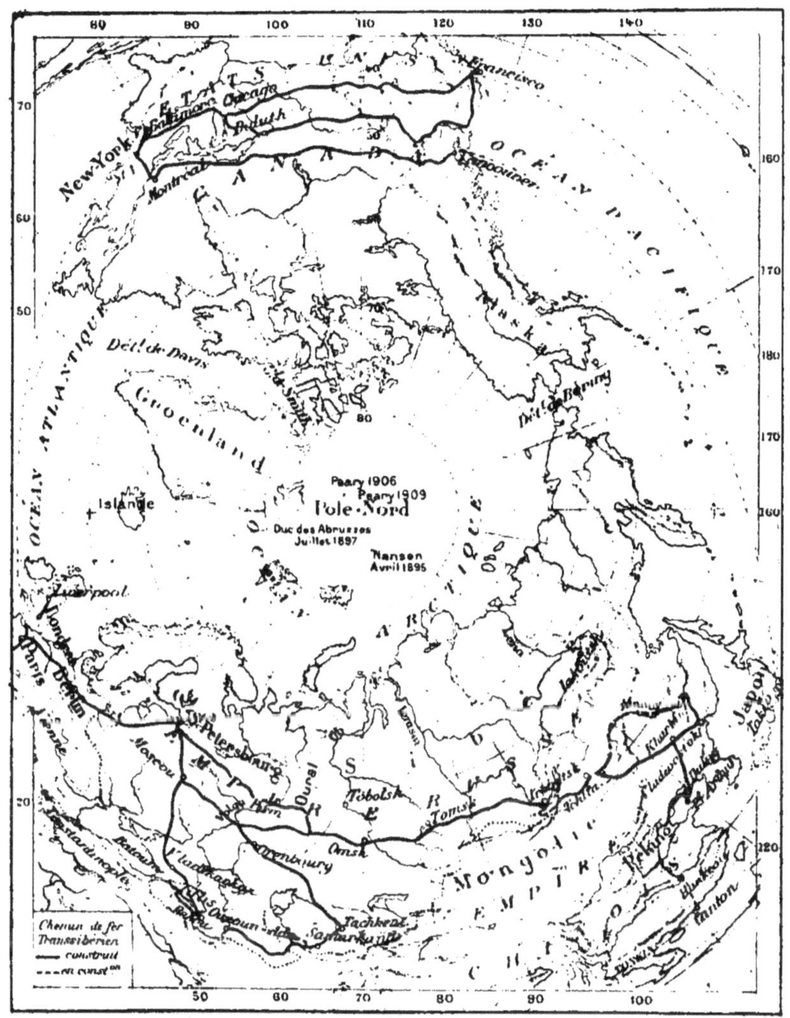

LE TRANSSIBÉRIEN ET LES VOIES FERRÉES TRANSCONTINENTALES.

Une ceinture de voies ferrées et de lignes de navigation fait aujourd'hui le tour de la terre à peu près à mi-chemin du pôle et de l'équateur dans l'hémisphère nord. Les lignes transaméricaines, de New-York à San Francisco, forment un des principaux anneaux de cette ceinture. Le transsibérien, relié directement aux voies ferrées transeuropéennes qui vont de Londres et de Paris à Moscou, forme un autre anneau principal, long de 10 000 kilomètres.

régions sont principalement peuplées : la Kabarda, qui compte deux villes importantes, *Iékatérinodar* dans une région riche en pétrole, et *Vladikavkaz* qui commande l'entrée septentrionale du défilé de Darial ; la Géorgie, où se trouvent *Batoum*, port sur la mer Noire, *Tiflis* au débouché méridional du Darial, et *Bakou*, sur la Caspienne, capitale du pétrole. Le plateau d'Arménie a quelques forteresses, *Kars, Alexandropol, Erivan.*

3° La Caucasie n'a pour l'instant qu'une grande ressource, sa production pétrolifère ; à cet égard, elle vient après les États-Unis, mais loin avant les autres pays producteurs ; le pétrole de la Caucasie alimente toute la Russie et une partie de l'Europe méditerranéenne.

Pour faciliter l'exportation du pétrole, les Russes ont construit la voie ferrée transcaucasienne qui va de Batoum à Bakou par Tiflis. Le transcaucasien est en même temps une voie d'acheminement vers l'Iran ; des embranchements sont en projet ou en commencement d'exécution vers l'Arménie et vers la Perse.

Lectures et Développements.

Le climat sibérien. — C'est le type des climats continentaux : hivers très froids, et, ce qu'on sait moins, étés très chauds.

L'hiver sibérien est long et rude. Dès le mois d'octobre au sud, dès le commencement d'août au nord, il gèle. La neige couvre la terre, et, à mesure que le froid s'établit, la glace enchaine successivement les lacs et les cours d'eau, même dans les montagnes où pourtant leur cours est très rapide. Cependant l'atmosphère reste d'une clarté parfaite ; des mois se passent sans qu'un nuage ou un brouillard voile l'éclat du ciel. Les plus grands froids se produisent, comme partout, en janvier : le thermomètre descend à — 30 degrés et s'y maintient des semaines durant ; il peut s'abaisser jusqu'à — 50 degrés ; on a même constaté — 62 degrés dans la province de Iakoutsk, la plus froide il est vrai, l'un des deux pôles du froid qu'il y ait sur le globe. C'est alors que l'hiver sibérien règne dans toute sa rigueur. Le silence est infini pendant toute cette période de grands froids. Tout semble endormi : les mousses, les herbes sont cachées dans la neige ou saisies par la gelée ; les branches des arbres, chargées de givre, pendent inertes ; les animaux restent blottis dans leurs trous. L'homme seul ose affronter ces froids terribles.

Au fait, l'hiver sibérien est rude, mais il n'est pas malsain. Ce qui est malsain dans nos hivers, ce sont les alternatives de froid et de chaud, de gel et de dégel. En Sibérie, le froid s'établit d'une manière continue, régulière, en sorte que l'organisme s'endurcit comme par degrés à supporter les températures les plus basses. Les vents, qui rendent le froid si pénible ailleurs, sont rares ici pendant l'hiver ; le baromètre s'y maintient toujours très haut sans variations sensibles et l'air reste d'un calme inaltérable.

Au commencement de mai, le printemps arrive soudain. Neiges et glaces fondent ; les eaux se mettent en mouvement : la débâcle commence sur les rivières ; les plaines sont pour quelques jours transformées en lacs. En même temps les feuilles poussent aux arbres ; en deux semaines la nature semble renouvelée. Dans tous les pays à climat continental, les saisons de transition sont ainsi courtes et brusques.

Puis vient l'été chaud, presque brûlant, même au delà du cercle polaire. On a constaté à Iakoutsk des chaleurs de 38 degrés qui ne

LA VOIE DU TRANSSIBÉRIEN.

Les Russes ont cherché à faire vite ; leur transsibérien a donc été établi d'abord d'une manière un peu primitive ; on voit que rien ne recouvre les traverses qui supportent la voie ferrée. Maintenant que la ligne est achevée, fonctionne et rend des services, les Russes travaillent à l'améliorer.

sont atteintes en France que dans les étés les plus chauds. La toundra brûle les pieds comme une lave. Toutefois, la chaleur ne se fait sentir qu'à la surface du sol : au-dessous d'une profondeur de 2 à 3 mètres, la terre reste constamment gelée jusqu'à une profondeur de plusieurs dizaines de mètres.

Le transsibérien. — La rareté des communications faciles et rapides forme l'obstacle principal au développement de la Sibérie.

Les fleuves sibériens sont larges et lents, très propres par conséquent à la navigation. Mais : 1° ils coulent du sud au nord et mènent non pas vers l'Europe, mais vers l'océan Glacial Arctique qui reste

couvert de glaces neuf ou dix mois sur douze; 2° ils sont, par suite
du climat, gelés et par conséquent inutiles pendant la moitié environ
de l'année.

Naguère, les communications de l'ouest à l'est à travers la Sibérie
n'étaient assurées que par la route postale, ou *trakt*, qui par Tobolsk,
Tomsk et Irkoutsk, menait jusqu'à Vladivostok, sur l'océan Pacifique.
On circulait sur cette route, mal entretenue, à cheval ou au moyen
de traineaux l'hiver, à l'aide de véhicules assez primitifs non més
tarantass pendant la belle saison. Le tarantass est un long véhicule,

Phot. J.-F. Fraser.

UNE STATION DU TRANSSIBÉRIEN.

*Comment on traverse aujourd'hui la Sibérie : une machine sans élégance traine
un train sur une voie établie un peu vite, où les vitesses ne dépassent guère
20 kilomètres à l'heure; mais les wagons, aménagés pour des voyages de
plusieurs jours, sont confortables. Les stations sont espacées de 30, 40 kilomètres, et parfois même davantage.*

fort mal suspendu et fort peu confortable; on l'attelait de deux ou
trois chevaux; des relais étaient disposés d'espace en espace. Sur la
route coupée de fondrières le trajet était cahoteux: il ne fallait pas
moins de 50 ou 60 jours pour traverser la Sibérie, voyage aussi long
que fatigant.

Le transsibérien remplace avantageusement la route du trakt. Il ne
mesure pas moins de 7500 kilomètres de longueur. Commencé en
1893, il a été achevé en 1903, après dix années seulement d'efforts,
bien que la gelée empêchât tout terrassement pendant près de la
moitié de l'année. Le transsibérien dessert toute la Sibérie méridionale par Omsk et Irkoutsk Prolongé par une voie ferrée qui traverse

la Mandjourie, et relié aux chemins de fer chinois, il mène à Péking,
à Chang-Haï. Grâce à lui, on peut se rendre aujourd'hui de Paris à
Péking en 15 ou 16 jours, et de Paris au Japon en 16 ou 17 jours. Il
en faut au moins 34 par la voie maritime du canal de Suez.

La durée du voyage par le transsibérien ne peut, d'ailleurs, que
diminuer. Le transsibérien a été établi d'une manière un peu hâtive;
la voie dont la solidité est insuffisante, n'admet que des vitesses
faibles, environ 20 à 25 kilomètres à l'heure. Quand elle aura été
refaite en des conditions meilleures, on pourra obtenir des vitesses

VUE DU LAC SASY-KOUL, EN VOIE D'ASSÉCHEMENT.

*Le lac Sasy-Koul est situé dans le Turkestan. Toute cette partie de l'Asie est en
voie d'assèchement. A mesure que le niveau du lac baisse, des étendues plates
et des îles de boue émergent graduellement au-dessus des eaux; une vasière
bientôt séchée, prend la place du lac.*

sensiblement plus grandes et la longueur totale du trajet sera encore
sensiblement diminuée.

L'eau dans l'Asie centrale. — Dans la Sibérie méridionale
comme dans presque tout le Turkestan, le sol n'est pas infertile par
lui-même: c'est une sorte de terre noire formée par l'accumulation
de débris végétaux. Partout où cette terre noire est suffisamment
arrosée, elle donne une remarquable végétation. Ce qui fait défaut
c'est l'eau.

L'Asie centrale est située dans la zone des alizés et à une grande
distance des océans : double raison pour que les pluies y soient rares.
Dans les plaines voisines de la mer d'Aral, les pluies annuelles
n'atteignent pas une hauteur de 10 centimètres; des mois se passent
sans une pluie, sans une buée. La seule eau que le pays reçoive est

celle que les fleuves amènent des montagnes. Aussi, les bords des cours d'eau forment-ils un long liseré de verdure et de végétation au milieu de l'aridité des régions voisines.

Dans les pays de ce genre, l'effort des colons européens consiste principalement à aménager du mieux possible cette eau vivifiante et à étendre autant qu'ils peuvent la surface arrosée par elle. C'est ce qu'ont fait les Anglais en Egypte et dans l'Inde, les Français en Algérie, les Américains dans les Bad Lands des Etats-Unis. C'est ce

UN TURKMÈNE ET SON CHAMEAU.
Là où l'eau est insuffisante ou manque dans l'Asie centrale, c'est la steppe, le désert, le chameau, la vie nomade.

que font les Russes dans le Turkestan caspien et dans les parties sèches de la Caucasie. Ils ont creusé des canaux d'irrigation qui ont permis d'étendre la zone des cultures le long des fleuves, sur des largeurs de plus en plus grandes. Dans ces pays où toute goutte d'eau est une goutte de vie, ils ont presque doublé ainsi la superficie cultivable et habitable.

Un fait montrera le rôle considérable que l'eau joue dans ces régions. Les Russes n'ont pas pris possession de tout le pays; ils ont occupé les parties supérieures des vallées; ils ont laissé une semi-indépendance aux Etats de Bokhara et de Khiva situés en aval. Ils savent, en effet, qu'en cas de révolte de ces pays, ils pourraient leur couper l'eau, partant les changer en déserts et les affamer.

Le transcaspien. — Il est beaucoup moins long que le trans-

sibérien puisqu'il n'y a que 1300 kilomètres de la mer Caspienne à
Samarkand. D'autre part, il traverse un pays bien plus méridional et,
pour l'établir, on n'eut pas à compter avec des hivers de 5 ou 6 mois
qui gelaient profondément le sol et suspendaient nécessairement tout
travail. Le transcaspien n'en fut pas moins très difficile à construire.

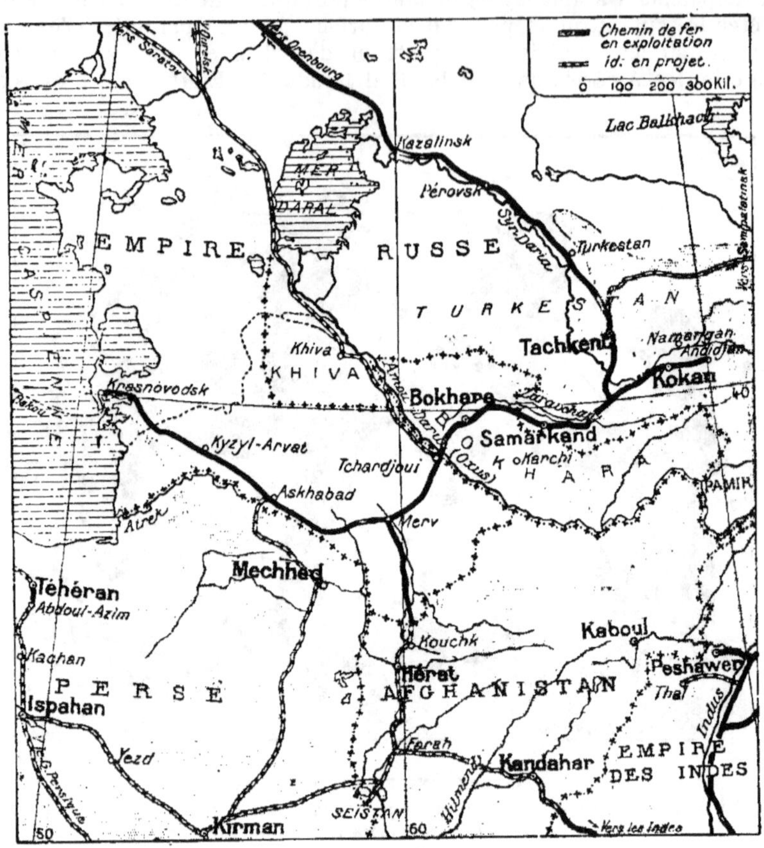

LE TRANSCASPIEN.

*Il longe le pied de l'Iran de Krasnovodsk, sur la Caspienne, à Merv, traverse
l'Amour-Daria à Tchardjoui, remonte la vallée du Zaravchan par Bokhara et
Samarkand, puis gagne Tachkent. A Tachkent, il est relié à une voie ferrée
qui vient d'Europe par Orenbourg; il doit être prolongé à l'est jusqu'au transsibérien qu'il rejoindra à Semipalatinsk. Un embranchement de Merv à la
frontière afghane représente le premier tronçon de la ligne qui mènera aux
Indes par Hérat et Kandahar.*

Les difficultés viennent du manque d'eau pour les travaux et pour
l'exploitation, des sables qui tendent souvent à envahir la voie, des
variations extrêmes de la température qui tour à tour contractent
ou dilatent les rails d'une manière relativement considérable.

Le transcaspien quitte les bords de la mer Caspienne à Krasnovodsk.
Au lieu de prendre aussitôt vers l'est à travers le désert, la direction

de son terminus, la ville de Samarkand, il se dirige vers le sud-est et longe la base de l'Iran pour trouver de l'eau ; il arrive ainsi dans l'oasis de Merv. C'est alors seulement qu'il traverse le désert en ligne droite pour remonter ensuite la vallée du Zaravchan.

Inauguré de Krasnovodsk à Samarkand en 1888, il a été prolongé au delà de Samarkand en 1898. Une ligne unit le transcaspien aux chemins de fer européens par Orenbourg. On en construit une autre pour relier le transcaspien au transsibérien. Un embranchement, détaché à Merv, remonte le cours de la Mourghab dans la direction de Hérat et de Kandahar où aboutit déjà le réseau ferré de l'Inde ; il n'y a plus que 500 kilomètres de lacune entre le point terminus de l'embranchement de Merv et Kandahar.

Ainsi, le transcaspien n'aide pas seulement au développement économique du Turkestan russe ; il est partiellement le fragment d'une des grandes lignes qui, dans un avenir qui n'est plus très éloigné, uniront l'Europe et l'Inde.

ENTRÉE DU TOMBEAU DE TAMERLAN A SAMARKAND.

C'est l'influence arabe qui a marqué son empreinte sur le Turkestan. Tamerlan, le fameux conquérant mongol, repose dans la crypte d'une mosquée de Samarkand. Grâce à l'eau, on trouve le long des rivières du Turkestan des bandes de cultures et des villes intéressantes et actives au milieu du désert.

Le pétrole en Caucasie.

— Le pétrole est une huile minérale combustible qui existe en abondance dans certains points du sol. Il y forme des nappes souterraines ; on l'en fait jaillir généralement par le procédé des puits artésiens. Les applications pratiques du pétrole sont multiples. On le fait servir à l'éclairage, au chauffage, à la production de la force motrice. Une tonne de pétrole dégagerait autant de chaleur que trois tonnes de houille. L'emploi du pétrole est de plus en plus répandu dans le monde civilisé.

Les États-Unis ont le premier rang parmi les États producteurs de pétrole. Ils en fournissent la quantité la plus grande ; en outre, les pétroles américains, mieux raffinés et de qualité meilleure que les autres pétroles, représentent à quantité égale, une valeur bien plus

élevée. La Russie vient après les États-Unis, grâce aux dépôts pétro-
lifères de la Caucasie.

Le pétrole est très abondant dans toute la région du Caucase. On

LE GLACIER DE DEVRODOK (CAUCASE).
L'un des glaciers les plus étendus du Caucase, dans le Caucase central.

en trouve de nombreux gisements sur les deux versants du Caucase et
parallèlement à lui. On le trouve ainsi au nord-est dans la région
d'Iékatérinodar, et au sud près de Tiflis surnommée la *ville brûlante*. Les
principaux de ces gisements sont situés à l'est dans la péninsule d'Apchéron, près de la Caspienne. Tout le sol de cette presqu'île en est comme im-
prégné; il suffit de le creuser légèrement avec le doigt pour déterminer
une émanation de carbure inflammable au contact d'un charbon ardent ou
d'une allumette. La

REGION DU NAPHTE EN CAUCASIE.
*Les régions où se trouve le naphte forment des bandes
parallèles au Caucase; on les a distinguées ci-
dessus par des grisés; les points noirs représentent
des puits de naphte.*

ville de Bakou, fondée pour l'exploitation de ces pétroles, a eu une
croissance des plus rapides : jadis petit village, elle compte aujour-
d'hui plus de 125 000 habitants.

Le pétrole de Bakou est partiellement transporté en Europe par des bateaux-citernes qui traversent la Caspienne, remontent la Volga et desservent la Russie centrale. Une autre partie est transportée par la voie ferrée de Bakou à Batoum; dans cette dernière ville, de grands réservoirs ont été construits, et les navires viennent s'y approvisionner.

C'est le pétrole du Caucase qui actionne les machines du trans-

EXPLOITATION PÉTROLIFÈRE A BAKOU.

Le pétrole abonde dans la région de Bakou; tout le pays est littéralement couvert de hautes cheminées de bois, appelées derricks, qui entourent les sources jaillissantes.

caucasien et du transcaspien, celles des bateaux à vapeur de la Caspienne et de la Volga, celles de la plupart des manufactures de la Russie.

Les Russes en Asie. — C'est au XVIe siècle que, franchissant l'Oural pour punir les déprédations de quelques tribus de pillards, les Russes pénétrèrent en Asie pour la première fois. Longtemps ils s'y étendirent à l'aventure, jusqu'au jour où la compréhension des besoins de la Russie détermina la conception d'une politique asiatique russe raisonnée.

La grande infériorité de la Russie, au point de vue d'une politique mondiale, est de n'avoir jour que sur des mers, ou glacées comme l'océan Arctique, ou fermées par des détroits dont elle n'a pas la clef comme la Baltique et la mer Noire, ou intérieures et sans communication avec les océans comme la Caspienne. Même si elle conquérait Constantinople, elle n'atteindrait qu'au bassin de la Méditerranée dont Gibraltar garde l'entrée. De là toute une politique d'expansion dirigée par le désir d'arriver à la mer libre.

En Asie, elle a cherché la mer libre dans trois directions :

1° Par la Caucasie, elle s'est avancée sur le plateau d'Arménie, vers la Mésopotamie et le golfe Persique;

2° Par le Turkestan, elle a cherché à pénétrer sur le plateau de l'Iran et à s'étendre vers l'Inde;

3° Par la Sibérie, elle s'est avancée jusqu'au Pacifique, puis l'ayant atteint, elle n'a cessé de s'y étendre toujours plus au sud, par l'acquisition de la province de l'Amour en 1858, par son installation en Mandjourie en 1898, par ses visées sur la Corée. Elle avait acquis Port-Arthur, au sud de la Mandjourie, et touchait ainsi à la mer Jaune et à la Chine quand la guerre russo-japonaise l'a contrainte de reculer (1905).

FEMME BOURIATE.

Les Bouriates sont une des populations indigènes de la Sibérie orientale. Ils appartiennent à la race jaune. Noter dans ce costume, qui est un costume de gala, la recherche des bijoux pour lesquels les femmes Bouriates montrent un goût extrême (Paul Labbé, « Chez les lamas de Sibérie »).

§ 4. — LA TURQUIE D'ASIE.

Les Turcs possèdent toute l'Asie occidentale en deçà d'une ligne unissant la mer Caspienne au golfe Persique, soit une superficie de 2 millions de kilomètres carrés Mais ce pays, difficile de relief et généralement pauvre, est peu peuplé pour son étendue et ne renferme pas plus de 19 à 20 millions d'habitants.

La Turquie d'Asie manque d'unité naturelle et se compose de cinq pays différents, Asie Mineure, Syrie, Arménie, Mésopotamie, Arabie.

Asie Mineure. — L'Asie Mineure est une vaste presqu'île à laquelle on rattache les îles de *Mytilène, Chio, Samos, Rhodes* et *Chypre,* dans la Méditerranée, la dernière appartenant à l'Angleterre.

1° L'Asie Mineure est un plateau encadré de hautes montagnes dont la principale est le *Taurus,* semé de cônes volcaniques et creusé de dépressions qu'occupent des lacs salés. Son climat est sec et excessif, ses productions maigres. On n'y trouve guère que des steppes et de mauvais pâturages, sauf le long des rivières où, grâce à l'irrigation, des cultures se sont développées. Au moyen âge, les croisés faillirent mourir de faim dans la traversée de l'Asie Mineure.

La partie privilégiée de l'Asie Mineure, c'est la zone littorale, en forme de fer à cheval, qui l'entoure. Elle est formée de plaines alluviales, de vallées bien arrosées qui, comme les îles jouissent du climat méditerranéen. Les cultures y sont nombreuses : peu de céréales, mais des vignes, des mûriers, des arbres fruitiers (oliviers, figuiers, orangers, grenadiers); les vignes donnent un vin épais, liquoreux; les raisins secs sont l'un des produits principaux de l'Asie Mineure.

2° L'Asie Mineure est occupée par les deux races qu'on trouve en présence dans toute cette région, les Turcs et les Grecs. Les *Turcs,* race asiatique, occupent principalement le plateau et les vallées supérieures. Les *Grecs* occupent les îles et la majeure partie du pourtour maritime. On évalue à 9500000 le nombre total des habitants de l'Asie Mineure; ils sont, d'ailleurs, inégalement répartis entre le plateau et la région du pourtour.

Le plateau, plaines âpres et nues, steppes et déserts coupés de rares cultures le long des cours d'eau, compte peu d'habitants et peu de villes. Celles-ci, d'une haute antiquité pour la plupart, sont les étapes nécessaires du commerce qui se fait d'un rebord à l'autre du plateau. Les principales sont *Angora,* l'ancienne Ancyre; *Kaisarieh,* l'ancienne Césarée; *Koniah,* l'ancienne Iconium.

Le pourtour, beaucoup plus peuplé, possède une chaîne continue de villes, débouchés de l'intérieur et presque toutes ports importants : sur la mer Noire, *Trébizonde,* débouché de l'Arménie; sur le Bosphore, *Scutari,* faubourg asiatique de Constantinople; près de la mer de Marmara, *Brousse*; dans la région de l'Archipel, *Smyrne,* un des grands ports de la Méditerranée et la ville la plus importante de l'Asie Mineure; au sud, *Mersina* et *Adana*.

3° Malgré une situation très favorable, l'Asie Mineure est dans un état économique fort arriéré. L'agriculture est négligée; l'industrie est à peu près nulle à l'exception de quelques fabriques de tapis.

Plusieurs voies ferrées en construction stimuleront sans doute son développement. Deux d'entre elles partent de Smyrne, mais la principale part de Scutari, en face de Constantinople, et traverse en biais le plateau intérieur dans la direction de la Mésopotamie : c'est l'amorce d'une des voies ferrées qui tendent vers l'Inde.

Syrie et Palestine. — La Syrie et la Palestine forment l'étroite bande de terre qui s'allonge, au sud-est de l'Asie Mineure, entre la Méditerranée et le désert.

1° Le trait caractéristique de ces deux pays est d'être traversés du nord au sud, parallèlement à la mer, par deux soulèvements montagneux que sépare une rainure longitudinale. Les deux soulèvements sont le *Liban* qui s'élève à plus de 3ooo mètres, et l'*Anti-Liban*, un peu moins élevé. Dans la rainure, qu'on appelle le *Ghor*, coule le Jourdain, s'étendent le lac de Tibériade et la *mer Morte*, ou lac Asphaltite, dont la surface est située à 394 mètres au-dessous du niveau des océans.

Le climat, de plus en plus sec et excessif à mesure qu'on s'avance vers l'est dans l'intérieur du pays, est méditerranéen dans la zone côtière qui renferme quelques plaines assez fertiles, pays de Canaan, Galilée, plaine de Saron; on y trouve des plantations de tabac et de mûriers, des vignes, des vergers, quelques champs de céréales. Mais, en somme, la Syrie et la Palestine sont des pays plutôt âpres, qui ont de tout temps poussé leurs habitants à chercher sur la mer les ressources nécessaires à leur existence : c'est là que dans l'antiquité se développa la puissance phénicienne.

2° Lieu de passage entre l'Asie et l'Afrique, la Syrie et la Palestine ont une population extrêmement variée, comprenant des *Arabes*, des *Turcs*, des *Syriens*, des *Druses*, des *Maronites* : seuls les Juifs sont à peine représentés dans ce pays d'où ils sont originaires. On évalue la population totale à 28oo ooo habitants, répartis principalement dans la région côtière.

Les principales villes sont : au nord, *Alep* à l'intérieur, *Alexandrette* et *Antakieh* ou *Antioche*, sur la mer ou près de la mer; — au centre, *Homs* et *Damas* à l'intérieur, *Tripoli* et *Beïrout*, héritière de Tyr et Sidon, sur la côte; — dans la région méridionale ou Palestine, *Jérusalem* sur le plateau de Judée, *Saint Jean d'Acre* et *Jaffa* sur la côte.

3° Des voies ferrées unissent Beïrout à Damas, Jaffa à Jérusalem. Une autre grande ligne d'Alep à Damas et à Médine est une section de la ligne très importante qui, dans quelques années, mènera de Constantinople à la Mecque. Néanmoins, la Syrie et la Palestine n'ont qu'une vie économique sans intérêt.

Arménie Turque. — C'est la moitié à peine du plateau arménien, entre l'Asie Mineure et l'Iran, le reste appartenant partie à la Russie et partie à la Perse.

1° L'Arménie est un grand massif montagneux dominé par le cône volcanique de l'*Ararat*, qui dépasse 5000 mètres, et creusé vers le centre par une petite mer intérieure aux eaux salées, le *lac de Van*, situé à 1650 mètres d'altitude. Le climat arménien est rude, de caractère tout continental. Les ressources, en particulier les ressources végétales, sont faibles.

L'Arménie est, avant tout, un grand centre de dispersion des eaux; de ses montagnes descendent l'*Araxe* qui coule vers la mer Caspienne, l'*Euphrate* et le *Tigre* qui coulent vers le golfe Persique.

2° Deux races d'hommes, en état de guerre perpétuelle, composent la population : les *Arméniens* qui sont de race blanche et chrétiens, les *Kurdes* qui sont aussi de race blanche mais musulmans. La population totale est évaluée à 2 500 000 habitants.

Une seule ville notable s'élève dans l'Arménie turque, c'est la forteresse d'*Erzeroum*, qui commande tout le plateau.

Mésopotamie. — C'est, au sud-est de l'Arménie, la grande plaine qui est située entre le Tigre et l'Euphrate. Le nom de Mésopotamie signifie région entre deux fleuves.

1° Immense plaine, mollement ondulée, presque plate, la Mésopotamie est presque entièrement constituée d'alluvions fluviales. Son sol serait fertile s'il était bien arrosé. Mais le climat, d'une sécheresse extrême, ne compte pas plus de quinze jours pluvieux par an. Les seules eaux que reçoit à peu près le pays sont celles qui sont amenées par l'Euphrate et le Tigre, réunis pour former le Chat-el-Arab.

Il faut donc distinguer en Mésopotamie les régions où ne coule aucune rivière, et celles que baignent l'Euphrate, le Tigre ou leurs affluents. Les premières sont des steppes incultes et des déserts, tout au plus propres à la vie nomade. Les secondes sont d'une fertilité remarquable; elles produisent le riz et le coton; la vigne et les arbres fruitiers y croissent; le blé en serait originaire; vers le sud, des forêts de palmiers-dattiers couvrent les bords du Chat-el-Arab.

2° La population est évaluée à 1 500 000 habitants; elle se compose en majorité de tribus nomades, vivant de l'élevage des chameaux et aussi de la maraude, soumises de nom au sultan, mais en fait à peu près indépendantes.

Les villes sont peu nombreuses; elles sont situées sur les rives de l'un des deux grands fleuves. Les principales sont *Mossoul*, près de l'emplacement de l'ancienne Ninive, sur le Tigre; *Bagdad*, également sur le Tigre, principal entrepôt de la région; *Hilleh*, qui occupe, sur l'Euphrate, une petite partie de l'ancienne Babylone; *Bassorah*, port important sur le Chat-el-Arab.

Arabie. — L'Arabie est le quadrilatère massif, cinq ou six fois grand comme la France, qui flanque l'Asie au sud-ouest entre la mer Rouge, l'océan Indien et le golfe Persique.

1° L'Arabie est un plateau dont l'intérieur est déprimé et dont les bords se relèvent en formant des bourrelets montagneux qui sur certains points atteignent 3000 mètres. Située sous la même latitude que le Sahara et privée des vents marins par son cadre de montagnes, elle a un climat tout continental, si brûlant le jour que le soleil y fait éclater les pierres, froid et presque glacé la nuit. Les pluies y sont extrêmement rares, presque nulles. Aucune rivière permanente ne coule en ce pays. Tout l'intérieur n'est qu'un désert aux oasis peu nombreuses, à la population très clairsemée et nomade.

Une seule partie fait exception, la région du sud-ouest qui est un peu atteinte par les pluies de la mousson, produit des vignes, de la myrrhe, de l'encens, du tabac et surtout du café : c'est l'*Arabie Heureuse*, comme l'appellent les autres habitants de la péninsule par opposition avec l'Arabie Pétrée ou pierreuse et avec l'Arabie des sables.

2° L'Arabie est située à l'écart des grandes routes de circulation et elle est trop pauvre pour solliciter les invasions. Cela explique l'homogénéité de la population qui appartient toute à la race arabe et pratique toute le mahométisme qui d'ailleurs y naquit. C'est du reste la vie nomade qui domine en Arabie, et nulle cohésion politique n'y existe entre les diverses tribus. La Turquie possède théoriquement la majeure partie du pays, mais son autorité est nulle dans l'intérieur mal établie et faible dans les régions côtières.

On évalue à 3 ou 4 millions le nombre des habitants de l'Arabie. La majeure partie d'entre eux réside sur la côte ou non loin de la côte ; là s'élèvent les principales villes qui sont : à l'ouest, *Médine* avec son port de Yambo et *La Mecque* avec son port de Djeddah ; au sud-ouest, *Hodeïda* et *Moka*, principaux ports de l'Arabie Heureuse ; au sud, *Aden* qui commande la sortie de la mer Rouge et où les Anglais se sont installés ; à l'est, *Mascate*.

Les principales oasis de l'intérieur sont *Haïl* et *Er Riad*.

Lectures et Développements.

La population de la Turquie d'Asie est des plus variées. — La Turquie d'Asie est située au point de contact du monde asiatique et du monde européen. C'est un carrefour de races et de religions diverses, dont l'antagonisme est une cause perpétuelle de trouble et d'instabilité.

1° En Asie Mineure, la rivalité est entre les *Turcs* et les *Grecs*. La race turque est douée d'une grande force physique, hospitalière et bonne ; mais sans instruction, molle, rêveuse, manquant d'adresse et de sens pratique, elle manque des qualités qui assurent aujourd'hui le succès. Tout au contraire, le peuple grec est fort actif, intelligent, industrieux, habile ; on lui reproche même d'être peu scrupuleux. Dans la plupart des ports de l'Archipel, à Smyrne par exemple, on distingue deux quartiers : l'un est pittoresque, mais pauvre et sale, inerte et mort, relégué aux extrémités, c'est le quartier turc ; l'autre est riche, vivant, actif, c'est le quartier grec.

Le changement qui s'est produit en 1908 dans le gouvernement ottoman ne pourra manquer de modifier la situation, notamment par la création d'écoles turques. Mais sur le pourtour fertile de l'Asie Mineure, les Turcs n'occupent plus en majorité que la côte de Cilicie, au sud. Les Grecs se sont insinués partout à leur place ; ils ont établi des maisons de commerce, fait prédominer leur langue, comme à l'époque antique où des colonies grecques, Éphèse, Milet, Phocée, Cnide, Halicarnasse, dont les ruines se voient encore, se succédaient tout le long de ses côtes. Les Turcs se sont reportés graduellement vers les régions pauvres de l'intérieur. La race asiatique a dû se replier vers la contrée des plateaux, partie asiatique par excellence de l'Asie Mineure.

2° En Syrie, les deux peuples les plus intéressants sont les *Druses* et les *Maronites* qui, les uns et les autres, habitent la Syrie centrale, vers Tripoli et Beïrout.

Les Druses, au nombre d'environ 150 000, sont des Arabes, mais plus civilisés que les autres, pratiquant une religion purement monothéiste et une morale élevée. Les musulmans les rejettent de l'Islam comme schismatiques. Très belliqueux, ils ont conquis, quoique inférieurs en nombre, une prédominance matérielle et morale qui ne leur est plus contestée.

Les Maronites, au nombre d'environ 200 000, sont des chrétiens. Ils reconnaissent l'autorité du pape, mais pratiquent le rite syriaque

Phot. Martel

LE MONT ARARAT.

Point culminant du plateau d'Arménie, volcan couvert de laves et de neiges. Son sommet se dresse à plus de 5000 mètres de hauteur sur un plateau pierreux, au climat rude, désolé.

assez différent du rite latin. Ils doivent leur nom au patriarche Maron qui constitua leur église au VII° siècle. Beaucoup d'entre eux parlent le français; on les appelle d'ailleurs « les Français du Liban ». Ils montrent avec orgueil des lettres de Louis XIV et de Louis XV leur promettant aide et protection. C'est pour les protéger contre le fanatisme des Druses, qui avaient égorgé 13 000 Maronites, que la France fit, en 1860, l'expédition militaire du Liban.

3° En Arménie, la lutte existe entre deux peuples de race blanche mais de religion différente, entre les *Kurdes* qui sont musulmans et les *Arméniens* qui sont chrétiens.

Le peuple arménien, semblable au peuple polonais en Europe, est aujourd'hui partagé en trois tronçons : une partie dépend de la Russie, une partie obéit à la Perse, une partie relève de la Turquie d'Asie. Malgré ce morcellement, les Arméniens restent fidèles à leur nationalité, à leur langue, à leurs coutumes et traditions, à leur religion.

Des trois fragments du peuple arménien, le plus maltraité a été ju qu'à ces derniers temps celui qui dépend de la Turquie. Les Kurdes, montagnards pauvres et pillards, poussent l'esprit d'intolérance religieuse jusqu'au fanatisme; d'autre part, l'ancien régime turc entretenait les haines politiques et religieuses à son profit. Aussi les Arméniens, riches et enviés, étaient-ils en butte à des vexations continuelles. Malgré les garanties qui leur avaient été promises, l'administration turque les surchargeait d'impôts, et laissait impunis les actes de brigandage et les attentats dirigés contre eux. Ces attentats ont même fréquemment dégénéré en massacres

UNE ROUTE SUR LE PLATEAU D'ASIE MINEURE.
Le relief est âpre; la route n'est qu'un étroit sentier pierreux. Les transports, les voyages s'y font surtout à dos d'animaux.

véritables. Les peuples européens ont dû intervenir pour demander au sultan Abdul-Hamid d'accorder aux Arméniens une protection plus efficace.

La côte de l'Asie Mineure. — La côte de l'Asie Mineure a toujours été le centre d'un commerce important. Dans l'antiquité, c'est dans ses ports que se faisaient les échanges entre le monde grec et les riches monarchies asiatiques, Assyrie, Chaldée, Médie, Perse. Le long de la côte s'échelonnaient des ports actifs, Smyrne qui était déjà florissante, Phocée, Ephèse, Milet, Halicarnasse, Cnide. La plupart d'entre eux ont disparu; des alluvions fluviales ont comblé leurs bassins, les ont isolés de la mer : Ephèse et Milet en sont éloignés aujourd'hui de plusieurs kilomètres.

Les ports de l'Asie Mineure sont connus sous le nom d'*Échelles du Levant*. Leur commerce d'exportation consiste principalement en parfums, soieries, tapis d'Orient, armes de luxe, raisins secs, vin des îles (Samos). Leur population porte le nom de *Levantins* : c'est un mélange de Turcs, de Grecs et de Sémites. Ils sont très actifs et manifestent pour le commerce une aptitude toute particulière.

L'activité des ports de l'Asie Mineure a beaucoup diminué depuis l'ouverture du canal de Suez qui a tué presque complètement le commerce de caravanes qui se faisait auparavant par la Mésopotamie et la

L'EUPHRATE DEVANT LES RUINES DE BABYLONE.

Babylone compta sans doute jadis un ou deux millions d'habitants : des monticules, produits par l'amoncellement sur place des débris de ses palais et de ses maisons, marquent son ancien emplacement. Tout le pays porte la marque d'une profonde décadence. On pense que l'établissement du chemin de fer de Bagdad lui rendra la vie.

région d'Alep. La construction des voies ferrées projetées ou en voie d'exécution et les travaux d'irrigation en projet pourront le revivifier.

La Turquie d'Asie manque de bonnes voies de communication. — La Turquie d'Asie occupe une situation particulièrement favorable à un développement commercial important. L'axe naturel des relations entre l'Europe et l'Inde y passe. Ni les Dardanelles, larges par endroits de 2 kilomètres à peine, ni le Bosphore qui sur certains points n'a pas plus de 550 mètres, ne sont des obstacles sérieux. La grande route terrestre de communication entre l'Europe centrale et l'Inde a toujours passé et passera toujours par l'Asie Mineure.

Cette route est peu fréquentée aujourd'hui, et pour plusieurs raisons.

1° Les voyageurs y trouvent peu de sécurité. Le gouvernement des fonctionnaires turcs est resté longtemps arbitraire, leur administration oppressive. La justice, indulgente ou prévaricatrice, laissait impunis trop de crimes ou d'attentats. Tout l'intérieur était abandonné aux désordres des nomades.

2° Pas de grandes artères fluviales. L'Euphrate et le Tigre sont accessibles à de petits vapeurs, respectivement jusqu'à Biredjik et jusqu'à Bagdad; mais au delà ils n'admettent plus, à la descente seulement, que des embarcations primitives, appelées *kelleks*, sortes

UN KELLEK SUR LE TIGRE.

Un kellek est une sorte de radeau fait de troncs d'arbres liés ensemble et supporté par des outres en peau de mouton ou de chèvre gonflées d'air et goudronnées : on les laisse aller au courant de l'eau, en se contentant de les diriger à l'aide de perches. Des embarcations semblables sont figurées sur les bas-reliefs assyriens datant de 3000 ans et plus.

de radeaux faits de troncs d'arbres liés ensemble et supportés par des outres en peaux de mouton 'ou de chèvre gonflées d'air et goudronnées : on les laisse aller au courant de l'eau, en se contentant de les diriger à l'aide de perches; la descente achevée, le marinier vend les bois, charge sur son âne les outres dégonflées et regagne par terre son point de départ. On voit des kelleks semblables reproduits dans les bas-reliefs qui datent des premiers Assyriens. Les autres rivières de la Turquie d'Asie sont absolument impraticables.

3° Peu de routes : la principale est la *route française* construite par la France de Beïrout à Damas à travers le Liban, lors de l'expédition de 1860. La plupart des chemins sont étroits, d'une largeur moyenne de 2 mètres, pavés de cailloux pointus qui rendent la marche pénible, mal entretenus, souvent ravinés et défoncés, presque

impraticables. Très souvent les seules routes existantes sont les lits
desséchés des torrents. Sur les routes les transports se font par
arabas, petites voitures non suspendues, traînées par des buffles : ou
bien ils se font par chevaux, ânes ou mulets. ces transports à grandes
distances se font par caravanes, à dos de chameaux, moyen aussi
incommode que coûteux ; le prix de charge tes de 40 à 60 francs par

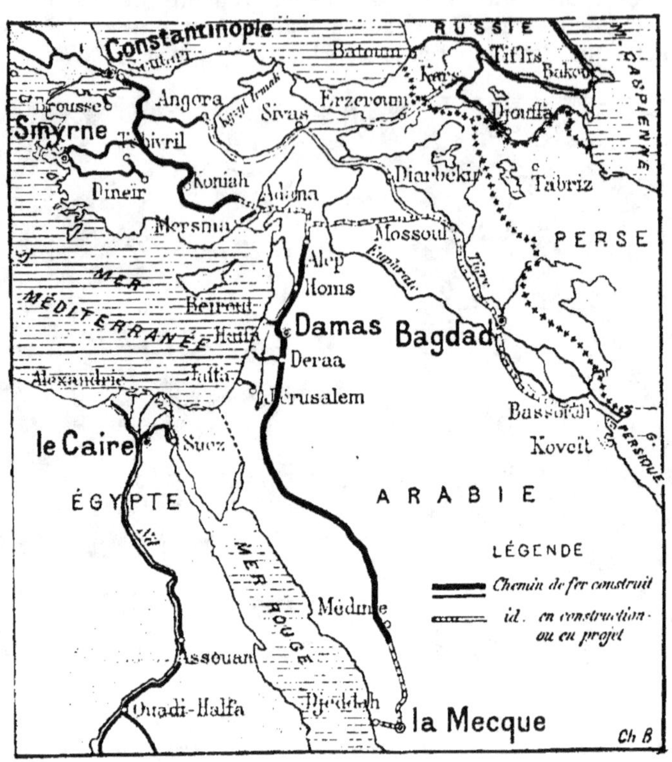

VOIES FERRÉES DE TURQUIE D'ASIE.

*On distingue un grand tronc principal traversant le plateau d'Asie Mineure, de
Scutari jusqu'auprès d'Alep, et bifurqué ensuite en deux lignes : l'une, le
chemin de fer de Bagdad qui, par Mossoul, Bagdad et la Mésopotamie, mènera
jusqu'au golfe Persique ; l'autre, celui de la Mecque, par Damas, déjà presque
entièrement achevé. Le tronc principal et la ligne de la Mecque sont très avancés,
mais la ligne de Bagdad est encore tout entière à construire au delà de l'Asie
Mineure.*

chameau suivant la saison, et la bête ne peut recevoir, selon son
âge et sa taille, que de 200 à 400 kilogrammes.

Seul l'établissement de voies ferrées peut permettre à la Turquie
d'Asie de remplir comme il faut le rôle commercial que sa situation
lui assigne.

Le chemin de fer de Bagdad. — C'est en 1871 que fut

construite la première voie ferrée d'Asie Mineure; elle mesurait
92 kilomètres et menait d'Haïdar-Pacha, sur le Bosphore en face de
Constantinople, à Ismid. Deux autres voies ferrées furent bientôt
construites de Smyrne vers Alachehr et de Smyrne vers Dinéïr. Mais
ce n'est qu'à partir de 1888 que se fit jour sérieusement l'idée d'une
grande ligne menant du Bosphore au golfe Persique par le plateau
d'Asie Mineure et par la Mésopotamie. Elle devait d'abord suivre le
nord du plateau (Angora, Sivas, Diarbékir); puis on décida de se
diriger par Koniah vers l'extrémité sud-est de l'Asie Mineure.

En 1903, alors que la ligne atteignait déjà Koniah, un firman a
concédé aux Allemands la concession et l'exploitation pour quatre-

Phot. Courtellemont.

UNE STATION DU CHEMIN DE FER DE LA MECQUE.

*Le chemin de fer de la Mecque ne traverse à peu près que des déserts. Le relief
est assez plat et il n'y a eu en beaucoup d'endroits, pour établir la voie, qu'à
poser les traverses et les rails sur le sol. Mais il a fallu compter avec les
énormes variations de température entraînant des contractions et des dilata-
tions importantes des rails ; il a fallu protéger la ligne contre l'invasion des
sables ; il a fallu surtout se procurer l'eau indispensable pour les machines.*

vingt-dix-neuf ans, d'une ligne passant par Eregli, Adana, Killis,
Harran, Mossoul, Bagdad et Kerbela, pour aboutir à Bassorah. Tel
est le tracé de la voie que les Allemands appellent le *Bagdadbahn*:
elle mesurera près de 3000 kilomètres; aux termes du firman, elle
devrait être achevée en juillet 1911.

La construction occasionnera de grosses difficultés, notamment à la
descente sur Adana; le Taurus doit être franchi à 1450 mètres et
Adana se trouve presque au niveau de la mer; on y prévoit un tunnel
en hélice de 10 à 12 kilomètres et 150 kilomètres de tranchées et
remblais pour y accéder.

Cette voie aura des conséquences économiques sans nul doute très
importantes. Elle ouvrira ces régions, aujourd'hui presque inabor-

dables, à la circulation européenne. Elle permettra leur mise en valeur. Pour retrouver les jours de Babylone, il leur faut deux choses, la sécurité et une exploitation rationnelle. C'est un désert aujourd'hui par la faute des nomades pillards du désert et par le manque de digues et de canaux. La voie ferrée rendra possible de remédier à cette double cause de ruines, et le nouveau régime ottoman a immédiatement entrepris de rendre la prospérité à cette Mésopotamie qui, au dire d'Hérodote, était dans l'antiquité plus riche même que l'Égypte.

Le chemin de fer de la Mecque. — En septembre 1900, fêtant le vingt-cinquième anniversaire de son accession au trône, Abd-ul-Hamid annonça à ses sujets l'établissement d'une voie ferrée

PANORAMA DE LA MECQUE.

La Mecque est la capitale religieuse du monde musulman; tout bon musulman doit faire, au moins une fois en sa vie, le pèlerinage de la Mecque. Au centre de la vue ci-dessus est représentée la Grande Mosquée, bâtiment à arcades entourant une grande cour où se trouve la Kaaba. La Kaaba, ou cube, daterait d'Abraham, dit la légende; elle a été reconstruite plusieurs fois depuis Mahomet, mais toujours avec son ancienne forme. A l'un de ses angles se trouve encastrée dans le mur la pierre noire donnée à Abraham par l'ange Gabriel; les pèlerins doivent faire sept fois en courant le tour de la Kaaba, et à chaque tour baiser la pierre noire.

qui aboutirait à la Mecque et permettrait aux Croyants d'arriver aisément désormais jusqu'au tombeau du prophète. Damas fut choisi comme tête de la ligne nouvelle. Un chemin de fer unissait déjà Damas à Beïrout sur la Méditerranée, et de plus, l'on travaillait à réunir Damas au futur railway de Bagdad par Homs, Hamah et Alep.

Les travaux allèrent vite malgré les difficultés qu'opposaient ici le manque d'eau, la menace des sables, l'éloignement des centres de ravitaillement. A la fin de 1903, la ligne nouvelle, longue de 220 kilomètres, atteignait Amman à la hauteur de la mer Morte. En 1904, elle avait 450 kilomètres et allait jusqu'à Maan, non loin de la base de la presqu'île du Sinaï. En 1907, on était à Medaïn Salih, à près de 1000 kilomètres de Damas. Médine, à 1200 kilomètres, a été atteinte et dépassée en 1909. Il reste à construire environ 400 kilomètres pour arriver à la Mecque.

Le chemin de fer de la Mecque n'aura sans doute pas une grande répercussion sur le développement économique des régions qu'il traverse et qui, pour la plupart, ne semblent pas susceptibles d'enrichissement. Il n'en aura pas moins une grande importance. Le pèlerinage de la Mecque, le *hadj*, est un devoir pour tout bon musulman qui doit l'accomplir une fois au moins dans sa vie. Les Lieux Saints de l'Islam, bien qu'ils n'aient plus la vogue d'autrefois, attirent encore annuellement plus de cent mille dévots. Il y en aurait bien plus si les puissances européennes qui ont annexé des terres musulmanes, la France (Afrique du Nord-Ouest), l'Angleterre (Egypte et Soudan), la Hollande (Insulinde), peu soucieuses de laisser partir leurs sujets vers ces régions de peste, de choléra et de fanatisme, n'en arrêtaient le plus possible au départ ou en route par des précautions de police et d'hygiène. Ne restent vraiment ouvertes et libres que les routes de terre qui sillonnent l'empire ottoman. Le pèlerinage retrouvera peut-être sa clientèle et son influence avec l'ouverture de la voie nouvelle. Il pourrait en résulter des conséquences dont l'Europe ne saurait se désintéresser.

§ 5. — L'INDE.

Limitée par l'Himalaya, la mer d'Oman et le golfe du Bengale, la péninsule triangulaire de l'Inde a une étendue considérable. Elle mesure 3500 kil. du nord au sud, 2800 kil. de l'ouest à l'est dans sa partie la plus large, une superficie totale de 4 millions de kil. carrés, soit sept à huit fois celle de la France.

Géographie physique. — L'Inde comprend deux parties essentiellement différentes, la plaine indo-gangétique au nord, le plateau du Dekkan au Sud.

La **plaine indo-gangétique**, qui est d'origine alluviale, est partout basse; elle n'atteint pas 300 mètres dans sa partie la plus élevée; un faible abaissement transformerait cette grande plaine en un long détroit marin reliant la mer d'Oman au golfe du Bengale entre l'Himalaya et le Dekkan qui resteraient émergés. Trois grands fleuves arrosent la plaine indo-gangétique: l'*Indus* grossi du Satledj, le *Gange* grossi de la Djamna, et le *Brahmapoutra* qui se jette à la mer par la même embouchure que le Gange. Ces trois grands fleuves, alimentés par la fonte des neiges de l'Himalaya, ont des crues de printemps et d'été considérables. Tous charrient des masses d'alluvions et se terminent par des deltas.

Le plateau du Dekkan, formé de roches volcaniques et cristallines, a une altitude moyenne de 600 à 1000 mètres ; il est bordé de massifs découpés par l'érosion, *monts Vindhya, Satpoura, Ghates occidentales* et *Ghates orientales*, et domine deux étroites bandes côtières qui le séparent de la mer, la *côte de Malabar* à l'ouest et la *côte de Coromandel* à l'est. Le Dekkan est arrosé par le *Mahanadi*, le *Godaveri*, la *Krichna*, la *Cavéri* et la *Nerbadah* : ce sont des fleuves de plateaux, coulant au fond de ravins et coupés de rapides, aussi peu utiles pour l'irrigation que pour la navigation, à moins d'être aménagés.

L'île de **Ceylan**, au sud-est de l'Inde, est dominée par un massif montagneux qui monte à 2500 mètres environ.

Le climat de l'Inde réunit les deux traits caractéristiques des climats intertropicaux, la chaleur et l'humidité. La chaleur, partout grande, l'est beaucoup plus dans la plaine que sur le plateau. Les pluies, apportées par la mousson d'été, sont particulièrement abondantes sur la côte de Malabar et dans la région de plaines et de montagnes qui borde le fond du golfe du Bengale : c'est dans cette dernière région que se trouve, à Tcherra Poundji, l'endroit de la terre où il tombe la plus grande quantité de pluie. Les pluies ne sont insuffisantes dans l'Inde qu'au nord-est, dans la région de plaines qui avoisine les embouchures de l'Indus.

En somme, chaude et humide, l'Inde convient mal pour l'établissement des Européens qui s'y anémient. Mais elle possède une végétation luxuriante, forêts et jungles ; elle se prête à la plupart des cultures équatoriales ou méditerranéennes, riz, café, thé, coton, tabac, céréales. Elle renferme en outre des gisements de houille, des mines d'or et des pierres précieuses. C'est un des plus riches pays du monde.

Population. — Très riche au milieu de régions désertiques et semi-désertiques, l'Inde n'a pas manqué de provoquer des invasions nombreuses ; plusieurs races s'y sont accumulées et plus ou moins mêlées. On y distingue une race très ancienne, noire, aux cheveux crépus, les *Dravidiens*, refoulés aujourd'hui dans le Dekkan ; une race aryenne, grande, au teint clair, les *Hindous*, qui occupent la plaine indo-gangétique ; des *Turcs*, groupés surtout près de l'Iran d'où ils sont venus ; des *Mongols*, de race jaune, venus par l'est et groupés près de la Barmanie.

Les langues sont par suite très variées ; la plus répandue est

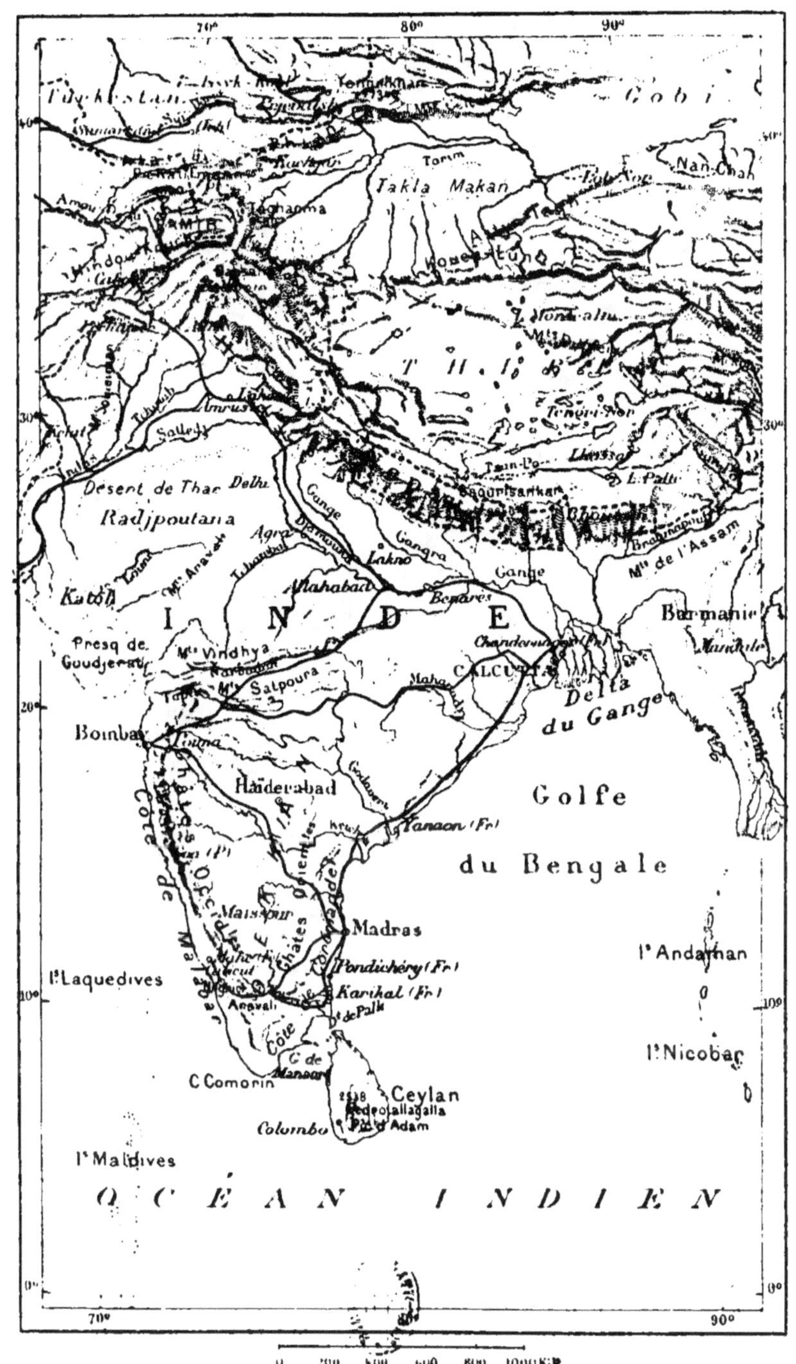

RELIEF DE L'INDE.

La péninsule de l'Inde, limitée au nord par l'Himalaya, comprend deux parties :
1° la plaine indo-gangétique; 2° le plateau triangulaire du Dekkan.

la langue aryenne (sanscrit modifié) qui seule se parle partout. Trois religions y sont principalement pratiquées : le *brahmanisme*, qui y a sa métropole à Bénarès, sur le Gange ; le *bouddhisme*, pratiqué surtout à Ceylan ; *l'islamisme*, qui domine dans la région de l'Indus.

L'Inde renferme 290 millions d'habitants : c'est un des principaux centres de peuplement de la terre. La densité moyenne de la population s'élève à 72 hab. par kil. carré.

Répartition de la population et villes. — La population de l'Inde est très inégalement répartie. Certaines régions sont surpeuplées ; quelques-unes n'ont, au contraire, qu'un très petit nombre d'habitants. En tous cas, les villes sont très nombreuses ; l'Inde n'a pas moins de 700.000 villes, villages ou hameaux.

L'Himalaya est naturellement peu peuplé ; il n'a d'habitants que dans les vallées intérieures où se sont formés de petits États isolés, *Kachmir, Népál, Bhoutan*, sans villes notables.

La **plaine indo-gangétique** comprend deux parties : 1° à l'ouest, la région de l'Indus, de climat sec, n'est peuplée que dans les parties irriguées, soit naturellement par l'Indus et ses affluents, soit par des canaux ; les principales villes sont *Lahore* et *Amritsar*, dans le Pandjab, et le port de *Karatchi* ; — 2° à l'est, la région du Gange, très arrosée et très riche, est extrêmement peuplée (170 à 180 hab.) dans l'Oude, le Bengale et l'Assam ; les grandes villes y sont nombreuses, *Calcutta*, capitale de l'Inde, *Bénarès*, ville sainte des Hindous, *Allahabad, Lucknow, Cawnpore, Agra, Delhi*.

Le **Dekkan**, moins riche que la plaine du Gange, n'a une population dense que dans les dépressions couvertes d'alluvions. Les principales villes sont *Haïderabad* au centre, *Pouna* à l'ouest, *Bangalore* au sud.

Les **côtes** humides, chaudes, riches en deltas de rivières et en alluvions, couvertes de cultures, sont très peuplées : 1° la côte de Malabar renferme le grand port de *Bombay* et l'ancien comptoir de *Calicut* ; 2° la côte de Coromandel renferme le port de *Madras* et les deux possessions françaises de *Pondichéry* et de *Karikal*.

Ceylan, dont la végétation est très luxuriante mais qui est en grande partie montagneuse, est moins peuplée que la moyenne de l'Inde, mais renferme deux villes importantes, les ports de *Colombo* et de *Pointe-de-Galle*.

Développement économique. — 1° L'**Agriculture** est la grande ressource de l'Inde : 1° parce que les ressources végétales l'emportent sur les ressources minérales ; 2° parce que, par atavisme et par religion, les Hindous sont grands consommateurs de céréales. Le climat est favorable ; seule, l'humidité est assez inégalement répartie dans certaines parties de l'Inde ; des travaux d'irrigation ont été nécessaires pour les féconder, mais ils sont encore insuffisants et n'empêchent pas les disettes ou même les famines.

Les principaux produits agricoles sont : comme cultures vivrières, le *riz*, consommé par la classe riche ou exporté, le *blé*, dont la culture s'est beaucoup étendue, et le *millet*, consommé par la masse ; — comme autres cultures alimentaires, le *café* qui est en voie de disparition, le *thé* dont la culture se répand de plus en plus, notamment dans l'Assam et à Ceylan, la *canne à sucre* ; — comme cultures industrielles, le *coton*, cultivé au nord-ouest du Dekkan, et le *jute*.

Les deux tiers de la population vivent de l'agriculture qui est très florissante.

2° L'**Industrie** n'a longtemps compris que les petites industries locales et quelques industries traditionnelles (châles de Kachmir, bois et ivoires ciselés, cotonnades remarquables par la pureté et la finesse des couleurs).

La grande industrie commence à se développer autour des grands centres ; elle comprend surtout des industries textiles, tissage du jute et fabrication des cotonnades. Le grand nombre des habitants et la modicité du prix de la main-d'œuvre, qui en est la conséquence, favorisent l'essor industriel. L'insuffisance de la production houillère dans l'Inde est, au contraire, une circonstance nuisible. L'Inde n'est qu'au début d'une transformation économique qui peu être très importante.

L'Angleterre et l'Inde. — Toute l'Inde n'appartient pas à l'Angleterre. Elle renferme : 1° quelques États indépendants, du reste peu importants le *Bhoutan* et le *Nepál*, dans l'Himalaya ; 2° quelques colonies étrangères, portugaises (Diu, Daman et Goa) ou françaises (Pondichéry, Chandernagor, Yanaon, Karikal et Mahé) ; 3° quelques États qui sont seulement tributaires et protégés des Anglais, et dont les principaux sont l'*État d'Haïderabad* sur le Dekkan, et le *royaume de Kachmir* dans l'Himalaya.

RÉPARTITION DES CULTURES DANS L'INDE.

L'Inde, grâce à son climat en général chaud et humide, est très riche au point de vue agricole. La plaine du nord produit les céréales et le riz, au pied des pentes de l'Himalaya et des monts de l'Assam qui ont des jardins de thé : céréales et riz sont les deux grandes cultures vivrières des Hindous. Le coton croit surtout dans la partie septentrionale du Dekkan, qui produit aussi des céréales. Le plateau du Dekkan porte des plantations de café et de thé. L'étendue des cultures et la fertilité du sol n'empêchent pas les famines meurtrières lorsque la mousson a été insuffisamment humide : c'est principalement dans la région de l'Indus, au nord-ouest et dans le centre de Dekkan, que les famines se produisent.

Les possessions anglaises occupent 2 millions et demi de kil. carrés et comptent 220 millions d'habitants Elles sont divisées en trois présidences dont les chefs-lieux sont Calcutta, Bombay et Madras. Un double gouvernement les régit: l'un qui siège à Londres (Ministère et Conseil de l'Inde), l'autre qui siège à Calcutta (Vice-Roi et Conseil), tous deux appointés par le budget de l'Inde comme tous les services et tous les fonctionnaires.

Pour maintenir leur autorité, les Anglais n'ont qu'une armée de 200.000 hommes, aux deux tiers indigène. La force de leur domination repose sur les rivalités qui existaient entre les divers peuples de la péninsule à leur arrivée dans le pays et qu'ils entretiennent soigneusement.

Afin de se mieux garantir contre toute attaque venue du continent asiatique, les Anglais ont travaillé sans arrêt à s'assurer la possession des pays limitrophes, des *avenues* de l'Inde, c'est-à-dire le *Baloutchistan* à l'ouest, le *pays de Kachmir* au nord, la *Barmanie* à l'est. Ils ont noué récemment des relations d'amitié avec le Thibet; ils ont essayé à plusieurs reprises d'occuper une partie de l'Afghanistan.

Lectures et Développements.

Les forêts de l'Inde. — L'Inde est en partie couverte d'immenses forêts, notamment dans l'île de Ceylan, dans le Bengale et l'Assam, c'est-à-dire dans les régions les plus humides de la péninsule.

Ces forêts sont aussi luxuriantes que dans aucune région équatoriale. Sur un sol de marais presque perpétuellement inondé, où crocodiles et crapauds géants se traînent sur la vase molle, jaillit un peuple de troncs, une myriade de hautes tiges souples, un impénétrable fourré de bambous, de lianes, de fougères arborescentes. Les pieds dans l'eau tiède, la tête dans le feu du soleil, les arbres s'élancent tout droits, en jets parallèles, serrés, pressés les uns contre les autres, enlacés par un fouillis de lianes tendues comme des câbles, et qui des plus hauts sommets descendent à terre en rideaux épais.

Toutes les essences tropicales s'y rencontrent, l'arbre à pain, le cacaoyer, le caféier, le manguier, le muscadier, la cannelle, le magnolia, l'ébénier, le santal, le baobab, le caoutchouc, le bambou. Vingt espèces de palmiers y surgissent en gerbes, non pas raides, solitaires et poudreux, comme ceux qu'on trouve dans la région méditerranéenne, mais souples, lisses, herbeux, comme des enfants de l'Équateur humide. La surface de leurs feuilles ne mesure pas moins de 5 à 6 mètres carrés, et de leur large touffe s'élance la fleur du talipot, qui est haute de 10 à 12 mètres et comprend plusieurs millions de florules.

Sous la grande forêt, il en est une autre formée de fougères, de rhododendrons, de hautes herbes qui s'étouffent dans l'ombre. Tout un pullulement de la vie animale sous toutes ses formes s'y agite dans une presque complète obscurité. Les grands serpents cobra et les gavials du Gange y campent. On y trouve le loup et le chacal, l'hyène, la panthère et le tigre royal, le rhinocéros et surtout l'éléphant, roi des forêts de l'Inde.

Comment sont réparties les cultures de l'Inde. — L'Inde est grande comme près de la moitié de l'Europe ; elle ne saurait

Phot. Bourne et Shepherd.

DHOBIES AU TRAVAIL, A CALCUTTA.

Les dhobies sont les blanchisseurs hindous. Le fleuve représenté est le Gange aux environs de Calcutta, dans le delta. Ce delta, formé de terres alluviales, constamment humides sous un soleil très chaud, a la végétation des régions équatoriales, une profusion d'espèces végétales puissantes qui en font une région très riche et très peuplée, quoique malsaine.

présenter partout même nature de sol et même climat. Il est facile d'y distinguer plusieurs régions dont les produits diffèrent.

Outre les bois précieux qu'on trouve sur les montagnes, dans les régions deltaïques et à Ceylan, les principaux produits de l'Inde sont le riz, le millet et le blé ; la canne à sucre, le café, le thé et les épices ; le coton et le jute. L'élevage est assez peu pratiqué, l'Hindou étant végétarien, et les religions les plus répandues, le brahmanisme et le mahométisme, interdisant l'usage de la viande de bœuf ou de porc.

Les cultures vivrières, c'est-à-dire les cultures qui contribuent à l'alimentation quotidienne de la population, sont le riz, le blé et le millet. Le *riz*, qui a besoin de beaucoup de chaleur et surtout de beaucoup d'humidité, croit surtout dans les régions deltaïques, notamment dans le delta immense formé par le Brahmapoutra et le Gange, ainsi que sur la côte de Coromandel ; — le *blé* et le *millet*, qui exigent une terre moins détrempée et un climat moins chaud, croissent surtout dans la partie nord-ouest de la plaine indo-gangétique au pied de l'Himalaya, ainsi que sur le Dekkan.

Les autres cultures alimentaires de l'Inde sont la canne à sucre, le café, le thé et les épices. La *canne à sucre*, qui demande autant d'humidité que le blé et plus de chaleur, est cultivée dans la partie centrale de la plaine indo-gangétique, entre le pays du blé et celui du riz ; — le *café* était cultivé jadis sur le Dekkan et à Ceylan dont il

Cliche du Dʳ Le Play « Croquis d'extrême-Orient ».

PAYSAGE A CEYLAN.

Ceylan est situé près de l'équateur ; son climat est chaud et humide, sa végétation luxuriante, sa faune composée des plus grosses espèces. La vue ci-dessus représente des éléphants qui se baignent dans une rivière.

faisait la fortune ; les plantations de café, ruinées par diverses maladies, n'ont pas été refaites, et le café devient de plus en plus rare dans l'Inde ; — le *thé* progresse au contraire : les jardins à thé s'échelonnent sur les pentes de l'Himalaya, notamment dans l'Assam et dans le Pandjab ; ils ont remplacé dans Ceylan les plantations de café ; — les *épices*, poivre, cannelle, gingembre, croissent principalement sur la côte de Malabar.

Les cultures industrielles sont le jute et le coton. Le *jute* est une sorte d'arbrisseau dont la fibre sert à fabriquer des tissus grossiers, des toiles d'emballage, tentures à bon marché : on le trouve dans les régions deltaïques, notamment dans celle du Gange ; — le *coton* est cultivé dans le nord-ouest du Dekkan : le sol y est formé d'une sorte de terre rouge, ou regur, produite sans doute par la décomposition du basalte et extrêmement favorable au coton ; en outre, le cotonnier y trouve le climat qui lui est nécessaire, une saison humide au moment de sa germination, une saison absolument sèche au moment de sa maturation.

Les famines dans l'Inde. — L'Inde a près de 300 millions d'habitants ; elle est donc très peuplée. Or, parmi les produits agricoles de l'Inde, dont le commerce est si rémunérateur, trois seulement sont des produits vivriers, le riz, le blé et le millet. Encore la majeure partie du riz hindou est-il exporté. L'Hindou se nourrit

LA RÉCOLTE DU THÉ DANS L'INDE.

L'arbre à thé est un arbuste de la famille des camélias : rarement il dépasse 1ᵐ,50 ou 2 mètres de hauteur ; on en cueille les feuilles à deux ou trois reprises. Dans les pays où elle est possible, la culture du thé ne se fait que là où l'on trouve à bon compte la main-d'œuvre abondante nécessaire à la cueillette : c'est le cas dans l'Inde et la Chine, pays surpeuplés.

presque exclusivement de blé et de millet. On a dit plus haut que l'élevage était peu pratiqué dans l'Inde.

Quand la récolte de céréales est bonne, elle suffit à nourrir les 300 millions d'habitants de l'Inde. Mais, pour qu'elle soit bonne, il faut que les pluies soient suffisamment abondantes et qu'elles tombent au moment nécessaire, c'est-à-dire au printemps et au début de l'été. Si les pluies arrivent trop tard, si elles sont médiocres, la récolte ne suffit plus au besoin du pays. Or, la région des céréales dans l'Inde est une région de pluies irrégulières. Les mauvaises récoltes y sont assez fréquentes. Il en résulte des disettes, des famines.

Des milliers de vies humaines dépendent chaque année dans l'Inde d'un peu plus ou d'un peu moins de centimètres de pluies tombées. En 1769-1770, une famine fit périr un tiers environ de la population du Bengale. En 1873-1874, il ne fallut pas moins de 160 millions de francs pour secourir les affamés de la province de Béhar, dans la région gangétique. En 1876-1878, la famine fit 5 millions de victimes. Enfin de 1896 à 1901, grandes années de sécheresse et de famine, le nombre des morts par la faim se serait élevé à 19 millions.

Pour remédier à ces désastres, le gouvernement anglais a créé une caisse des famines. L'argent de cette caisse ne sert pas seulement à acheter du blé au dehors quand il y a disette dans l'Inde. On l'emploie à construire des canaux d'irrigation, moyen de prévenir les mauvaises récoltes, et des voies ferrées desservant les régions exposées aux sécheresses.

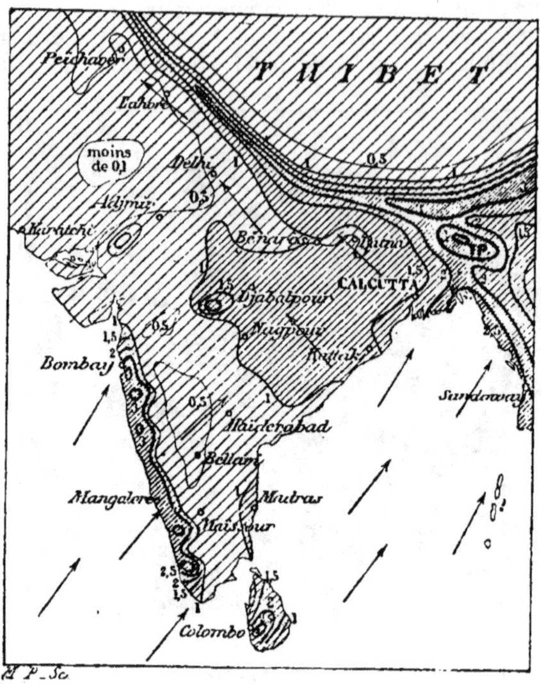

MOUSSONS ET PLUIES DANS L'INDE.

Cette carte fait ressortir les régions de l'Inde qui sont bien arrosées (côte de Malabar, Ceylan, fond du golfe du Bengale) et celles qui le sont peu et où la famine sévit (principalement toute la région du nord-ouest et le centre du Dekkan). Bien noter que ce n'est pas dans les provinces les moins arrosées que la famine étend surtout ses ravages, parce qu'elles sont peu peuplées ; c'est dans les régions assez, mais irrégulièrement, arrosées.

Le brahmanisme dans l'Inde. — Le brahmanisme est la religion particulière des Hindous ; il est né dans l'Inde ; il n'est guère pratiqué que là, mais il y compte plus de 200 millions de fidèles. Leur métropole religieuse est Bénarès, sur le Gange ; elle renferme, dit-on, plus de mille temples dont le fameux temple de Bichechvar où les Hindous viennent se prosterner devant le lingam — une simple borne de pierre — de Siva. C'est chaque année le but d'un nombre considérable de pèlerins.

Nulle part l'amour du pèlerinage ne se manifeste au même degré que dans l'Inde. Des émissaires spéciaux, attachés aux temples sacrés, s'en vont par milliers dans les provinces faire la chasse aux pèlerins, en prêchant la croisade contre le péché. Ils réussissent surtout à persuader les femmes : les hommes n'entrent guère que pour un dixième dans le chiffre des pèlerins. Alors se forment des bandes de deux à trois cents personnes qui marchent en ordre sous la direction d'un chef spirituel. Le spectacle est étrange : on y voit des dévots de plusieurs sortes, les uns couverts de cendre, d'autres presque nus. Le plus grand nombre va à pied : aussi beaucoup restent-ils en route. Les autres n'atteignent le but qu'estropiés, les pieds sanglants et enveloppés de chiffons.

A la vue de la cité sainte, tout est oublié. Les pèlerins se jettent avec transport dans les eaux sacrées du Gange; les émotions religieuses leur enlèvent le souvenir des fatigues éprouvées. Mais bientôt ils courent un autre danger plus grave. Mal nourris, logés dans des maisons sans air ou couchés pêle-mêle dans les rues, ils deviennent la proie d'épidémies qui chaque année causent parmi eux des ravages effroyables. Le choléra est ainsi trop souvent le cortège naturel des pèlerinages de l'Inde.

Les chemins de fer dans l'Inde et les préjugés. — Miss Mary Carpenter raconte ainsi comment les chemins de fer ont contribué à atténuer en partie l'esprit de caste et à rompre le réseau étroit des préjugés entre les individus : « Le railway de Bombay à Surate traverse la Nerbadah, large rivière que l'imagination des natifs a déifiée. Les Hindous furent indignés quand ils apprirent qu'on allait l'humilier en élevant un pont par-dessus. Le jour de l'inauguration, une multitude d'indigènes se réunit près de la rivière sacrée pour assister à la vengeance que la divinité tutélaire de la Nerbadah ne manquerait pas de tirer de cet outrage impie. Ils eurent un instant de satisfaction. Vers le milieu du pont, le train s'arrêta tout d'un coup; la puissance de la déesse se manifestait par un miracle; mais bientôt la machine, reprenant sa marche rapide, arriva sur l'autre bord. Les natifs en prirent vite leur parti : la Nerbadah était toujours sainte, mais la locomotive lui était supérieure, et ils s'empressèrent de lui présenter des offrandes pour se la rendre favorable. Les chemins de fer une fois livrés à la circulation, ce fut bien autre chose. Ce mode de communication permet d'accomplir, en une journée, un voyage qui exigeait auparavant des semaines de fatigue. Les relations devinrent plus fréquentes, par conséquent plus bienveillantes, entre les habitants des diverses provinces; l'ignorance, mère des préjugés, décroît insensiblement. Ce n'est pas tout : les déplacements étant plus fréquents, les hommes que la religion séparait se trouvent plus souvent rapprochés. » (*Six mois aux Indes.*)

Aujourd'hui le réseau ferré de l'Inde s'est considérablement développé; il ne mesure pas moins de 46 000 kilomètres. Les lignes sont nombreuses surtout dans la plaine indo-gangétique, mais aucune partie du pays n'en est dépourvue. Certaines s'avancent même jusqu'au cœur de l'Himalaya, où elles ont nécessité de très gros travaux.

Les monuments de l'Inde. — Au point de vue architectural, l'Inde est un des pays les plus riches qu'il y ait au monde. Plusieurs peuples l'ont successivement conquise ou occupée, au moins partiellement, Grecs, Scythes, Afghans, Mongols. Chacun d'eux, chaque époque ont construit des monuments marqués d'une forte empreinte. L'ensemble pourtant est loin d'être disparate. Toutes les construc tions présentent à peu près les mêmes caractéristiques, dimensions gigantesques du plan, exubérance de l'imagination qui l'a conçu, prodigalité du travail, recherche du détail.

Jusque vers le IIIe siècle, l'Inde ne construisit qu'en bois. Rien ne reste des monuments de cette époque ancienne. Mais les monuments en pierre abondent. Ce sont surtout des palais, des portes, des tombeaux, des temples, des monastères. On en citerait des milliers qui sont des merveilles.

Au sud, c'est la pagode de Tanjore, dont le temple principal est édifié sur une pyramide de treize étages, et dont le dôme, posé à

Cliché du D[r] Le Play, « Croquis d'Extrême-Orient ».

PILIERS DU TEMPLE DE TRICHINOPOLI.

Trichinopoli est une des principales villes de l'Inde méridionale. Elle renferme un temple consacré à Vishnou et fameux surtout par d'admirables sculptures. Les piliers, qui représentent des chevaux gigantesques avec des hommes, témoignent d'une véritable prodigalité de travail et d'une recherche extraordinaire du détail.

63 mètres de hauteur, est taillé dans une seule pierre; le temple de Trichinopoli, consacré à Vishnou, et fameux surtout par un fouillis inextricable de sculptures représentant des divinités en relief, ou des animaux; le grand temple de Madura, véritable monde de galeries, de piliers, de statues, de salles, encadrant « l'Étang du Lis d'or » que Çiva, dit la légende, aurait creusé d'un coup de trident et qu'alimenteraient les eaux du Gange.

La région de Bombay comprend un grand nombre de temples qui sont, parmi les plus beaux : le temple d'Elephanta bâti dans une petite île littorale; les fameuses caves d'Ellora où tout un temple, le Kaïlasa, a été taillé dans un seul bloc de rochers long de 53 mètres, large de

3₂ et haut de 3o; les temples du mont Abou, dans les monts Aravalli.

Dans la plaine du nord, ils abondent à Bénarès, Gwalior, Agra, Delhi, Amritsar, Lahore. Au nord-ouest, à mesure qu'on s'approche de la région de l'Indus, l'influence musulmane prédomine. La mosquée d'Agra, le Taj Mahal, qui est toute en marbre d'une blancheur d'ivoire, est décorée de sculptures merveilleusement fines, d'une profusion d'arabesques formant les encadrements des portes. La Jarnah Masjid de Lahore témoigne de la même influence.

Les Anglais dans l'Inde. — Les Anglais ont fondé leurs premiers établissements dans l'Inde au commencement du XVII⁰ siècle.

Cliché du Dʳ Le Play, « Croquis d Extrême-Orient ».

UNE RUE DE LAHORE.

Lahore, capitale du Pandjab, est la principale ville de l'Inde musulmane; elle est très peuplée, très active et très pittoresque. L'influence musulmane apparaît ici surtout dans le costume.

Ils y ont acquis la prépondérance vers le milieu du XVIII⁰ siècle après avoir triomphé de l'influence française qui avait d'abord contre-balancé sérieusement la leur. Ils ont définitivement établi leur puissance sur la péninsule et les pays avoisinants pendant le XIX⁰ siècle. La dernière révolte importante qui s'est produite contre leur domination est celle des cipayes en 1857-1858.

L'Inde n'est pas pour les Anglais une colonie de peuplement. La population indigène y est trop dense pour permettre à des étrangers d'y fonder un peuple nouveau. En outre, le climat de l'Inde, humide et chaud, convient mal aux Anglais; pendant l'été, il leur est presque nécessaire de quitter la plaine pour aller faire des cures d'altitude, soit dans les sanatoria de Ghates, soit dans ceux de l'Himalaya. Officiers et soldats, fonctionnaires, industriels et commerçants, les Anglais

ne sont pas plus de 80 000 dans l'Inde. L'Inde est pour les Anglais une
admirable colonie d'exploitation; elle leur fournit d'abondantes matières premières et constitue un vaste débouché pour leurs industries.

Les Anglais ont transformé l'Inde. Ils ont adouci les mœurs des
indigènes et fait disparaître certains usages barbares, entre autres la
coutume qui obligeait les veuves à se faire brûler vives en même
temps que le corps de leur mari. Ils ont créé des écoles, construit
des routes et des voies ferrées qui pénètrent aujourd'hui jusque dans
l'Himalaya. Ils ont amélioré les rivières par la construction de digues,

Cliché du D' Le Play, « Croquis d'Extrême-Orient ».

BOUCLE SUR L'HIMALAYA-RAILWAY.

*Les Anglais ont établi dans l'Inde, parfois au prix de très gros travaux, un
réseau ferré aujourd'hui complet dans ses grandes lignes. Nous avons ici un
exemple de quelques-uns des travaux qui ont dû être exécutés.*

et établi des canaux d'irrigation afin d'augmenter l'étendue des cultures
et de faire disparaître les famines.

Malgré ces incontestables services, les Anglais ne sont pas très
aimés des Hindous. Il s'est formé un parti national indigène qui
réclame pour l'Inde le droit de s'administrer elle-même. Des journaux
ne cessent de manifester ses revendications. Ces Hindous repro-
chent notamment aux Anglais de songer, quand ils font des réformes, à leur intérêt propre plutôt qu'à celui de l'Inde; ils les compa-
rent aux chenilles « qui épuisent la sève des arbres sur lesquels elles
vivent ». A mesure que l'instruction se développe et que l'esprit
public se forme, les revendications du parti national hindou se font
plus âpres, plus pressantes.

Le manque d'unité et de cohésion entre les indigènes permet aux
Anglais de ne pas redouter outre mesure l'expression de ces mécon-

tentements. Les Hindous et les Musulmans se haïssent plus entre eux qu'ils ne détestent les Anglais. D'autre part, les Hindous sont divisés en une foule de castes rivales les unes des autres, et ces rivalités les empêchent de s'unir pour un effort commun. Pour contenir 300 millions d'Hindous, les Anglais n'ont qu'une armée de 200 000 hommes aux deux tiers indigènes.

§ 6. — LA CHINE

L'Empire chinois occupe une portion importante de l'Asie centrale et presque toute l'Asie orientale. Son étendue représente un quart de la superficie totale du continent asiatique. Mais il faut distinguer la Chine proprement dite et l'Empire chinois. La Chine proprement dite, basse et ouverte sur la mer, est un pays à la fois très riche et très peuplé ; le reste de l'Empire chinois, montagneux et continental, a un régime désertique, peu de produits, peu d'habitants.

La géographie de la Chine proprement dite est très importante ; il suffira de quelques mots pour décrire le reste de l'Empire chinois, ou dépendances de la Chine.

Les dépendances de la Chine. — Elles couvrent 7 millions de kil. carrés, près des trois quarts de la superficie de l'Europe, et n'ont pas 20 millions d'habitants. Elles comprennent quatre pays : le *Thibet*, le *Turkestan chinois*, la *Mongolie*, la *Mandjourie*.

1° Le **Thibet** est un haut plateau plissé dont l'altitude moyenne dépasse 4000 mètres. Le climat en est continental et excessif, très froid et très sec ; la vie n'y est possible que dans quelques vallées profondes, qui sont moins élevées et moins âpres (hautes vallées de l'Indus, du Brahmapoutra ou Tsan-Po, du Mékong et du Yang-tsé-Kiang).

La population se compose de Mongols ; elle est très peu nombreuse. La principale ville est celle de *Lhassa*, métropole religieuse du bouddhisme.

2° Le **Turkestan chinois**, entouré de montagnes très hautes (Kouen-Lun et Thian-Chan), forme une vaste dépression sablonneuse, de climat et de végétation désertiques. Ce serait un désert complet si des montagnes qui l'encadrent et qui portent des glaciers, ne descendaient des fleuves nombreux qui, après avoir traversé la plaine, se réunissent dans un cours d'eau unique, le *Tarim* pour aller se perdre dans la dépression du *Lob Nor*. Comme dans le Turkestan caspien, ces rivières apportent aux régions traversées l'eau que le ciel ne leur déverse pas, et elles les transforment en longues traînées de végétation.

Quelques villes centralisent l'activité de cette région, *Khotan*, *Yarkend* et *Kachgar*, à la fois oasis et marchés.

3° La **Mongolie** forme une autre dépression sablonneuse ou pierreuse, au climat également continental, et aux ressources très limitées. On y trouve pourtant de nombreuses ruines de villes qui furent les capitales des anciens empereurs mongols. Mais, soit par l'assèchement progressif du pays, soit faute d'entretien, la Mongolie ne se prête plus qu'à la vie nomade. On n'y trouve même qu'un très petit nombre d'oasis.

4° La **Mandjourie**, au nord-est de l'Empire chinois, est plus importante que les précédentes régions pour plusieurs raisons : parce que, baignée par la mer, elle est plus accessible ; parce qu'elle comprend essentiellement non des plateaux, mais une vaste plaine centrale ; parce que, tout en étant continental, son climat est plus humide à cause de la proximité de la mer, qu'il admet des rivières permanentes comme le *Soungari*, et qu'il rend possible la culture des céréales.

Sa population est de 12 millions d'habitants ; elle augmente beaucoup par immigration de Japonais, de Chinois et de Russes, depuis la construction du chemin de fer transmandjourien, trait d'union entre le réseau ferré chinois et le transsibérien. La principale ville est *Moukden* ; plusieurs autres villes se développent, *Girin*, *Tsitsikhar*, *Kharbin*.

La Chine : Géographie physique. — La Chine proprement dite est la région essentielle de l'Empire chinois. Sa superficie est de 4 millions de kilomètres carrés, soit sept fois l'étendue de la France ; sa population est de 400 millions d'habitants, soit dix fois la population de la France. Elle comprend deux régions très différentes, la *Chine septentrionale* et la *Chine méridionale*.

1° La **Chine septentrionale** est essentiellement constituée par une plaine dont le relief, jadis accidenté, a été enfoui sous une nappe épaisse de limon argileux qu'on appelle la Terre-Jaune ; deux massifs montagneux, du *Chan-Si* et du *Chan-Toung*, émergent seuls de ces dépôts limoneux. Deux fleuves arrosent la Chine septentrionale, le *Peï-Ho* et surtout le *Hoang-Ho* ou *Fleuve Jaune*, qui mesure plus de 4000 kilomètres de

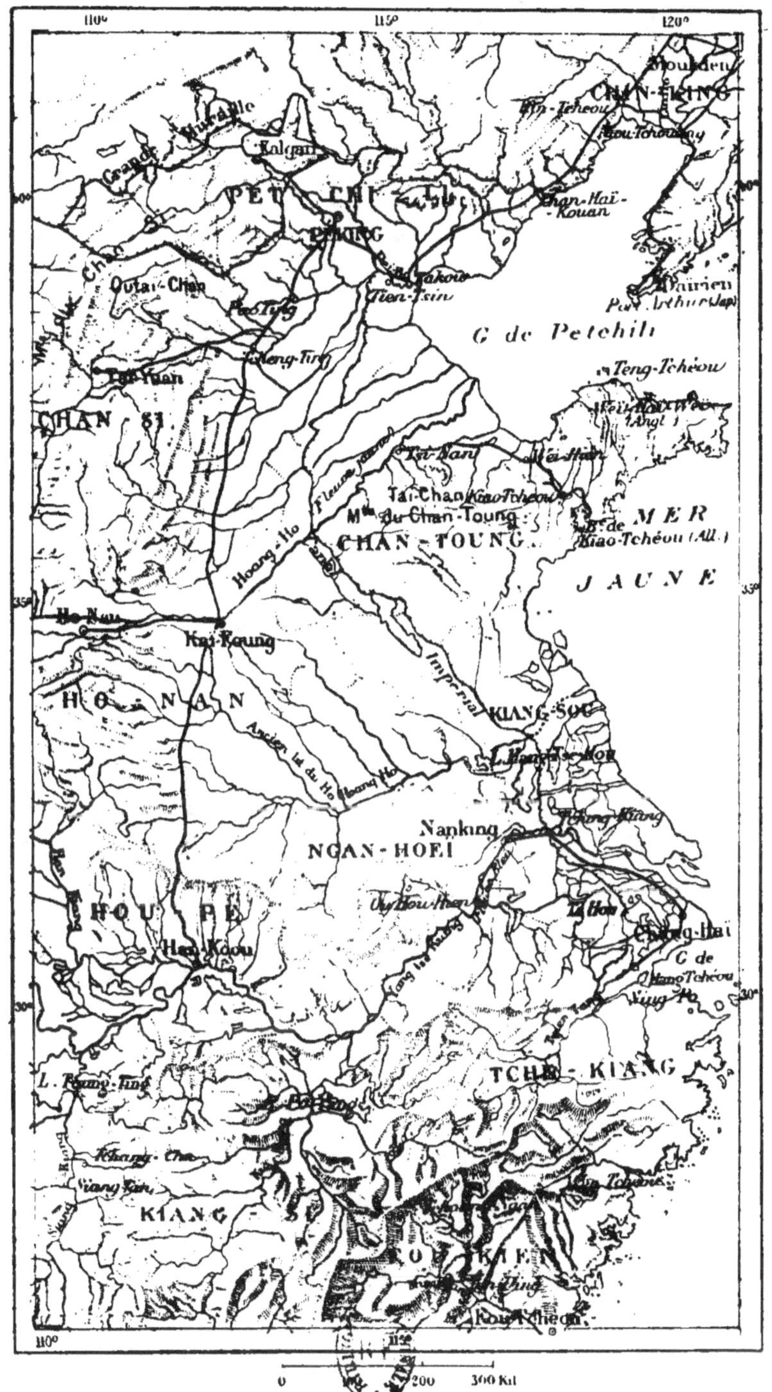

PLAINE DE CHINE ET MASSIF DU CHAN-TOUNG

La Chine du Nord est une grande plaine de Terre Jaune d'où émerge le massif montagneux du Chan-Toung, ancienne île que les dépôts de Terre Jaune ont soudée au continent.

cours et charrie d'immenses nappes de sable. Ils aboutissent à une côte plate et basse, sauf sur le pourtour de la presqu'île montagneuse de Chan-Toung.

Cette partie de la Chine a un climat continental. Les hivers sont secs, longs et froids ; à Péking, les communications par eau sont interrompues trois à quatre mois par la gelée. Les étés sont très chauds mais assez humides. En somme, le climat de la Chine septentrionale est trop sec pour favoriser une végétation arborescente ; mais il se prête à la culture des céréales. La Chine du Nord est la Chine du blé et du millet.

2° La **Chine méridionale** est toute montagneuse ; une série de chaînes la traverse (monts du Sé-tchouen, du Yunnan, Nan-Chan). Deux cours d'eau l'arrosent : le *Si-Kiang* et le *Yang-tsé-Kiang*, qui mesure plus de 5000 kilomètres de cours, est très puissant, navigable dans trois bassins séparés malheureusement par quelques rapides, et terminé par un magnifique estuaire. Ils se terminent sur une côte aux indentations rarement très pénétrantes, mais nombreuses, étroites, profondes, et par suite très favorables à l'établissement de ports.

La Chine méridionale a un climat tropical soumis à l'alternance régulière des moussons, sèches en hiver, humides en été. Les hivers sont doux, les étés chauds et bien arrosés ; des cyclones ou typhons marquent les saisons de transition. Ce climat favorise, en somme, la croissance d'une végétation puissante ; des forêts épaisses couvrent la plupart des montagnes ; les cultures tropicales réussissent sur les pentes inférieures et dans les plaines. La Chine du Sud est la Chine du riz, du mûrier, du thé, du coton.

Population et villes. — Comme l'Inde, la riche Chine a été un foyer d'appel pour les populations des régions voisines. Sa population est très composite. Elle comprend des éléments mongols, des mandjous ; les Chinois proprement dits, qui dominent, présentent eux-mêmes deux types profondément distincts : celui du Nord, grand et de teint rougeâtre ; celui du Sud, plus petit et de teint plus clair. Toutefois tous ces peuples appartiennent à la race jaune.

La Chine est très peuplée, mais les chiffres qu'on donne pour sa population n'offrent pas une certitude suffisante. Le chiffre officiel évalue cette population à 409 millions d'habitants, soit une moyenne de 100 hab. par kilomètre carré. La plaine du Nord, les vallées du Sud, la côte, ont une densité supérieure à 150, quelquefois à 200 hab. par kil. carré.

Comme dans les pays qui sont surtout agricoles, la population de la Chine est principalement une population rurale. Pourtant la Chine possède un grand nombre d'agglomérations extrêmement importantes, situées pour la plupart sur la côte ou le long des principales artères fluviales. Ce sont : dans le bassin du Peï-Ho, *Péking* et le port de *Tien-tsin*; dans le bassin du Yang-tsé-Kiang, *Tching-Tou*, *Han-Kéou* et *Nanking*; sur la côte, *Chang-Haï* près de l'estuaire du Yang-tsé, le port de guerre de *Fou-tchéou*, et la grande ville de *Canton*, sur le Si-Kiang, principal centre de commerce de la Chine méridionale.

Les Allemands possèdent le port de *Kiao-Tchéou*, dans la presqu'île de Chantoung; les Anglais possèdent le port de *Hong-Kong*, dans une petite île qui commande l'entrée de la rivière de Canton; les Français possèdent *Kouang-Tchéou*, en face de l'île Haï-Nan, au sud.

État politique et social. — La Chine a conservé jusqu'à nos jours une organisation politique et sociale antique : 1° Sa *constitution politique* donne le pouvoir à un empereur et à des gouverneurs de province qu'il nomme et qui exercent tout le pouvoir en son nom ; — 2° sa *constitution sociale* enferme héréditairement les Chinois dans une série de métiers et de castes ou classes, d'où ils peuvent sortir par des examens.

La Chine est un pays essentiellement traditionaliste, hostile aux nouveautés. Elle est restée longtemps fermée systématiquement aux étrangers, a leurs produits et à leurs idées, même à leurs personnes.

Toutefois une transformation commence à s'opérer à cet égard. Une première série de concessions fut accordée aux étrangers de 1840 à 1860, à la suite de difficultés avec l'Angleterre et avec la France. Ces concessions ont été accrues en 1895, à la suite d'une guerre faite par la Chine au Japon, guerre qui se termina par la défaite de la Chine. Ces concessions consistent : 1° dans l'ouverture au commerce étranger de plusieurs ports dont les principaux sont *Chang-Haï* et *Fou-Tchéou* sur la mer, *Han-Kéou* sur le Yang-tsé, et *Tien-Tsin* sur le Peï-Ho; 2° dans la cession à bail de divers territoires à l'Angleterre, à la France, à l'Allemagne, etc.

Développement économique. — La Chine possède dans ses grands fleuves d'admirables voies de communication. On les a d'ailleurs, complétées par la construction de canaux dont le principal, le *Grand Canal*, ne mesure pas moins de 2700 kilomètres entre Péking et Canton. Cette richesse en voies fluviales lui a fait juger inutile de créer un réseau routier étendu et bien entretenu. Longtemps aussi elle refusa de construire des voies ferrées. Toutefois, depuis quelques années, un grand effort a été fait de ce côté; le plan d'un réseau général ferré a été tracé, et de nombreux tronçons se trouvent déjà construits.

1° L'**Agriculture** est remarquablement développée; dans aucun pays du monde elle n'est plus méthodique et savante (irrigation, cultures en terrasses sur les pentes, cultures soignées à la bêche). Bien que les Chinois soient très nombreux et surtout végétariens, l'agriculture chinoise suffit à l'alimentation de tout le pays et lui fournit encore ses principaux articles d'exportation.

Il y a en Chine quatre produits agricoles principaux : les *céréales* (blé et millet) qui nourrissent la population de la Chine septentrionale; le *riz* qui donne une double récolte annuelle et qui suffirait à nourrir les populations de la Chine méridionale; le *mûrier*, qui est cultivé dans la Chine méridionale et qui permet à la Chine d'être un des trois principaux pays producteurs de soie; le *thé*, qui est cultivé également dans la Chine méridionale.

Parmi les produits secondaires, quoique importants encore, de l'agriculture chinoise, il faut mentionner le *coton*, la *canne à sucre*, l'*indigo* et l'*opium*.

2° L'**Industrie** est encore rudimentaire. Elle n'a été représentée longtemps que par de petites industries traditionalistes, fabrique des porcelaines ou des laques, confection des soieries, broderies, ivoires sculptés.

La grande industrie commence à s'y développer, depuis quelques années, sous la direction d'étrangers. Deux causes favorisent particulièrement son essor : 1° la possession de richesses minières à la fois abondantes et variées, or et argent, fer, cuivre, plomb; la houille se rencontre dans presque toutes les provinces et forme des gisements d'une incomparable puissance;— 2° l'abondance de la main-d'œuvre, et par suite son bon marché, conséquences du grand nombre des habitants. — Des minoteries et des établissements métallurgiques ont été créés; les industries textiles (cotonnades et soieries) sont particulièrement prospères. Les principaux centres où cette grande industrie s'est développée sont Chang-Haï, Tien-T'sin et Canton.

Le jour où la Chine exploitera toutes les ressources qu'elle possède et saura les mettre en valeur, elle pourra constituer une concurrence redoutable pour les pays européens. C'est la forme la plus vraisemblable de ce qu'on a nommé le *péril jaune*.

3° En résumé, très peuplée, disposant de productions agricoles très abondantes et de richesses minières considérables, la Chine est une grande force.

Lectures et Développements.

La Terre-Jaune. — La Terre-Jaune couvre tout le nord de la Chine. Dans cette partie du pays, dit Richthofen, « tout est jaune, les collines, les routes, les champs, l'eau des rivières, les maisons construites en terre jaune, la poussière, enfin l'air lui-même qui est chargé de particules jaunâtres. »
Deux théories sont en présence pour expliquer la formation de ces dépôts de Terre-Jaune. Suivant les uns, ce ne serait autre chose qu'un amas de poussières venues des déserts intérieurs et accumulées pendant des siècles par les vents du nord et du nord-ouest. Suivant d'autres, ils auraient été apportés où ils sont, en partie du moins, par les eaux. Quoi qu'il en soit, cette Terre-Jaune, ou *lœss*, forme une terre très friable que les eaux de ruissellement ont divisée en prismes verticaux et en falaises qui se dressent à pic le long des cours d'eau.
Par suite, il est facile de creuser cette terre, et les Chinois s'y évident souvent des habitations. On voit partout des édifices souterrains dont l'extérieur est orné de vérandahs, de balcons, de colonnades. Sur les buttes isolées sont construits des temples fortifiés où les habitants se réfugient dans les temps de guerres civiles. L'aspect du pays est des plus extraordinaires. Afin de ne pas se priver d'une parcelle d'un terrain si fécond, les paysans se creusent souvent une habitation au-dessous de leurs propres champs ; ils n'ont qu'à gravir quelques marches pour aller les cultiver. Les routes de cette région, au lieu de se développer à la surface du sol, s'allongent au fond de profondes tranchées, encaissées entre deux hautes murailles verticales de lœss. Sur ces routes, larges de deux à cinq mètres, où pendant des lieues on n'aperçoit tout en haut qu'une mince bande de ciel, on chemine sans air dans une chaleur étouffante. De distance en distance sont ménagés des garages plus larges pour le croisement des véhicules.
Le lœss est d'une remarquable fécondité ; sans engrais, le sol y produit de merveilleuses moissons. C'est le sol le plus fertile de la

Chine ; or, il couvre une étendue de 85 à 90 millions d'hectares, soit
près de deux fois la superficie de la France. C'est à la Terre-Jaune
que la province de Chan-Si doit son antique renommée de *Grenier
de la Chine*.

Les Chinois sont des agriculteurs remarquables. —

Les Chinois sont les premiers agriculteurs du monde. Nulle part
l'agriculture n'est plus en honneur que chez eux. Naguère encore
l'empereur était tenu, vers la fin de mars, de labourer lui-même trois
sillons, vêtu en paysan : les princes du sang et les mandarins conti-
nuaient le travail. Négliger de faire rendre au sol tout ce qu'il peut

FALAISES VERTICALES DE TERRE JAUNE.

*La rivière a taillé son lit dans la Terre-Jaune qui forme, le long de ses rives
des falaises verticales en forme de prismes. Le plateau de Terre-Jaune se ter
mine ainsi par un à-pic au-dessus de la vallée de la rivière.*

donner est un crime contre la nation ; le laboureur dont la terre est
mal cultivée est, d'après le code, passible de vingt à cent coups de
bambou.

Aussi aucun peuple ne connaît mieux la terre, ses ressources, ses
besoins, ne la travaille de plus près, avec plus de soin. Un vaste
système d'irrigation répand sur les plateaux et les plaines l'eau ferti-
lisante. Le cultivateur chinois, penché sans cesse sur le sol, égalise
la terre avec ses mains et même avec ses pieds, dont les orteils ont
acquis une mobilité particulière. Les champs ressemblent à des jardins : pas une mauvaise herbe n'enlève au sol une partie de sa force
productive.

Les étrangers qui ont visité la Chine vantent tous la perfection
de l'agriculture chinoise. Voici comment un voyageur français qui a
longtemps résidé en Chine, le P. Huc, décrit ses procédés.

« Les petits cultivateurs chinois travaillent souvent à la bêche ou à la houe. On ne peut qu'admirer la bonne tenue de leurs champs, dont ils arrachent les mauvaises herbes avec une patience invincible. Il faut que le terrain soit bien stérile de sa nature pour qu'à force d'art et de travail ils ne parviennent pas à lui faire produire quelque chose. Dans les endroits trop secs pour la culture du riz, ils sèment

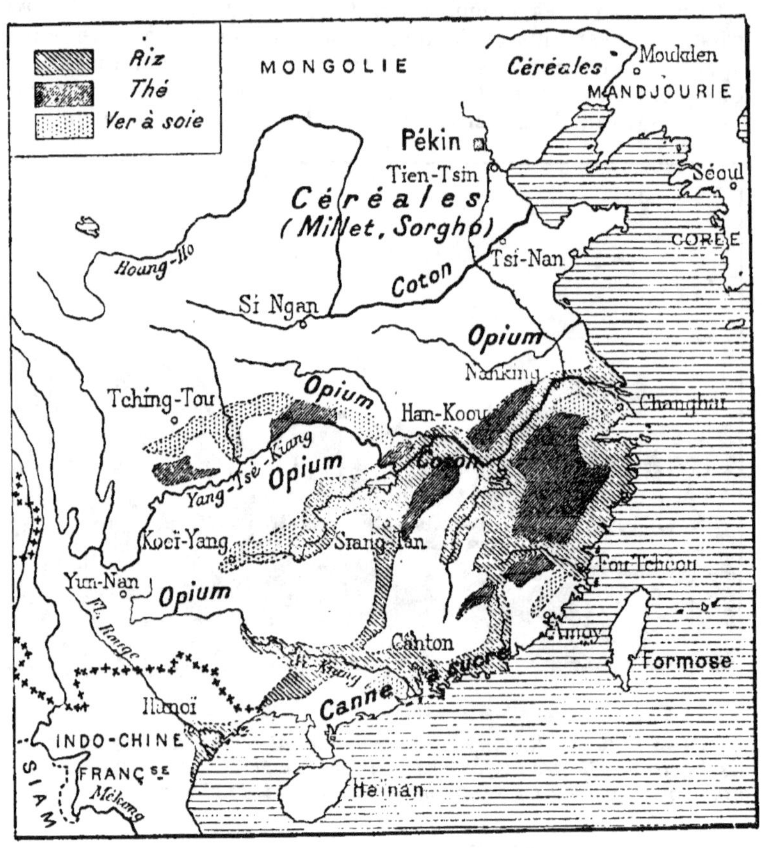

RÉPARTITION GÉOGRAPHIQUE DES CULTURES EN CHINE.

Les quatre produits agricoles principaux de la Chine sont : 1° les céréales, qui servent à l'alimentation de la moitié septentrionale du pays ; 2° le riz, qui sert à celle de la moitié méridionale ; 3° le thé, dont une partie est exportée ; 4° la soie, qui est également exportée pour une bonne part. — La vallée du Yang-tsé-Kiang est par excellence la région des cultures riches ; aussi Chang-Haï est-il le principal port d'exportation de la Chine.

la patate douce, le chanvre, le cotonnier, et, s'il existe un recoin tout à fait improductif, ils y plantent quelques arbres utiles, tels que le mûrier, l'arbre à suif, ou au moins un pin pour avoir un peu de bois et de térébenthine.

« Le Chinois est pour sa moisson d'une sollicitude inimaginable. S'il a à redouter qu'un vent trop violent n'égrène les épis de riz en

les choquant les uns contre les autres, il réunit plusieurs tiges
ensemble et les attache en un seul faisceau pour qu'elles puissent
ainsi se prêter un mutuel appui et n'être pas ravagées par le vent.
Leur industrie excelle surtout dans l'art des irrigations, qu'ils savent
conduire, par des tuyaux de bambous, sur les flancs des montagnes
coupées en terrasses et cultivées jusqu'à leur sommet. Ils ont mille
ressources, dans les temps de sécheresse, pour répandre dans leurs
champs les eaux des étangs et des rivières, et pour les faire écouler
quand les inondations sont trop fortes. Ils se servent principalement
de pompes à chaine ou à chapelet, qu'ils mettent en mouvement avec

UNE MAISON DE THÉ A CHANG-HAI.

*Type de maison construite sur un fleuve. — Les maisons de thé tiennent lieu,
en Chine, de nos cafés.*

leurs pieds, et qui font passer l'eau d'un réservoir dans un autre avec
une grande rapidité. »

L'agriculture sera encore longtemps la principale richesse de la
Chine.

Ce que nous donne la Chine : la soie et le thé. — Les
deux produits chinois qui s'exportent principalement dans nos pays
sont la soie et le thé.

La Chine produit environ un tiers de la soie qui est employée dans
le monde entier. Une partie de cette soie sert à sa propre industrie ;
mais la plus grande partie est exportée vers les grands centres de
l'industrie des soieries, Lyon en France, Zurich en Suisse, Milan en
Italie. Les deux grands ports d'exportation sont Chang-Haï et Canton.

Le thé qui se consomme dans le monde est produit presque exclusivement par la Chine, l'Inde et Ceylan, le Japon et Java. La Chine
est le plus important des pays producteurs. On y cultive le thé dans
toute la moitié méridionale. Les principales plantations se trouvent

dans la région côtière au sud de l'embouchure du Yang-tsé. On cueille les feuilles à trois reprises, en mars, en mai et en juin; puis on les fait sécher. On distingue trois sortes de thé; le *thé noir* qui est séché au soleil, le *thé vert* qui est séché à la poêle, et le *thé en briques* vendu sous forme de briques fabriquées à l'aide de presses à vapeur avec les feuilles de la dernière cueillette, c'est-à-dire les moins fines.

Le thé entre pour une large part dans l'alimentation chinoise, bien que dans le nord les pauvres soient réduits à le remplacer par des décoctions de plantes vulgaires, et que dans les districts du sud on se contente souvent de feuilles de saule, traitées comme celles du thé, et souvent mélangées par les trafiquants avec les feuilles de thé à destination de l'Europe. Suivant des évaluations vraisemblables, la Chine produit environ 330 millions de kilogrammes de thé par an; elle en exporte environ 75 millions de kilogrammes, soit pour une somme d'environ 100 millions de francs. Le thé de Chine est le plus répandu dans le monde; toutefois les Anglais lui préfèrent le thé de l'Inde ou de Ceylan, et les Américains achètent surtout le thé du Japon, bien qu'il soit plus âcre.

CHINOIS.

Les Chinois appartiennent à la race jaune, caractérisée par la couleur de la peau, la forme des yeux, l'absence de barbe ; ils portent une longue queue de cheveux dans le dos.

Le peuple chinois. — Les

Chinois sont un peuple de la race jaune. Bien qu'on distingue assez nettement deux types chinois, celui du nord qui est plus grand et plus rougeâtre, celui du sud qui est plus jaune et plus foncé, l'un et l'autre présentent les traits caractéristiques des peuples jaunes, manque de barbe, pommettes saillantes, yeux bridés, nez déprimé, face aplatie.

Pour les hommes, la particularité la plus curieuse consiste dans l'habitude de se faire raser la tête, sauf sur le sommet d'où tombe une queue de cheveux. Ce serait le premier empereur mandjou de la dynastie régnante actuelle qui, après avoir conquis la Chine, aurait imposé cette coutume, en 1644, comme un symbole de sa conquête; pendant près d'un siècle les Chinois auraient refusé énergiquement de s'y plier. Aujourd'hui toute résistance a disparu. Les Chinois mettent même leur orgueil, surtout dans le sud, à porter une queue aussi longue et aussi grosse que possible. Ils se font généralement raser la tête, tous les dix jours. Comme aucun homme ne peut se raser lui-même la tête, le métier de barbier est très florissant en Chine. Outre les barbiers ayant boutique, on rencontre dans les rues nombre de barbiers ambulants portant suspendu sur le dos tout l'attirail qui leur est nécessaire en même temps que des escabeaux pour asseoir leurs clients pendant l'opération.

Pour les femmes, la pratique la plus curieuse et la plus barbare, est celle qui consiste à déformer leurs pieds. Elle fut longtemps presque universelle en Chine. On commence, vers l'âge de cinq ans, à emmailloter étroitement les pieds des petites filles; les quatre plus petits doigts sont repliés sous le pied; on leur fait porter des chaussures à talons très élevés; le pied perd rapidement toute élasticité. Les femmes marchent comme sur des pointes, et, faute d'exercice, le gras de la jambe fond. Toutefois, la manière dont on serre les pieds diffère assez sensiblement d'une classe à l'autre de la société. On rencontre dans les basses classes de la société beaucoup de Chinoises qui restent capables de se mouvoir aisément. Par contre, beaucoup de dames de l'aristocratie deviennent tout à fait inaptes à se servir de leurs pieds et ne se déplacent qu'en voiture ou quelquefois même sur le dos de leurs serviteurs. Cette mode contre nature parait heureusement perdre du terrain.

Les villes chinoises.

— La Chine compte un très grand nombre de villes importantes; peu de pays en ont davantage. Une vingtaine de ces villes ont plus d'un demi-million d'habitants.

Elles sont curieuses.

FEMME CHINOISE MONTRANT SON PIED DÉFORMÉ.

On voit ce que devient le pied à force d'être étroitement comprimé dès la jeunesse. Beaucoup de Chinoises, surtout dans la haute classe, deviennent ainsi presque incapables de marcher.

Celles du nord, comme Péking, ont généralement des rues très larges: mais comme ces rues ne sont pas pavées et sont mal entretenues, les pluies en font des bourbiers, et pendant la saison sèche on y enfonce dans la poussière. Les villes de la Chine méridionale, comme Han-Keou ou Canton, ont au contraire des rues pavées, étroites et tortueuses. La plupart d'entre elles sont couvertes afin que les passants se trouvent à l'abri du soleil; on n'y a donc que peu d'air et de lumière. Si la ville est traversée par un fleuve, il n'est pas rare de voir une partie des habitants vivant sur l'eau dans des sortes de bateaux-maisons. C'est tout l'opposé de la grande ville moderne telle qu'on la rencontre en Europe ou aux États-Unis, avec ses rues larges et droites, ses usines, le confort de ses maisons et ses mille moyens de transport.

La ville chinoise est extrêmement vivante. Une foule grouillante la remplit ; les artisans y exercent librement leurs métiers. Mais la misère de certains quartiers dépasse tout ce que l'on peut voir dans les quartiers les plus pauvres de nos grandes villes. Dans certaines cités chinoises, les épidémies sont continuelles et exercent de terribles ravages.

Deux causes expliquent principalement la misère du bas peuple chinois : d'abord, l'excès de la population ; ensuite, son inactivité, résultat du manque d'industrie.

L'émigration chinoise. — L'accroissement de la population chinoise est très rapide. L'accroissement de ses ressources est beau-

PETITS MÉTIERS DE LA RUE EN CHINE.

Parmi ces petits métiers, le plus répandu est peut-être celui de barbier. Les Chinois se font raser la tête, généralement tous les dix jours ; il faut donc en Chine un grand nombre de barbiers. A chaque pas, on rencontre dans les rues des villes chinoises des barbiers ambulants munis de l'attirail nécessaire et d'un escabeau pour asseoir leurs clients pendant l'opération du rasage.

coup plus lent, tant que l'industrie n'y est pas plus développée. Aussi le nombre des émigrants que la Chine envoie chaque année au dehors est-il de plus en plus considérable.

Les Chinois émigrent dans tous les pays du Pacifique. On en trouve un grand nombre dans la péninsule indo-chinoise, ainsi que dans l'Insulinde où ils ont accaparé presque tout le commerce. Il y en a beaucoup également dans les îles Philippines et dans les îles Hawaii, où presque tous les ouvriers employés dans les plantations de cannes à sucre sont des Chinois. Aux États-Unis, ils forment un quartier spécial de la ville de San-Francisco où ils seraient beaucoup plus nombreux si le gouvernement américain n'avait pris depuis longtemps des mesures pour enrayer leur entrée sur son territoire. Il existe aujourd'hui des colonies chinoises importantes dans tous les pays de l'Amérique du Sud, le long du Pacifique ainsi qu'au Brésil et dans les Antilles.

Le Chinois possède des qualités qui lui permettent de s'établir partout. Il se plie à tous les métiers, est mineur, bûcheron, cultivateur, jardinier, terrassier, commerçant, domestique. Ce sont les Chinois qui ont construit les grandes lignes transcontinentales américaines; ce sont eux qui ont remplacé les nègres dans les plantations depuis la suppression de l'esclavage. Le Chinois, comme ouvrier, défie toute concurrence; il est docile, intelligent, saisit à demi-mot; il est ponctuel, régulier, plein d'endurance. En outre, comme il est très sobre, se contente pour vivre d'une poignée de riz et d'un morceau de poisson sec, par exemple, il est satisfait d'un salaire modique, très inférieur à celui qu'exigent, pour un travail égal, les ouvriers européens. Les ouvriers chinois font ainsi grand tort aux ouvriers blancs qui, évincés, ont provoqué maintes fois des mouvements violents contre leurs concurrents. Afin de mettre fin à ces conflits continuels, le gouvernement des États-Unis ainsi que d'autres gouvernements ont enrayé l'immigration chinoise chez eux.

UNE RUE A CANTON.

*Type de rue dans les villes de la Chine méridionale:
rue pavée, étroite, tortueuse; couverte, afin qu'on
y soit à l'abri du soleil.*

Les religions chinoises. — Il existe en Chine trois religions officielles : le *confucianisme*, sorte de code de morale contenu dans les ouvrages de Confucius et de ses disciples; le *taoïsme*, religion grossière remplie de superstitions et mêlée de magie; le *bouddhisme*, qui fut introduit dans l'empire chinois il y a vingt-deux siècles et y

UNE RUE A PEKING.

*Type de rue dans la Chine du Nord. La rue est large, droite, non pavée,
suivant la saison, on y enfonce dans la boue ou dans la poussière.*

est toujours très répandu. Ces trois religions, d'ailleurs, ne s'excluent
pas ; l'empereur les professe toutes les trois et en accomplit les rites.

Cl. du Dr Le Play « Croquis d'Extrême-Orient ».

GRAND PORTIQUE DU TOMBEAU DI MING.

*Au nord-ouest de Péking, non loin de la frontière de la Mongolie, se trouve
une vaste nécropole où sont enterrés les princes de la famille des Ming, qui
régnait en Chine avant la dynastie actuelle. Le portique ci-dessus marque
l'entrée de la nécropole; une grande allée bordée de statues d'animaux ou
d'hommes géants, conduit au temple qui renferme les tombeaux. Nulle part le
culte des ancêtres n'est plus développé qu'en Chine.*

Il y a en outre en Chine des musulmans et des catholiques. Les
musulmans sont au nombre d'au moins 20 millions; l'islamisme s'in-
troduisit à l'époque des invasions mongoles; il est répandu surtout

dans les provinces du nord-ouest et dans le Yunnan au sud-ouest. Le *catholicisme* y pénétra dans le courant du xvie siècle et il y obtint alors de grands succès, particulièrement grâce aux services que de savants jésuites avaient rendus aux empereurs de la dynastie régnante; la mission catholique a sensiblement décliné depuis lors.

L'attachement aux anciens usages est un des traits caractéristiques de la nation chinoise; c'est ce qui explique le peu de succès relatif obtenu par les religions étrangères. Si le bouddhisme a bien réussi, c'est qu'il s'est modifié et adapté à l'esprit chinois. Pour les Chinois, la religion est surtout une morale fondée sur l'idée de la famille, sur

LA GRANDE MURAILLE DE CHINE.

Elle protège la Chine au nord-ouest et mesure 1700 kilomètres de longueur; de rares portes fortifiées permettent de la franchir. La Grande Muraille est très large, des voitures peuvent circuler dessus.

la piété filiale et sur le culte des ancêtres qui en est la plus haute expression. Cette doctrine, qui a un noble côté, en a aussi un mauvais; elle hypnotise le peuple chinois dans l'admiration du passé, le détourne de l'avenir et rend tout progrès impossible, parce que ce serait non seulement un changement gênant, mais un outrage à la mémoire des aïeux, c'est-à-dire une impiété. Le peuple chinois est essentiellement conservateur: pendant des centaines d'années son organisation s'est à peine modifiée.

La Chine contemporaine. — Jusqu'au milieu du siècle dernier, ce qui a caractérisé la Chine, c'est le désir de rester chez elle et de se fermer jalousement aux influences du dehors. Vers le iiie siècle avant notre ère, afin d'empêcher l'invasion de leur territoire par les populations de la Mongolie, les empereurs de Chine avaient édifié, sur une longueur de 1700 kilomètres, la Grande-Muraille qui couvrait tout le pays au nord-ouest. La Grande-Muraille de Chine est devenue le symbole de l'isolement dans lequel la Chine s'est développée jusqu'à nos jours.

Trois séries de traités en 1844, en 1860 et en 1895, ont obligé la Chine à ouvrir graduellement ses portes aux étrangers et spécialement

LA CHINE CONTEMPORAINE.

Les villes indiquées sont celles que les traités ont ouvertes au commerce étranger : on voit qu'elles sont pour la plupart dans la vallée du Yang-tsé-Kiang ou sur la côte méridionale. De nombreuses voies ferrées sont déjà construites, entre autres la moitié septentrionale du Grand Central chinois qui est projeté pour unir Péking à Canton par Han-Kéou ou Han-Koou. Cette ligne principale sera reliée à la mer par Chang-Haï.

aux Européens. Actuellement les étrangers peuvent résider dans 26 villes ou ports ouverts, ainsi que dans 6 marchés situés sur la frontière de l'Indo-Chine ; ils ont le droit d'y établir des manufactures et d'y faire du commerce. Dans certaines villes chinoises, et notamment dans la grande ville de Chang-Haï, point terminus des grandes lignes de navigation arrivant d'Europe, on voit aujourd'hui des quartiers tout européens.

Par l'influence de ce contact, la Chine traverse une période de transformation considérable. Elle s'est donné un réseau ferré dont la construction avance avec rapidité et qui permettra, dans quelques années, de traverser rapidement la Chine; ce réseau ferré est, d'ailleurs, relié déjà aux chemins de fer européens par l'intermédiaire d transsibérien; on travaille à le relier aux chemins de fer de l'Inde à travers les soulèvements montagneux qui joignent le Thibet à l'Indo-Chine. En même temps la Chine commence à exploiter ses gisements miniers, et en particulier ses mines de houille, qui sont d'une extrême

Cl. du D'' Leplay « Croquis d'Extrême-Orient ».

LE TRAIN D'HAN-KÉOU.

Aspect d'un train et d'un quai de gare en Chine. La Chine se modernise. Dès l'ouverture des premières lignes ferrées, les trains ont été remplis par une foule de voyageurs de toutes les classes.

abondance. Des manufactures s'établissent peu à peu dans les principales villes.

D'autres transformations non moins importantes s'opèrent dans l'organisation militaire et dans l'armement, dans la marine. L'instruction a été grandement améliorée. Avant peu, la Chine, modifiant son antique organisation politique, possèdera un gouvernement constitutionnel. La vieille Chine se meurt. Dans les trente ou quarante dernières années, elle s'est plus transformée que dans les trente ou quarante siècles précédents.

§ 7. — LE JAPON

Le Japon est un archipel qui comprend plus de 3000 îles, dont six seulement ont une superficie notable. Il comprend, du nord au sud, la partie méridionale de l'île *Sakhalin*, les îles *Kouriles*, les *Huit-Iles* ou *Ya-Sima*, les îles *Kiou-Siou* et l'île *Formose*. Le tout mesure une superficie de 450.000 kilomètres carrés, les quatre cinquièmes de la France.

Les six grandes terres sont *Sakhalin*, d'ailleurs froide et peu peuplée; *Yéso*, *Hondo* ou *Nippon*, *Sikok*, et *Kiou-Siou*, les principales des Huits-Iles; et *Formose*.

Géographie physique. — Toutes les îles japonaises sont constituées par des montagnes, sommets de plissements orientés généralement du nord au sud. La plupart d'entre elles sont volcaniques; les éruptions et les tremblements de terre y sont fréquents; le point culminant, le *Fouzi-Yama* (3750 mètres) dans Hondo, est un volcan. Les plaines, constituées par les alluvions des torrents, sont peu nombreuses, peu étendues, et n'occupent pas plus d'un huitième du territoire.

Les rivières ne peuvent être et ne sont que des torrents courts, à forte pente, et par suite à débit inégal; la principale est le *Tone-Gava* qui a formé la plaine de Tokio, dans la partie orientale de Hondo. Elles aboutissent à un littoral rocheux et très découpé, comme il est naturel dans un pays de relief accidenté: le principal accident en est la *Méditerranée japonaise*, sorte de long détroit semé d'îles et d'écueils, entre Hondo, Kiou-Siou et Sikok.

Le climat varie beaucoup du nord au sud, car le Japon s'étend sur plus de 30 degrés de latitude, le tiers de la distance du pôle à l'équateur. Comme dans toute l'Asie orientale, il serait rude sans le voisinage de la mer; les moussons s'y font sentir et valent au Japon des pluies d'été abondantes; le courant chaud du Kouro-Sivo attiédit les hivers. Grâce à cette double action, Sikok, Kiou-Siou et les deux tiers de Hondo ont la végétation des régions subtropicales et méditerranéennes, riz, mûrier, thé, céréales. Formose a la végétation des pays équatoriaux; Yéso et Sakhalin celle des régions de l'Europe septentrionale.

Population. — La population du Japon se compose de deux éléments principaux; 1° les *Aïno*, peuplade indigène primitive, depuis longtemps refoulée dans les parties septentrionales de l'archipel (Yéso et les Kouriles) et ne représentant du reste qu'une portion infime de la population totale; — 2° les *Japonais*, peuple de race jaune, parlant une langue sino-japonaise, c'est-à-dire fortement mélangée de Chinois, et pratiquant, d'ailleurs sans zèle, deux religions principales, le bouddhisme et le sintoïsme.

Le nombre total des habitants de l'archipel japonais s'élève à 5o millions, soit 120 habitants par kilomètre carré.

Répartition des habitants et villes. — Les différentes parties du Japon sont très inégalement peuplées.

1° Tout le nord est presque désert, Kouriles, Sakhalin et Yéso. Cette dernière île, longtemps presque sauvage et sans habitants, commence seulement à se peupler et à se défricher : la principale ville est *Hakodate*.

2° Le centre (Hondo, Sikok, Kiou-Siou) forme la partie la plus riche de l'archipel; il renferme plus de 46 millions d'habitants, plus des neuf dixièmes de la population totale. On y trouve presque toutes les grandes villes : dans Hondo, la capitale moderne *Tokio*, et son port *Yokohama*; l'ancienne capitale, *Kioto*, et son port industriel *Ohosaka*; des villes industrielles qui se développent rapidement, *Nagoïa, Kobé, Sendaï*; — dans Kiou-Siou, le port de *Nagasaki*.

3° Le sud est assez riche et peuplé; Formose compte 3 millions d'habitants avec les villes de *Takoou, Tam-Choui* et *Kéloung*.

Développement économique. — Le Japon a toujours été un très riche pays agricole. La grande étendue des montagnes réduit beaucoup l'étendue cultivable, mais cette partie cultivable, formée de terres alluviales mélangées d'éléments volcaniques, est très fertile; le climat humide et tiède est favorable. L'agriculture a constitué de tout temps, avec la pêche, la ressource principale des habitants. Jusqu'à ces dernières années l'industrie n'était représentée que par la petite industrie à domicile, fabriquant des objets d'usage courant (cotonnades), et quelques produits de luxe (porcelaines, laques, soieries, papier de riz).

Une révolution a marqué l'histoire du Japon pendant la fin du dix-neuvième siècle: en 1868, l'organisation politique ancienne a été renversée; dès lors, graduellement, le Japon a adopté les usages et les inventions des pays de l'Occident. Toute la vie économique du pays s'est trouvée modifiée.

L'Agriculture reste prépondérante; elle fait vivre plus de la moitié de la population. Les grands produits sont: le *riz*, cultivé dans le fond des vallées et sur les pentes inférieures des montagnes; les *céréales*, blé, millet, orge, seigle, sarrasin; le *thé*, qui constitue la boisson ordinaire de la population et s'exporte en outre, principalement vers les États-Unis; le *mûrier*, qui sert à l'élevage du ver à soie (le Japon est un des principaux pays producteurs de soie); enfin le *coton*, le *tabac*, la *canne à sucre*. — L'élevage est presque nul; les Japonais mangent peu de viande, et, la culture se faisant surtout à la main, ils n'ont pas besoin d'animaux de trait.

Trois faits marquent principalement le développement économique du Japon moderne:

1° La **création d'un outillage économique** important; réseau ferré atteignant déjà un développement de 10.000 kilomètres; développement de la flotte de cabotage; création d'une flotte de steamers.

2° La **naissance de la grande industrie**; le Japon est assez riche en houille; il a d'importants gisements de fer et de cuivre. D'autre part, son agriculture lui fournit deux importantes matières premières, la soie et le coton. Plusieurs industries se sont créées et sont devenues rapidement prospères: industries textiles (soieries et surtout cotonnades), industries métallurgiques et constructions navales, industries diverses (fabrication des allumettes, brosserie, etc.). Ces industries sont concentrées, pour la plupart, sur la rive septentrionale de la Méditerranée japonaise.

3° Le **développement du commerce extérieur**: le Japon est devenu la puissance commerciale la plus active de l'Extrême-Orient. Il exporte aux États-Unis de la soie et du thé, en France de la soie, en Chine et dans toute l'Asie du Pacifique de la houille, des tissus, des allumettes.

La Corée. — Très peuplé, actif et productif, le Japon s'es trouvé amené à chercher des débouchés au dehors et spécialement sur le continent asiatique qui lui fait face: de là, l'acquisition de la Corée et une pénétration active en Mandjourie.

La Corée, située à l'ouest de Hondo, est une péninsule montagneuse, au climat rude. Mais elle a quelques cultures dans ses plaines et l'élevage est développé dans ses montagnes; les mines y sont abondantes. La population, de race jaune, s'élève à 7 500 000 habitants. La capitale est *Séoul*; les principaux ports sont *Chémoulpo* et *Fousan*.

La Corée était jadis la vassale de la Chine. En 1895, elle fut transformée en État indépendant. Le Japon s'en est emparé de 1905 à 1910. La construction d'une voie ferrée trans-coréenne, reliée au transmandjourien, de Fousan à Séoul et à Moukden, permet la mise en valeur du pays et favorise, en outre, l'extension de l'influence japonaise sur la Mandjourie méridionale, où les Japonais se sont fait céder l'ancienne forteresse russe de Port-Arthur, et le port russe de Dalny devenu aujourd'hui le port japonais de Daïrien.

Lectures et Développements.

Les volcans au Japon. — Le Japon fait partie du cercle de feu du Pacifique ; c'est une des régions les moins stables du globe.

Phot. Ridel-Saillard. « Migeon, Au Japon. »
LE FOUZI-YAMA.

C'est un volcan, le point culminant de l'archipel Japonais. Il dresse son cône presque parfait dans l'île de Hondo, au sud-ouest de Tokio, et il paraît d'autant plus imposant qu'il s'élève au milieu de plaines basses, en parties inondées et couvertes de rizières.

Volcans, éruptions, tremblements de terre, raz de marée, tous les phénomènes de cette espèce y sont nombreux et fréquents.

Les volcans se comptent par centaines. Il y en a 52 dans les Kouriles dont 9 encore actifs ; Yéso en renferme 8 ; la ligne de faîte des montagnes de Hondo est constituée par des volcans dont plusieurs sont encore actifs, et qui groupent pressés leurs cônes tronqués et leurs cratères. Le Fouzi-Yama, point culminant et montagne vénérée du Japon, est un volcan.

Les éruptions sont fréquentes, mais plus fréquents encore sont les

tremblements de terre. Il ne se passe peut-être pas de jour sans
qu'une partie du Japon subisse quelque secousse. D'après les légendes
populaires, le Japon reposerait sur le dos d'un « namazou » géant et
l'animal, gêné par ce fardeau, ne cesserait de s'agiter. Dans Hondo
on enregistre plus de 20 secousses par mois; dans Yéso plus de 10.
Les Japonais ne s'en tourmentent guère car ils y sont habitués. Ils
construisent leurs maisons à un seul étage en matériaux très légers
et s'inquiètent aussi peu des tremblements de terre qu'on fait en
Europe des éclairs et du tonnerre. C'est, dit un voyageur, un thème
à dictons comme celui-ci : « Tremblement de terre de 9 heures, temps

« Migeon, Au Japon. »

DESCENTE SUR LE LAC D'HAKONE.

*Le lac d'Hakone est situé dans la région du Fouzi-Yama. La région montagneuse
de Hondo, avec ses montagnes, ses lacs contournés, ses épaisses forêts, est
gracieuse autant que pittoresque. Le portique en bois qu'on aperçoit au centre
est un torii; c'est un des éléments essentiels de l'architecture des peuples de
l'Extrême-Orient; en pierre ou en bois peint en rouge, le torii fait l'office de
grand portail d'entrée; on en trouve en avant de tous les temples, ainsi que
de nombreux villages.*

sec; de 6 et de 8 heures, signe de vent; de 5 à 7 heures, signe de
pluie. »

Cependant quelques-uns de ces tremblements de terre sont désastreux. Pendant celui du 23 décembre 1854, par exemple, les maisons
de Yédo furent soulevées de deux pieds au-dessus du sol et plusieurs milliers de personnes périrent. En 1891, au sud-ouest du Fouzi-
Yama, une secousse formidable tua 7000 personnes, en blessa
17 000 autres; 197 000 maisons furent détruites, 78 000 autres furent
à moitié démolies, 6000 brûlées ou ébranlées.

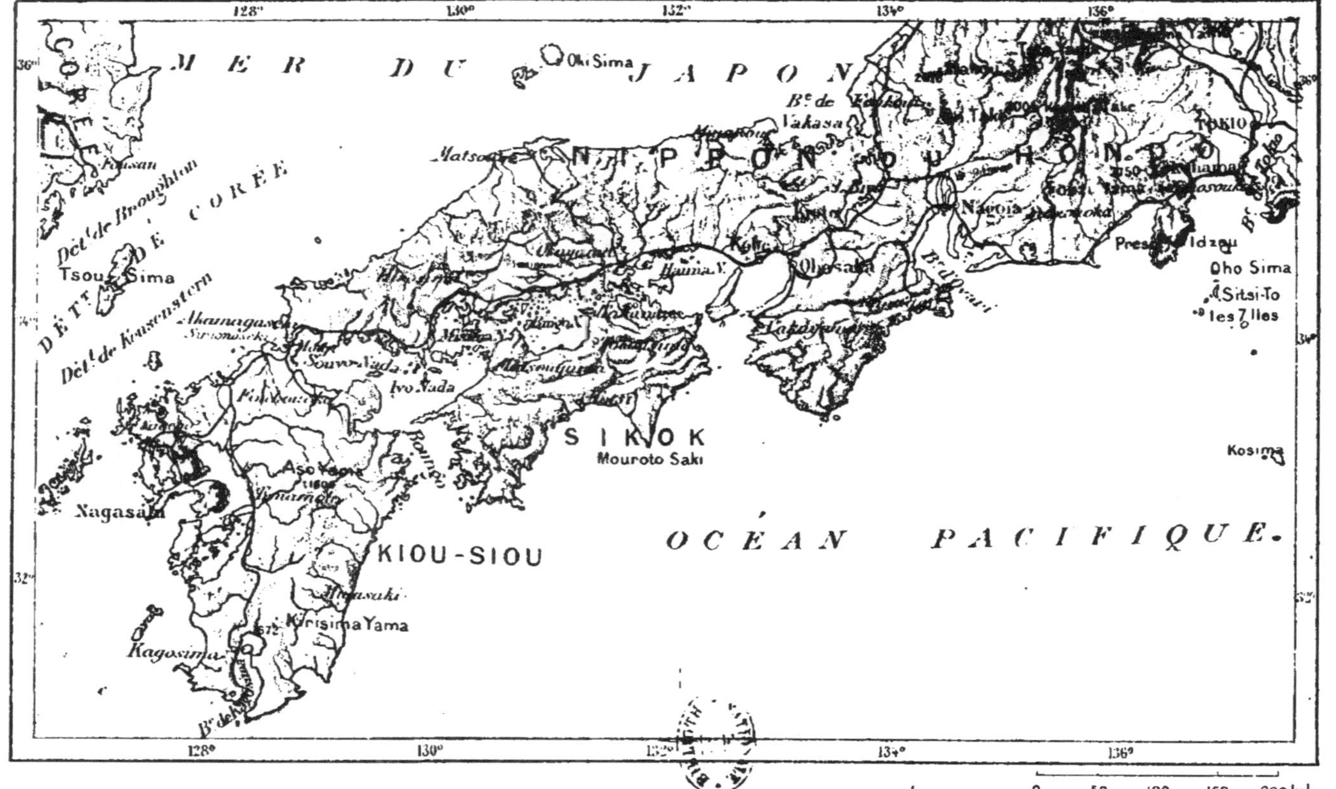

MÉDITERRANÉE JAPONAISE.

La Méditerranée japonaise est le détroit qui sépare les trois grandes îles de Nippon, de Sikok et de Kiou-Siou. Noter le grand nombre des îles et îlots qui l'encombrent.

Les tremblements de terre sont souvent accompagnés de raz de
marée. En 1854, par un temps superbe et très calme, une frégate
russe, à l'ancre dans le port de Yédo, vit au large une grande vague
se ruer sur la plage et couvrir la ville ; rien ne resta debout que les
murailles d'un temple. Des vagues pareilles se succédèrent et le
navire, après avoir touché cinq fois le fond, finit par sombrer. On
retrouva des débris de jonques à 3 kilomètres dans les terres. En
juin 1896, un véritable « tremblement de mer » provoqua des vagues
énormes et plus de 30 000 personnes périrent.

La Méditerranée japonaise. — Entre les îles Hondo, Sikok
et Kiou-Siou, s'étend un tortueux bras de mer encombré d'un dédale

Phot. Ridel-Saillard. « Migeon, Au Japon. »
VISITE ENTRE JAPONAISES A TOKIO.

*Les Japonais sont renommés pour l'urbanité et la politesse de leurs manières
On voit ici l'entrée d'une maison japonaise. Sur le mur extérieur pendent des
panneaux de bois laqué portant des inscriptions en caractères dorés. Au-
dessus de la porte, un grand auvent où les visiteurs quittent leurs socques de
bois pollués par la boue ou la poussière de la rue.*

d'îles qui n'est en réalité qu'une succession de fiords et de bassins
communiquant par des étranglements étroits et réunis pour former
une vaste mer intérieure : c'est cette mer intérieure qu'on appelle la
Méditerranée japonaise.

Elle est très pittoresque : « les côtes sont comparables à celles de
la Norvège, mais sous le ciel de l'Italie, et la végétation du littoral
est celle des îles malaises. » Elle n'est pas très profonde; un abaissement de niveau de 8 mètres l'assécherait en grande partie : c'est
à peine si dans quelques creux la profondeur dépasse 50 mètres, et
l'épaisseur moyenne de la couche liquide est à peine de moitié.

Cette mer intérieure est très animée. Le plus grand nombre des 600 000 barques, qui servent au Japon à la pêche et au commerce, ont leur point d'attache sur ses bords. Les gros navires ont du mal à s'y frayer un passage au milieu des jonques qui, malgré les remous et les tourbillons de cette mer étroite, viennent chercher un excellent abri contre les ouragans qui dévastent les côtes du Pacifique.

Sur les bords de la Méditerranée japonaise vit une population très dense, tandis que le Japon a une moyenne de 120 habitants au kilomètre carré, c'est 200 et 300 habitants au kilomètre carré qui se pressent au sud de Hondo sur la côte. Cette région surpeuplée offre, en effet, des ressources multiples. La mer intérieure, très poissonneuse, fournit un aliment suffisant au Japonais sobre. Le climat très doux et très humide de la côte assure la prospérité des cultures établies en terrasses sur les pentes. Enfin, les grandes villes se pressent et offrent leurs ressources aux habitants. Sur les bords de la Méditerranée japonaise se trouvent quelques-unes des plus belles villes du Japon : Ohosaka, la Manchester japonaise, avec plus de 1 000 000 d'habitants ; à quelques kilomètres dans l'intérieur des terres, Kioto, l'ancienne capitale, fameuse par ses 900 temples consacrés à Boud-dha et ses cimetières, les plus beaux du Japon ; Hiogo-Kobé, la rivale future de Ohosaka, Hirosima, etc.

Tous ces avantages ont contribué à faire des bords de la mer intérieure le centre commercial et industriel du Japon, tout comme sa situation dans un pays montagneux où les relations de province à province se faisaient uniquement par cabotage, en avaient fait autrefois le centre de la vie et de la civilisation japonaises.

Le riz. — Le riz est la nourriture presque exclusive des peuples jaunes. Au Japon, par exemple, les paysans ne mangent jamais de viande ; ils font une assez grande consommation de poisson sec, mais il leur faut environ 1200 grammes de riz par jour et par personne. Le riz est la base de l'alimentation pour le Japonais : il est pour lui ce qu'est le pain pour le Français. Aussi le riz est-il cultivé avec beaucoup de soin : il est au nombre des cinq cultures sacrées du Japon et sa culture occupe la moitié des terres productives de l'Empire.

Il exige des conditions particulières de chaleur et d'humidité, beaucoup de chaleur pendant l'été, beaucoup d'humidité toujours. Pour faire germer les graines, il faut les planter dans la boue ; les rizières ne peuvent donc être établies que dans des terrains qui sont habituellement bien arrosés par les pluies et qu'il est facile d'irriguer. Pendant toute la croissance de la plante, il faut qu'elle reste dans une eau pouvant se renouveler. C'est seulement quand le riz arrive à maturité qu'il n'a plus besoin d'eau : on vide alors les rizières. Les rizières doivent être rigoureusement nivelées et endiguées pour retenir l'eau aussi longtemps qu'il est nécessaire : d'où la physionomie si caractéristique du Japon où les pentes sont divisées en terrasses bien horizontales, contenues par de petits murs, où les collines, au lieu de s'élever graduellement, montent par ressauts verticaux, semblables à des marches d'escaliers que séparent des espaces rigoureusement plans.

La culture du riz exige une série d'opérations longues et minutieuses, et le Japonais, qui travaille plus comme un jardinier que comme un de nos paysans sa toute petite propriété (elle dépasse rarement un hectare), y excelle comme le Chinois. Non seulement il égalise le sol, surveille la distribution de l'eau, fait des petits talus de 3o ou 4o centimètres qui servent de chaussée, bêche et herse pour égaliser la vase du fond; mais encore, dès que le grain a levé, il repique les pieds de riz par touffes distantes de 3o à 4o centimètres dans l'endroit qui doit servir de rizière, et aucune mauvaise herbe ne vient, dans l'intervalle des touffes, enlever au sol la moindre part de sa précieuse énergie. Grâce à ces soins constants, le riz est d'un excellent rapport : le rendement moyen est de 26 hectolitres à l'hectare.

Dès que le riz a été arraché, les Japonais plantent sur la terre retournée les gros navets qui entrent pour une part importante dans leur alimentation et qui donnent une récolte abondante avant le temps des semailles du riz.

Par suite de cette culture intensive, bien que moins d'un tiers du Japon seulement soit cultivable, le reste étant occupé par des volcans ou des montagnes, l'agriculture japonaise suffit à nourrir une population de 5o millions d'habitants, plus nombreuse et plus dense que celle de la France, et en outre, presque exclusivement végétarienne.

Le peuple japonais. — Les Japonais seraient originaires de la Malaisie suivant les uns, de la Chine suivant les autres. Peut-être viennent-ils des deux pays à la fois : en effet, on distingue deux types de Japonais assez différents. Les Japonais de l'aristocratie ont le nez plus aquilin, les traits plus réguliers, un teint plus clair, qui est même presque parfaitement blanc chez les femmes et les enfants. En tout cas, les Japonais ont tous sans exception les cheveux lisses, les yeux bridés, et, bien que différents des Chinois, ils sont considérés comme appartenant à la race jaune.

JAPONAISE.

Les costumes des Japonaises sont fort pittoresques; chignons très compliqués, longues robes aux manches flottantes, couleurs claires, broderies pleines de fantaisie et d'un goût très sûr. Après avoir adopté un moment les modes de l'Europe, les Japonaises sont presque toutes revenues à leur ancien costume national qui leur sied d'ailleurs infiniment mieux.

Au moral, c'est un peuple aimable, gai, d'une excessive politesse, actif et curieux, adroit et propre. La Japonaise est un être d'un charme incomparable avec ses jolis vêtements de soie ou de crépon, son manteau marqué au dos et au bras du « mon » armorial de la famille, son petit col de taffetas décoré qui apporte une note plus vive au collet de son kimono, son bel *obi* de soie forte, luxe de sa toilette, où se manifeste sa fantaisie dans le choix d'un beau décor et d'une jolie nuance, et qui lui fait un gros nœud proéminent au-dessus des reins, ses belles chaussettes rembourrées en coton blanc immaculé, et sa coiffure si soignée, lissée d'huile de camélia et luisante comme un beau laque.

Les Japonais se distinguent par un sentiment artistique très développé. Le moindre paysan du Nippon cherche pour bâtir sa hutte un site gracieux, au bord de l'eau courante, en vue d'un bel horizon. Les jardins des grands palais sont de véritables créations d'art. Ils n'affectent pas, comme nos jardins, la forme symétrique, logique, d'un plan d'architecture ; c'est un assemblage de formes fantaisistes et sinueuses, de plans variés, qui profitent des accidents de terrain quand ils ne les provoquent pas. Beaucoup d'entre eux sont des reconstitutions en miniature de paysages célèbres que les poètes ont chantés, qui ont été reproduits par des peintres ou qui sont vénérés par des pèlerinages traditionnels.

ENFANTS JAPONAIS.
Remarquer le type physique et le costume.

« Au Japon, dit un voyageur, l'Art est partout : dans la nature que le Japonais a pliée à son caprice ou à son goût ; dans la maison même la plus humble, au cachet profondément artistique, et toujours ornée d'une belle chose que l'habitant pourra contempler ou caresser à son aise ; dans les objets les plus usuels, les plus personnels, empreints toujours de la fantaisie la plus exquise et du goût le plus châtié. Et, quand on se tourne vers les hauts sommets de cet Art, vers la peinture et vers la sculpture, on demeure saisi des grands caractères de beauté, de noblesse, de style, qui le font l'égal des plus grands arts de l'humanité. » (G. MIGEON, *Au Japon*.)

Les conditions de la vie au Japon. — Deux raisons ont contribué principalement à rendre possible le si rapide développement économique du Japon contemporain, et lui ont permis de disputer à l'Europe quelques-uns des marchés de l'Extrême-Orient : c'est le bon marché de la vie et le bas prix de la main-d'œuvre.

La vie coûte très peu cher au Japon, dont les habitants ont en général des goûts modérés, se nourrissent principalement de riz et de poisson, et se contentent dans leurs demeures des aménagements les plus simples. Un journal japonais établissait ainsi, en 1898, le bilan des dépenses mensuelles d'une famille de trois personnes (mari, femme et un enfant de six à sept ans) : un *yen* = 2 fr. 59.

54 litres de riz de 3e qualité	yen 4.60	soit 11 fr. 90
Légumes et poisson.	— 1.50	— 3 fr. 88
Location de literie (couvertures, etc.).	— 1.50	— 3 fr. 88
Loyer d'une maison.	— 0.80	— 2 fr. 07
clairage et chauffage.	— 0.75	— 1 fr. 94
5 litres de sauce (2e qualité)	— 0.42	— 1 fr. 09
Thé.	— 0.30	— 0 fr. 77
Objets nécessaires pour écrire. . . .	— 0.30	— 0 fr. 77
Éducation de l'enfant	— 0.20	— 0 fr. 52
Bains tous les trois jours	— 0.20	— 0 fr. 52
Impôt sur le logement.	— 0.15	— 0 fr. 39
Chaussures	— 0.15	— 0 fr. 39
Divers.	— 0.46	— 1 fr. 19
Total.	yen 11.33	soit 29 fr. 31

La dépense annuelle d'une famille de 3 personnes s'élève donc à douze fois 29 fr. 31, soit 351 francs. Si l'on ajoute 15 yens ou 38 francs pour les vêtements, la dépense totale reste inférieure à 400 francs par an. En peu de pays la vie est moins chère.

Il en résulte que les salaires sont peu élevés et que les ouvriers s'en contentent. Voici le prix de la journée de travail (en 1898) pour différents corps de métier :

Charpentiers.	1 fr. 11	Tailleurs (à l'européenne).	1 fr. 47
Menuisiers.	1 fr. 03	Correcteurs d'imprime-	
Tailleurs de pierre. . .	1 fr. 21	rie.	0 fr. 88
Couvreurs.	1 fr. 06	Fileuses de soie. . . .	0 fr. 54
Forgerons.	1 fr. 08	Ouvriers de filatures :	
Journaliers, hommes. .	0 fr. 64	Hommes.	0 fr. 72
— femmes. .	0 fr. 41	Femmes.	0 fr. 50
Tailleurs (vêt. japonais).	0 fr. 93	Mineurs.	1 fr. 00

Sans doute ces prix se sont-ils déjà relevés sensiblement; ils se relèveront encore. Pendant longtemps néanmoins, le Japon trouvera dans le prix relativement inférieur de sa main-d'œuvre une condition des plus favorables pour lutter avec les pays européens sur le terrain économique.

La transformation du Japon. — Le Japon s'était, plus opiniâtrement encore que la Chine, renfermé jadis dans son isolement. C'est à contre-cœur que, de 1854 à 1862, il ouvrit quelques-uns de ses ports aux étrangers; il fallut même une intervention armée de la France et de l'Angleterre pour l'obliger à tenir ses engagements. Mais, en 1868, une brusque révolution intérieure changea l'attitude du Japon. L'empereur, ou *mikado*, brisa l'influence de ses grands vassaux qui le gardaient en tutelle; il transféra le siège de son empire de Kioto à Yédo, appelée désormais Tokio, « la capitale de l'est ».

Depuis cette époque, le Japon s'est lancé complètement dans la voie de la civilisation occidentale. Il s'est donné une armée et une marine à l'européenne. De nombreuses écoles ont été créées. Les voies ferrées, les services postaux et télégraphiques ont été organisés. Aujourd'hui le Japon est régi par un gouvernement constitutionnel, analogue à ceux de nos pays. Il possède un code calqué sur le code Napoléon. Le Japon est ainsi devenu une puissance nouvelle.

La transformation a été grande surtout dans le domaine écono-

« Migeon, Au Japon. »

UN JARDIN A TOKIO.

Les jardins japonais sont de véritables créations d'art; beaucoup d'entre eux reproduisent des paysages fameux chantés par les poètes. Le jardin ci-dessus est celui de Katsura, l'une des résidences d'été du Mikado. La rivière Katsura a été dérivée pour fournir son débit à un grand lac semé d'îlots reliés par d'étroits ponts de pierre. Des lanternes de pierre apportent de place en place une silhouette monumentale. Bâtis avec des bois précieux mais simples, sans l'ombre d'une ornementation, de minuscules pavillons dominent de courts points de vue.

mique. Le Japon est aujourd'hui un important pays industriel et commerçant.

Le développement de l'industrie était favorisé, on l'a vu, par le bon marché de la vie qui, combiné avec le grand nombre des habitants, avait pour conséquence le bas prix de la main-d'œuvre. En outre, la houille et les minerais ne manquent pas; l'agriculture fournit au moins deux importantes matières premières, la soie et le coton. La grande industrie est représentée maintenant au Japon par des établissements métallurgiques, par des ateliers de constructions navales, surtout par des manufactures de soieries et des fabriques de cotonnades. Une classe ouvrière, qui croît tous les jours, s'est formée. A côté des anciennes villes, comme Kioto, qui conservent la physionomie du Japon d'autrefois, d'autres villes se sont développées dont l'aspect est tout moderne, Tokio, Yokohama, Ohosaka, Nagasaki.

Le Japon est devenu en même temps une grande puissance commerciale. Il fait dans tout l'Extrême-Orient, et notamment en Chine, une concurrence souvent victorieuse aux produits occidentaux. Yokohama et Nagasaki sont les deux principaux ports du Japon.

L'expansion japonaise. — La politique d'expansion est un des traits caractéristiques de la politique japonaise actuelle. Elle est, avant tout, la conséquence de la grande densité de la population. Le peuple japonais étouffe dans son archipel, dont les ressources alimentaires se trouvent limitées par le caractère montagneux du pays.

Ce besoin d'expansion se manifeste par une émigration importante. Les Japonais émigrent autant que les Chinois. Ils se portent vers la Chine, la Mandjourie et la Corée, mais aussi vers la côte américaine du Pacifique où leur arrivée a donné lieu à des protestations semblables à celles que l'immigration chinoise avait soulevées.

Il s'est manifesté aussi par des conquêtes. L'histoire moderne du Japon a

« Migeon, Au Japon. »

UN FUSUMA.

Spécimen de l'ancien art japonais. Les fusumas sont des compositions décoratives peintes à la gouache et à l'aquarelle. Le fusuma ci-dessus, qui décore une chambre du temple de Nansenji à Kioto, est l'œuvre d'un artiste du seizième siècle.

été marquée par deux grandes guerres victorieuses : 1° en 1894-95, le Japon battit la Chine et se fit céder, pour prix de sa victoire, l'île de Formose qu'il garda, puis le protectorat de la Corée et Port-Arthur dans la presqu'île de Liao-Toung qu'il dut rétrocéder à la demande de la Russie ; — 2° en 1903-1904, le Japon battit la Russie et reprit, cette fois sans les rendre, le protectorat de la Corée et Port-Arthur. Depuis lors, le Japon occupe une situation prépondérante dans l'Extrême-Orient, et son influence domine jusque sur la Mandjourie. Des bandes d'émigrants japonais s'établissent chaque jour dans les pays que le Japon s'est ainsi agrégés ; elles y créent des centres nouveaux de population le long des voies ferrées qu'on a construites; elles mettent les ressources naturelles en valeur.

Maître de la Corée, puissant en Chine où l'on s'incline devant le prestige de ses victoires, ayant refoulé la Russie vers le nord et conclu des traités de garantie mutuelle avec l'Angleterre et la France, le Japon est aujourd'hui le premier État militaire du Pacifique septentrional où il ne compte qu'un rival, les États-Unis.

L'Extrême-Orient. — L'Extrême-Orient, c'est l'ensemble des riches régions qui bordent le Pacifique à l'est de l'Asie, c'est-à-dire

Phot. Underwood et Underwood.

LA RUE DU THÉÂTRE A OHOSAKA.

Les rues des villes japonaises sont extrêmement animées, surtout dans une ville comme Ohosaka, qui est devenue le centre de l'industrie cotonnière au Japon, et qui a crû remarquablement vite, puisqu'elle n'avait que 480 000 habitants en 1880 et qu'elle en a aujourd'hui plus d'un million. Après la révolution de 1868, le port du costume européen fut rendu un moment obligatoire: on voit par cette photographie que presque toute la population a repris le costume national, avec quelques simplifications seulement.

l'Indo-Chine, la Chine et le Japon. Elles forment, vers l'Inde, la partie peuplée et vivante du continent asiatique.

Vers le milieu du XIXᵉ siècle, l'Extrême-Orient nous était encore à peu près inconnu. On n'y accédait qu'après de longues traversées en doublant l'Afrique par le sud. Il était, du reste, interdit d'y pénétrer et l'on ne s'y aventurait pas sans danger. Les relations commerciales entre l'Extrême-Orient et l'Europe étaient à peu près nulles. L'Extrême-Orient avait une vie tout à fait séparée, indépendante de la nôtre.

Il n'en est plus ainsi. Le développement des voies de communication a modifié du tout au tout les rapports antérieurs.

1° Le percement de l'isthme de Suez, en 1869, et les progrès de la navigation à vapeur ont diminué considérablement la durée des communications par mer entre les deux régions. De nombreuses lignes de navigation les unissent, lignes anglaises, françaises, allemandes,

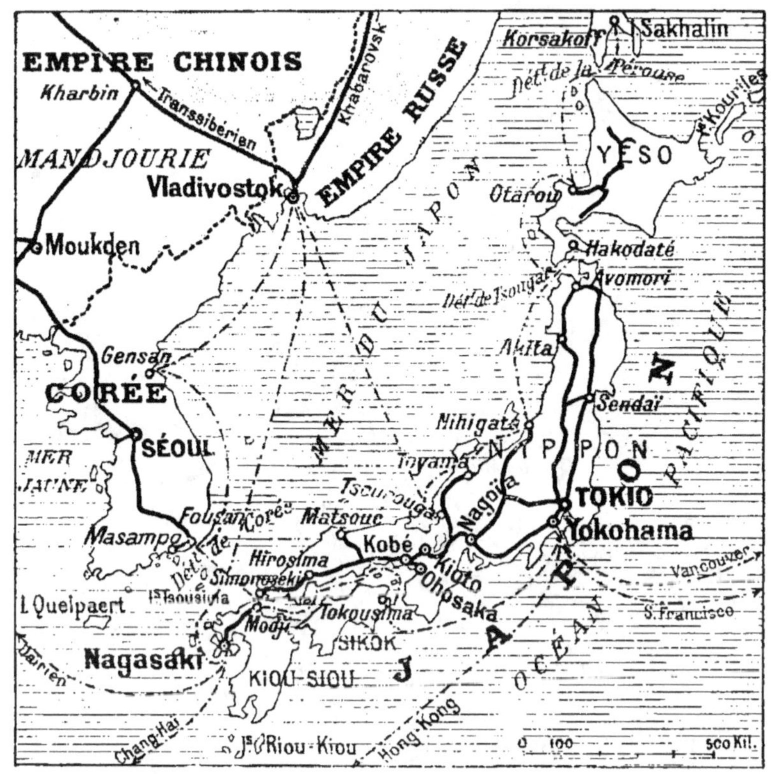

Le Japon est desservi aujourd'hui par un réseau ferré très développé surtout dans l'île de Hondo. La mer joue, du reste, un grand rôle dans les communications, étant données sa situation insulaire et la forme allongée des îles. Le cabotage y est actif le long des côtes. Des lignes de navigation japonaises unissent les principaux ports à ceux du continent asiatique voisin (Vladivostok, Fousan, Daïrien, Chang-Haï, Hong-Kong), ainsi qu'aux ports américains du Pacifique (Vancouver et San-Francisco).

et aussi japonaises. Les escales de la route sont Aden, Bombay, Colombo, Madras, Calcutta, Singapour, Saïgon, Hong-Kong, Chang-Haï, Nagasaki, Yokohama. L'Europe et l'Extrême-Orient ne sont plus par cette voie qu'à 35 ou 40 jours de distance.

2° L'ouverture du transsibérien, complété par le transmandjourien qui se greffe sur le réseau ferré chinois, a constitué un autre progrès notable en 1903. De Londres ou de Paris, par la voie de terre on

arrive à Péking et à Tokio en 20 ou 22 jours seulement, et on a vu
que la durée du trajet sera abaissée encore assez sensiblement quand

MANDJOURIE ET CORÉE.

*Le nœud des grands problèmes politiques de l'Extrême-Orient est là. Trois
puissances y sont en présence et se disputent la prépondérance : la Chine, la
Russie et le Japon. La Russie semblait d'abord devoir l'emporter. Le Japon,
victorieux de la Russie, possède aujourd'hui l'avantage; il s'est fait céder la
Corée et les ports auparavant russes de Dairen et de Port Arthur. Des voies
ferrées mènent aujourd'hui dans ces pays jadis perdus dans leur éloignement :
transsibérien, transmandjourien, transcoréen.*

la réfection du transsibérien permettra des vitesses plus grandes aux
convois qui y circulent.

Ces relations nouvelles transforment chaque jour l'Extrême-Orient. Comme l'Inde, l'Indo-Chine est devenue colonie européenne; le Japon s'est européanisé; la Chine, plus lentement, entre peu à peu dans la même voie.

Quelques-uns pensent qu'il y a peut-être là un danger futur pour l'Europe. Les populations jaunes sont actives, industrieuses, intelligentes, et surtout extrêmement nombreuses; elles peuvent fournir à très bon marché une main-d'œuvre abondante. Quand elles seront en possession de nos inventions et de nos moyens, ne pourront-elles nous disputer les marchés asiatiques et nous faire en Asie la concurrence que les Etats-Unis nous font en Amérique? Déjà le Japon a donné l'exemple. L'Extrême-Orient transformé pose, au début du xxe siècle, une grave question économique dont le monde européen ne peut se désintéresser.

APPENDICE

POPULATION DES ÉTATS ET DES PRINCIPALES VILLES

On a cru devoir réunir dans un appendice les principaux détails statistiques relatifs à la population des Etats et des villes. En rapprochant ces détails qui se rapportent à tous les pays dont l'étude est prescrite aux programmes, on a pensé fournir aux élèves, en même temps que des renseignements indispensables, une matière pour d'utiles comparaisons. C'est ainsi, par exemple, que l'examen du nombre et de l'importance des principales villes dans les différents pays permettra de voir ceux qui ont un développement urbain particulièrement considérable, comme le Royaume-Uni, l'Allemagne, la Chine, l'Inde.

I. — EUROPE MÉRIDIONALE

1. TURQUIE. *Empire turc*, 24 millions d'habitants, 8 par kilomètre carré.

Turquie d'Europe, 6 100 000 habitants, 36 par kil. carré.

PRINCIPALES VILLES : *Constantinople*, 943 000 habitants, et, avec les faubourgs asiatiques 1 106 000 ; Salonique 105 000 habitants ; Andrinople 81 000.

Turquie d'Asie, 16 900 000 habitants, 10 par kil. carré.

PRINCIPALES VILLES : Smyrne 201 000 habitants ; Bagdad 145 000, Damas 140 000, Alep 127 000, Beyrout 119 000, La Mecque 60 000, Jérusalem 51 000.

Turquie d'Afrique (régence de Tripoli), 1 000 000 habitants.

2. ROUMANIE, 6 700 000 habitants, 49 par kilomètre carré.
CAPITALE : *Bukarest*, 296 000 habitants.
AUTRES VILLES : Iassy, 79 000, Galatz 64 000.

3. SERBIE, 2 800 000 habitants, 57 par kilomètre carré.
CAPITALE : *Belgrade*, 77 000 habitants.

4. MONTÉNÉGRO, 250 000 habitants, 25 par kilomètre carré.
CAPITALE : *Cettinyé*, 4000 habitants.

5. BULGARIE, 4 035 000 habitants, 42 par kilomètre carré.
CAPITALE : *Sofia*, 82 000 habitants.
PRINCIPALES VILLES : Philippopoli 45 000, Varna 37 000.

6. GRÈCE, 2 631 000 habitants, 41 par kilomètre carré.
CAPITALE : *Athènes*, 167 000 habitants; — le Pirée 71 000.

7. ITALIE, 33 900 000 habitants, 118 par kilomètre carré.
CAPITALE : *Rome*, 462 000 habitants.
PRINCIPALES VILLES : *Naples*, 563 000 habitants, Milan 491 000, Turin 335 000, Palerme 309 000, Gênes [234 000, Florence 205 000, Bologne, 152 000, Venise 151 000, Messine 149 000, Catane 149 000. (En tout, 11 villes ont plus de 100 000 habitants).
ÉMIGRATION : en 1904, 471 000; — 1905, 726 000; — 1906, 787 000; — 1907, 704 000, dont 288 000 pour l'Europe, 285 000 pour les États-Unis, 90 000 pour les Etats de la Plata.
DÉPENDANCES EN AFRIQUE : Erythrée 330 000 habitants, Somalie 400 000.

8. ESPAGNE, 19 700 000 habitants, 39 par kilomètre carré.
CAPITALE : *Madrid*, 540 000 habitants.
PRINCIPALES VILLES : Barcelone 533 000, Valence 214 000, Séville 148 000, Malaga 130 000, Murcie 112 000, Carthagène 100 000.
DÉPENDANCES EN AFRIQUE (Fernando-Po, Annobon, Rif marocain), 300 000 habitants.
ÉMIGRATION : en 1900, 63 000; — 1907, 130 000.

9. PORTUGAL, 5 423 000 habitants, 61 par kilomètre carré.
CAPITALE : *Lisbonne*, 356 000 habitants; — Oporto 168 000.
DÉPENDANCES, 7 200 000 habitants [(en Afrique, îles du Cap Vert, Guinée portugaise, île San Thomé, Angola, Moçambique; — en Asie, Inde portugaise, Macao).

II. — EUROPE OCCIDENTALE

1. FRANCE, 39 252 000 habitants, 73 par kilomètre carré.
CAPITALE : *Paris*, 2 763 000 habitants.
PRINCIPALES VILLES : Marseille 517 000, Lyon 472 000, Bordeaux 251 000, Lille 205 000, Toulouse 149 000, Saint-Etienne 146 000, Nantes 133 000, Le Havre 132 000, Roubaix 121 000, Rouen 118 000, Reims 109 000, Nancy 110 000, Toulon 103 000. (En tout, 14 villes ont plus de 100 000 habitants.)
Etrangers résidant en France, 1 033 000; excédent annuel des immigrants sur les émigrants, 26 000.

DÉPENDANCES, 45 823 000 habitants : Algérie 5 231 000 habitants, Tunisie 2 100 000, Afrique occidentale française, Congo français, Madagascar ; — Indo-Chine française 18 millions d'habitants, Inde française ; — Saint-Pierre et Miquelon, Martinique, Guadeloupe, Guyane française ; — Nouvelle-Calédonie, Établissements de l'Océanie.

2. ROYAUME-UNI DE GRANDE-BRETAGNE ET D'IRLANDE, 45 057 000 habitants, 140 par kilomètre carré.

CAPITALE : *Londres,* 4 758 000 habitants.

PRINCIPALES VILLES : en Angleterre, Liverpool 746 000 habitants, Manchester 643 000, Birmingham 553 000, Leeds 470 000, Sheffield 455 000, Bristol 367 000, Bradford 290 000, Hull 266 000, Nottingham 257 000, Newcastle 272 000, Salford 270 000, Leicester 236 000, Portsmouth 208 000, Cardiff 187 000 ; — en Écosse, Glasgow 847 000, Édimbourg 345 000, Aberdeen 174 000, Dundee 165 000 ; — en Irlande, Dublin 373 000, Belfast 348 000. (En tout, 5 villes ont plus de 500 000 habitants, 18 villes ont plus de 200 000 habitants, 39 villes ont plus de 100 000 habitants.)

ÉMIGRATION, 634 000 en 1907, savoir 264 000 Anglais ; 66 000 Écossais, 64 000 Irlandais. Lieu de destination de ces émigrants, Etats-Unis, 366 000, Canada, 185 000, Australasie, 25 000.

DÉPENDANCES, 351 millions d'habitants : en Europe, Gibraltar, Malte, Chypre ; — en Afrique, Afrique australe anglaise, Gambie, Sierra-Leone, Nigeria, Est-Africain, Somalie ; — en Asie, Inde, Ceylan, Établissements du Détroit, Hong-Kong ; — en Amérique, Canada 5 371 000 habitants, Terre-Neuve, Jamaïque et Antilles anglaises, Guyane anglaise ; — en Océanie, Australie 4 152 000 habitants, Nouvelle-Zélande, Fiji, Tonga, Nouvelle-Guinée, etc.

III. — EUROPE CENTRALE

1. BELGIQUE, 7 317 000 habitants, 248 par kilomètre carré.

CAPITALE : *Bruxelles,* 198 000 habitants et avec ses faubourgs 610 000.

PRINCIPALES VILLES : Anvers 310 000 habitants, Liége 173 000, Gand 164 000, Malines 59 000.

LANGUES : flamand 2 822 000, français 2 574 000, flamand et français 801 000.

DÉPENDANCES : Congo belge 19 millions d'habitants, 7 par kilomètre carré.

2. HOLLANDE, 5 747 000 habitants, 174 par kilomètre carré.

CAPITALE : *La Haye* 248 000 habitants.

PRINCIPALES VILLES : Amsterdam 564 000 habitants, Rotterdam 390 000, Utrecht 115 000.

DÉPENDANCES, 37 800 000 habitants : en Océanie, Java 30 098 000 habitants, et Malaisie, îles de la Sonde; — en Amérique, Antilles portugaises et Guyane portugaise.

3. SUISSE, 3 525 000 habitants, 85 par kilomètre carré.

CAPITALE : *Berne*, 73 000 habitants.

PRINCIPALES VILLES : Zurich 186 000 habitants, Bâle 131 000, Genève 116 000, Lausanne 54 000.

CULTES : protestants 1 916 000, catholiques 1 379 000.

LANGUES : allemand 2 312 000, français 730 000, italien 221 000, romanche 38 000.

4. AUTRICHE-HONGRIE, y compris la Bosnie-Herzégovine, 49 965 000 habitants, 73 par kilomètre carré.

Autriche, 27 725 000 habitants, 92 par kil. carré.

CAPITALE : *Vienne*, 1 999 000 habitants.

PRINCIPALES VILLES : Prague 226 000, Lemberg 180 000, Graz 156 000, Trieste 135 000, Brünn 116 000. Cracovie 104 000. (En tout, 7 villes qui ont plus de 100 000 habitants.)

Hongrie, 20 469 000 habitants, 63 par kil. carré.

CAPITALE : *Budapest*, 891 000 habitants.

PRINCIPALES VILLES : Szegedin 114 000, Szabadka 89 000, Debreczen 86 000, Presbourg 73 000.

Bosnie-Herzégovine, 1 770 000 habitants, 34 par kil. carré.

LANGUES (Bosnie non comprise) : allemand 11 300 000, hongrois 8 751 900. slave 20 772 000, roumain 3 030 000, italien 754 000.

CULTES : catholiques rite latin 30 580 000, catholiques rite grec et arménien 4 990 000, orthodoxes 3 423 000, protestants 2 637 000, israélites 2 076 000.

ÉMIGRATION : en 1907, 386 000 émigrants (dont 352 o. o pour les Etats-Unis).

5. ALLEMAGNE, 60 641 000 habitants, 112 par kilomètre carré

PRINCIPAUX ÉTATS : Prusse 37 293 000 habitants, 107 par kilomètre carré ; Bavière 6 524 000 habitants, 86 par kilomètre carré; Saxe 4 508 000 (301) ; Wurtemberg 2 302 000 (118). Bade 2 010 000 (134) ; Alsace-Lorraine 1 814 000 (125);|Hesse 1 210 000 (157); Hambourg 875 000.

CAPITALE : *Berlin*, 2 040 000 habitants.

PRINCIPALES VILLES : Hambourg 803 000, Munich 538 000, Dresde 514 000, Leipzig 502 000, Breslau 470 000, Cologne 428 000, Francfort-sur-le-Main 334 000, Nüremberg 294 000, Düsseldorf 253 000, Hanovre 250 000, Stuttgart 249 000, Chemnitz 244 000, Magdebourg 240 000, Charlottenbourg 239 000, Essen 231 000, Stettin 224 000, Kœnigsberg 219 000, Brême 214 000, Duisbourg 192 000, Strasbourg 167 000. En tout, 5 villes ayant plus de 500 000 habitants, 19 villes ayant plus de 200 000 habitants, 41 villes ayant plus de 100 000 habitants.

CULTES : protestants 37 646 000, catholiques 22 094 000.

ÉMIGRATION : 22 000 en 1890, 31 000 en 1907.

Dépendances, 12 273 000 habitants : en Afrique, Cameroun, Togo-
land, Sud-Ouest africain, Est-Africain allemand ; — en Asie, Kiao-
Tchéou ; — en Océanie, Nouvelle-Guinée, archipel Bismarck, Salomon,
Carolines, Mariannes, etc.

IV. — EUROPE SEPTENTRIONALE ET ORIENTALE

DANEMARK, 2 605 000 habitants, 66 par kilomètre carré.

Capitale : *Copenhague*, 427 000 habitants.

Dépendances : en Europe, les Faer-Oer et l'Islande ; — en Amérique, le Groenland et les Antilles danoises.

2. **NORVÈGE,** 2 330 000 habitants, 7 par kilomètre carré.

Capitale : *Christiania*, 228 000 habitants.

Principales villes : Bergen 72 000, Trondhjem 38 000.

3. **SUÈDE :** 5 377 000 habitants, 12 par kilomètre carré.

Capitale : *Stockholm*, 333 000 habitants.

Principales villes : Göteborg 158 000, Malmö 76 000, Norrköping
47 000.

4. **RUSSIE.** *Empire russe*, 153 000 000 habitants.

Russie d'Europe, 125 millions d'habitants, 23 par kilomètre carré.

Capitale : *Saint-Pétersbourg*, 1 678 000 habitants.

Principales villes : Moscou, 1 359 000, Varsovie 772 000, Odessa
450 000, Lodz 350 000, Kiev 319 000, Riga 283 000, Kharkov 198 000,
Wilna 160 000, [Saratov 143 000, Kazan 143 000. (En tout, 7 villes de
plus de 200 000 habitants, 17 de plus de 100 000 habitants.)

Caucasie, 10 653 000 habitants, 21 par kilomètre carré.

Capitale : *Tiflis*, 159 000 habitants.

Principales villes : Bakou 179 000, Ekaterinodar 66 000.

Sibérie, 6 893 000 habitants, 1 pour 2 kilomètres carrés.

Principales villes : Irkoutsk 70 000 habitants, Tomsk 67 000.

Turkestan russe, 10 668 000 habitants, 3 par kilomètre carré.

Capitale : *Tachkent*, 156 000 habitants.

Principales villes : Kokan 82 000, Bokhara 75 000, Namangan 62 000,
Samarkand 58 000.

V. — ASIE

1. **CHINE.** *Empire chinois*, évaluations variant de 330 millions à
433 millions d'habitants.

Chine proprement dite, 319 à 407 millions d'habitants, 82 à 102 par kilomètre carré.

CAPITALE : *Péking*, 600 000 à 1 600 000 habitants.

PRINCIPALES VILLES : Canton 900 000, Han-Kéou 870 000, Tien-Tsin 750 000, Chang-Haï 650 000, Fou-Tchéou 624 000, Hang-tchéou 500 000, Nanking 270 000, Xing-Po 260 000, Tching-Kiang 167 000.

Mandjourie, 11 500 000 habitants, 13 par kilomètre carré.

PRINCIPALES VILLES : *Moukden* 170 000, Girin 120 000.

Mongolie, 2 500 000 habitants, 1 par kilomètre carré.

PRINCIPALE VILLE : Ourga 40 000 habitants.

Turkestan chinois, 1 500 000 habitants, 1 par kilomètre carré.

PRINCIPALES VILLES : Yarkend 100 000 habitants, Kachgar 80 0000, Kouldja 12 000.

Thibet, 3 500 000 habitants, 1 à 2 par kilomètre carré.

PRINCIPALE VILLE : *Lhassa* 25 000 habitants.

2. **JAPON**. *Empire japonais*, 52 millions d'habitants, 115 par kilomètre carré.

Japon proprement dit, 49 319 000 habitants, 137 par kilomètre carré.

CAPITALE : Tokio 1 819 000 habitants.

PRINCIPALES VILLES : Ohosaka 1 024 000, Kioto 381 000, Yokohama 326 000, Nagoya 289 000, Kobé 285 000, Nagasaki 153 000, Hirosima 121 000, Sendaï 100 000, Kanazava 100 000.

Formose, 3 178 000 habitants, 86 par kilomètre carré.

Corée, 9 781 000 habitants, 44 par kilomètre carré.

CAPITALE : *Séoul*, 194 000 habitants.

5. **INDE**, 299 000 000 habitants, 64 par kilomètre carré (Inde anglaise, Inde hollandaise 503 000, Inde française 277 000, Ceylan 3 984 000).

CAPITALE : *Calcutta*, 847 000 habitants, et, avec ses faubourgs, 1 026 000.

PRINCIPALES VILLES : Bombay 776 000, Madras 509 000, Haïderabad 448 000, Lucknow 264 000, Bénarès 209 000, Delhi 209 000, Lahore 203 000, Cawnpore 197 000, Agra 188 000, Ahmedabad 186 000, Allahabad 172 000, Amritzar 162 000, Djeïpour 160 000, Bangalore 159 000, Colombo 158 000, Puna 153 000, Patna 135 000, Bareilly 131 000, Karatchi 117 000, Trichinopoli 105 000. (En tout, 8 villes de plus de 200 000 habitants, 29 villes de plus de 100 000 habitants.)

TABLE DES CARTES ET GRAVURES

LES CARTES EN COULEURS SONT INDIQUÉES EN CARACTÈRES GRAS,
LES CARTES EN NOIR ET LES SCHÉMAS EN ITALIQUES.

TABLE DES MATIÈRES

PREMIÈRE PARTIE
ÉTUDE GÉNÉRALE DE L'EUROPE

DEUXIÈME PARTIE
LES ÉTATS EUROPÉENS

TROISIÈME PARTIE
L'ASIE

APPENDICE

POPULATION DES ÉTATS ET DES PRINCIPALES VILLES

69219. — Imprimerie Lahure, rue de Fleurus, 9, à Paris.